Das neue Bild des Strafrechtssystems: Eine Einführung in die finale Handlungslehre

当 代 世 界 学 术 名 著

目的行为论导论
刑法体系的新图景
（增补第4版·中文增订版）

[德] 汉斯·韦尔策尔（Hans Welzel）/著
陈 璇/译

中国人民大学出版社
·北京·

作者简介

汉斯·韦尔策尔（Hans Welzel）(1904—1977)，德国著名刑法学家和法哲学家。于1928年取得博士学位；于1935年获得刑法和刑事诉讼法、民事诉讼法以及法哲学教授资格。1936年—1952年任教于哥廷根大学；1952年—1972年任教于波恩大学，其间于1962年—1963年任波恩大学校长。1954年—1959年任大刑法委员会委员，参与德国刑法典的修订。先后被法国图卢兹大学、希腊塞萨洛尼基大学、日本东京大学、韩国首尔大学授予荣誉博士学位。代表性著作有《刑法中的自然主义与价值哲学》(1936年版)、《德国刑法》[初版于1940年，终版（第11版）于1969年]、《目的行为论》(1949年版)、《自然法与实质正义》[初版于1951年，终版（第4版）于1962年]、《目的行为论导论——刑法体系的新图景》[初版于1951年，终版（增补第4版）于1961年]、《刑法与法哲学论文集》(1975年版)等。

韦尔策尔对于当今刑法科学的意义[*]

京特·雅各布斯[**]

一、前　言

假如有充分的时间和精力可供利用，我们本来可以按照一个理想的计划来讨论该主题，即：首先应当——说明韦尔策尔在所处时代已经达到的高度，并据此——阐明他教给了我们些什么；然后，应当对当代刑法学的现状加以描述，在此需要特别关注刑法学领域专有的科学性[①]；最后——这与其说是一些零星的碎步，不如说是漫长的旅程——应当考

---

[*] 2014年4月10日至12日，在德国弗赖堡大学法学院举行了"汉斯·韦尔策尔犯罪论中仍具活力和已然衰亡者——刑法上目的主义的哲学基础、教义学贯彻与发挥影响的历史"（Lenbendiges und Totes in der Verbrechenslehre Hans Welzels：Philosophische Grundlagen，dogmatische Durchführung und Wirkungsgeschichte des strafrechtlichen Finalismus）学术研讨会。本文是作者在此次会议上发表的演讲，其翻译和发表均已获得作者的授权。——译者注

[**] 京特·雅各布斯（Günther Jakobs）（1937年7月26日——　），德国波恩大学法学院刑法、刑事诉讼法和法哲学教授。他在韦尔策尔的指导下，分别于1967年和1971年获得博士学位和教授资格。——译者注

[①] 关于本人对刑法科学所下的定义，参见 Jakobs, Strafrecht als wissenschaftliche Disziplin, in：Engel u. a.（Hrsg.），Das Proprium der Rechtswissenschaft, 2007, S. 103ff.，-Zur Notwendigkeit einer Theorie der wissenschaftlichen Behandlung des Strafrechts：Pawlik, Strafrechtswissenschaftstheorie, in：ders. u. a.（Hrsg.），Festschrift für Jakobs, 2007, S. 469ff.。

察，韦尔策尔在多大范围内对现今的刑法学产生了影响，这在多大范围内是一种福音，在多大范围内又是一种不幸，并且，如果韦氏没有对现今刑法学产生影响的话，那么他未来是否终究会对刑法学产生影响。由于我没有时间和精力去将这一理想的计划付诸实施，因而我打算这样来做：我将根据自己的评价对他学说的主体部分，更准确地说是他学说的重点篇章，展开批判性的叙述。形象地说，就是让当代刑法学重新与他展开对话。倘若鄙人能够代表现代刑法学并且能够理解韦尔策尔的思想的话，那就至少可以实现这一点。在此过程中，我将主要考虑他早期和中期的著作，这似乎也是其思想的源头所在。这指的主要是韦尔策尔到波恩大学执教之前所撰写的著作。

读者很快就会看到，我的叙述是批判性的，在有的部分甚至表现得非常具有批判性。要是韦尔策尔还在世，他也会接受这种论述方式。我曾在韦氏的晚年担任其助手，至少在那时，他十分看重批判精神。他总是满怀善意地告诉我，我虽然缺少许多资质，但绝不缺乏批判的精神。在道出这段带有浓厚个人色彩的前言之后，我将冒着风险着手展开讨论，我知道，这种"着手"将以实行开始，却——应该强调的是——并不总是会达至既遂。

二、无可争议者：教学法上的成就

韦尔策尔的一位门生早在25年前就曾断言，在韦氏（他的那些为其体系奠定了基石的著作，犹如纲领性的著作一般。在这位门生说这番话时，距离这些著作问世也已经有半个世纪的时间了）之后，刑法教义学（被理解为刑法科学）就再也没有出现过值得一提的进步了。[②] 事实上，如果我们看一下那些流行的教科书，就会产生上述印象：鲍曼

[②] Hirsch, Die Entwicklung der Strafrechtsdogmatik nach Welzel. Festschrift zur 600-Jahr-Feier der Universität zu Köln, 1988, S. 399ff. ; 亦见 ders., Die Entwicklung der Strafrechtsdogmatik in der Bundesrepublik Deutschland in grundsätzlicher Sicht, in：ders. u. a. （Hrsg.）, Strafrecht und Kriminalpolitik in Japan und Deutschland, 1989, S. 65ff. ; 亦见 Küpper, Grenzen der normativierenden Strafrechtsdogmatik, 1990, S. 44ff. （关于行为的概念），83ff. （关于客观归责），136ff. （关于作为与不作为），148ff. （关于责任），164ff. （关于禁止错误）。

(Baumann)及其合著者③在他们的总则教科书中捍卫着因果主义——这毫无革新之处，施米德霍伊泽（Schmidhäuser）和郎格尔（Langer）坚持将故意界定为恶意（dolus malus）④——这同样没有任何革新之处，撇开这些不说，几乎所有的教科书都已经承认主观构成要件是以行为故意为表现形式的；在责任阶层，则只剩下了现实或者潜在的违法性认识⑤，这与刑法典的规定似乎也是一致的⑥；多数人都把责任本身理解成"可谴责性"；法律条文甚至规定，共犯的成立必须以存在故意的主行为为前提（《刑法》第 26 条及以下），而且法条对未遂的表述是建立在**行为**不法而非**结果**危险的基础之上的（《刑法》第 22 条的用语是"**根据其想象**"）。诸如此类我们还可以列举出许多来。当然，韦尔策尔的理论体系中的某些内容并没有获得认可，特别是他所认为的对某一正当化事由之前提条件的认识错误属于**违法性**认识错误的观点；此外，把构成要件故意和违法性认识区分开来的做法是否也适合于附属刑法⑦，以及关于违法性认识错误可避免时可以减轻处罚的规定，是否该被理解为**应当减轻处罚**⑧

---

③ Baumann/Weber/Mitsch, Strafrecht Allgemeiner Teil, 11. Auflage, 2003, S. 190ff., 201ff.

④ Schmidhäuser, Der Verbotsirrtum und das Strafgesetz（§16 Abs. 1 und §17 StGB）, JZ 1979, S. 361ff.; ders., Schlusswort, JZ 1980, S. 393ff., 395f.; ders., Strafrecht Allgemeiner Teil. Studienbuch, 2. Auflage, 1984; Langer, Vorsatztheorie und strafgesetzliche Irrtumsregelung, GA 1976, S. 193ff., 216f..

⑤ 如果我们不认为故意具有"双重地位"（分别在构成要件和在责任中，各自都基于传统的理解），Jescheck/Weigend, Lehrbuch des Strafrechts. Allgemeiner Teil, 5. Auflage, 1996, S. 243, 在 Fn. 38 处有引证。

⑥ 其他不同的解释方案：Jakobs, Dolus malus, in: Rogall u. a.（Hrsg.）, Festschrift für Rudolphi, 2004, S. 107ff.; ders., Altes und Neues zum strafrechtlichen Vorsatzbegriff, Rechtswissenschaft 2010, S. 283ff.。

⑦ Roxin, Strafrecht Allgemeiner Teil, Bd. 1, Grundlagen. Der Aufbau der Verbrechenslehre, 4. Auflage, 2006, 21/40ff.; grundlegend Tiedemann, Tatbestandsfunktionen im Nebenstrafrecht, 1969.

⑧ Roxin（Fn. 7）, 21/70; NK-Neumann（Kindhäuser u. a.［Hrsg.］, Nomos-Kommentar Strafgesetzbuch, Bd. 1, 3. Auflage, 2010）, §17 Rn. 83ff.（如果违法性认识错误表明，行为人特别严重地偏离了"正常的"法忠诚态度，那就不能对其减轻处罚）；以上文献各自都附有引证。关于这个问题，参见 Jakobs, Strafrecht Allgemeiner Teil. Die Grundlagen und die Zurechnungslehre, 2. Auflage, 1991, 19/16 mit Fn. 27; LK-Vogel（Laufhütte u. a.［Hrsg.］, Strafgesetzbuch. Leipziger Kommentar, Bd. 1, 12. Auflage, 2007）, §17 Rn. 92。

目的行为论导论

[顺便提一下，韦尔策尔最初曾根据楚·多纳（zu Dohna）⑨ 的见解，在某个脚注中闪烁其词地支持了这一观点⑩，他在教科书中虽然将现实的违法性认识和"可立即现实化的"违法性认识作了同等处理，但这并未在实质上否定其原先的观点⑪]，这些始终都存在争议。对此，我在后文中还将谈及。⑫

如前所述，学界与韦尔策尔提出的解决方案之间虽然没有达成完全一致，但也已经达成了高度的共识。这一点表明，韦尔策尔对于其理论体系所得出之结论的实用性有着十分敏锐的判断力。⑬ 不仅如此，他还是一名技艺高超的教学法研究者。不过，这种共识并不能说明，他为了使刑法归责得以体系化和正当化，即为了**科学地**研究刑法归责而提出的理论构想⑭，在今天依然是通行的观点。假如所谓的科学只需借助一个在七十多年前提出的构想就能包打天下，那就说明科学已经陷入裹足不前的停滞状态了。因此，关键的不是将所有问题的解决规则都放在供教学用的犯罪论体系中去——进行比较，而是在关注"刑法世界"的同时，将韦尔策尔的构想及其视角清晰地勾勒出来，并且在可能的情况下将之延续至当代。⑮

---

⑨ zu Dohna, Der Aufbau der Verbrechenslehre, 1936, S. 43 (jetzt: 4. Auflage, 1950, S. 51).

⑩ Welzel, Studien zum System des Strafrechts, ZStW 58 (1939), S. 491ff., 533, Fn. 63.

⑪ Welzel, Das Deutsche Strafrecht, 11. Auflage, 1969, S. 164f.

⑫ 韦尔策尔在《人格与责任》(Persönlichkeit und Schuld) (ZStW 60 [1941], S. 428 ff., 458 ff., 462 ff., 467)一文中曾论及"有责之行为人的人格性"(schuldhaften Täterpersönlichkeit)。看到相关论述，人们本来还指望他会更彻底地否定其原初的观点。

⑬ 有一桩轶事（对于其真实性我可以打保票）可以说明这一点：在20世纪60年代后期，在韦尔策尔和阿明·考夫曼（Armin Kaufmann）共同开设的一次研讨课上，考夫曼自己作了一场报告，阐述了他所主张的一元行为无价值论。在讨论的过程中，韦尔策尔一直都保持得十分低调，他的助手们（包括鄙人在内）都没能驳倒考夫曼所提出的体系。但在研讨课即将结束时，韦尔策尔还是作了一番点评，说："考夫曼先生，其实他们想说的话是，尸体无论如何就是谋杀行为的一个组成部分。"

⑭ Jakobs (Fn. 1), S. 105f.

⑮ 早前，Roxin, Zur Kritik der finalen Handlungslehre, ZStW 74 (1962), S. 516ff. 这篇论文对韦尔策尔的思想进行了全面批判。下文在谈到各种基础性问题时，必将提到这篇论文所表达出的分歧意见和一致观点。对于Pawlik, Das Unrecht des Bürgers. Grundlinien der Allgemeinen Verbrechenslehre, 2012提出的批判性意见，下文表示赞同。

三、"因果关系与行为"

在韦尔策尔的构想中，有一个主题一以贯之地反映在他从最早的著作到最晚的著作中，那就是，在理解刑法归责时应当抛弃因果式的构想。在《因果关系与行为》[16]（Kausalität und Handlung）（1931年）这篇早期论文中，他意图对"因果理论的基本前提"提出质疑，这种理论认为，"对现实事件起决定作用的仅仅只有因果关系"[17]。韦尔策尔提出：对于思维活动和（在此十分重要的）意志活动[18]来说，除因果关系之外，"意图性"（Intentionalität）也是一种决定的形式；"意图性"[19]与因果关系不同，它"并非完全不关心结果"[20]，而是"以意义为导向"[21]。在此，"意义"表明了"对象的价值性"[22]（这种对象既可能是应当追求实现的东西，也可能是应当避免的东西）。这篇论文带有极其明显的个人主义烙印，因为韦尔策尔并不承认存在着一个"价值的理想层面"，他根据"某个自我"（ein Ich）来确立价值，即根据"对于'我'来说'有价值的'东西"来确立价值。[23]这个"自我"应当有能力根据自己的意志创设出一根因果链条——至于说这具体是怎样进行的，韦尔策尔认为"还完全没有弄清"[24]。他把"从针对意志冲动所作的决定到结果"这样的"意义统一体"称作"行为"，据此，行为应当被理解为"合目的的意义设定关联"[25]。韦尔策尔把由此界定的行为，看成是"刑

---

[16] Welzel, Kausalität und Handlung, ZStW 51 (1931), S. 703ff.. 早先的论文：ders., Strafrecht und Philosophie, Kölner Universitätszeitung, Bd. 12 (1930), Nr. 9, S. 5ff.。

[17] Welzel (Fn. 16), S. 708.

[18] 对此，参见 Pothast, Die Unzulänglichkeit der Freiheitsbeweise. Zu einigen Lehrstücken aus der neueren Geschichte von Philosophie und Recht, 1980, S. 329ff.。

[19] Welzel (Fn. 16), S. 709, 他也一再地提到这一概念。

[20] Welzel (Fn. 16), S. 711, 他赞同尼古拉·哈特曼（Nicolai Hartmann）的观点。

[21] Welzel (Fn. 16), S. 712.

[22] Welzel (Fn. 16), S. 714.

[23] Welzel (Fn. 16), S. 714f..

[24] Welzel (Fn. 16), S. 717.

[25] Welzel (Fn. 16), S. 718.

法评价的本体论基础"㉖。对于所有这些观点，韦尔策尔都是借助个体心理学（和哲学）文献来加以论证的㉗；在此并未出现"社会"的身影，文章在不太显眼的地方也表明：与黑格尔无关！㉘

四、"自然主义与价值哲学"

在4年之后（1935年）出版的教授资格论文《刑法中的自然主义与价值哲学》（Naturalisimus und Wertphilosophie im Strafrecht）中，韦氏在"刑法学的意识形态基础研究"这一子标题下，丝毫没有对他所勾勒的行为概念作出更改㉙："只是因为意志的具体能力达到了能够有意义地调控其因果发展的程度，所以我们才能认为该事件是特殊意义上的'意志性的'事件"㉚。在此，"目的性的决定"或者决定可能性（即在过失和不作为的情形下）一如既往地只是机械性地看待世界，故在刑法领域中，它无法触及责任。㉛ 然而，价值不再完全取决于"我"，它实际上"深深"植根于"本体之中"㉜，即植根于**社会的**存在及其"生活方式和世界观"之中。㉝ 韦尔策尔明确地支持黑格尔将理性与（强调意义上的）现实相等同的观点㉞，从而将"具体的历史时代"作为确定价值的标准。㉟ 与刑法教义学相联系㊱，韦氏提出了"共同体"的"现

㉖ Welzel (Fn. 16), S. 718.

㉗ 对此，以及对于下面所援引的论文，Sticht, Sachlogik als Naturrecht. Zur Rechtsphilosophie Hans Welzels (1904—1977), 2000 有深入的论述。关于施蒂希特（Sticht）的这部著作，参见以下书评：Jakobs, GA 2001, S. 492ff.；Loos, ZStW 114 (2002), S. 674ff.。

㉘ Welzel (Fn. 16), S. 719, Fn. 30.

㉙ Welzel, Naturalismus und Wertphilosophie im Strafrecht. Untersuchungen über die ideologischen Grundlagen der Strafrechtswissenschaft, 1935, 特别是 S. 79f.。

㉚ Welzel (Fn. 29), S. 79.

㉛ Welzel (Fn. 29), S. 80.

㉜ Welzel (Fn. 29), S. 55.

㉝ Welzel (Fn. 29), S. 57.

㉞ Hegel, Grundlinien der Philosophie des Rechts oder Naturrecht und Staatswissenschaft im Grundrisse, 1820/21. 本文在引用时依据的是格洛克纳（Glockner）所编《黑格尔全集》，Bd. 7, 3. Auflage, 1952, S. 33.。

㉟ Welzel (Fn. 29), S. 57.

㊱ Welzel (Fn. 29), S. 64, 标题。

实部分",认为"人类的共同体定在"处于"原初的秩序和联系之中"㊲。这样一来,不管怎么说,行为概念也终究迎来了社会的意义,即只有对于能够为人所支配的举动,我们才能报以**期待**。㊳

如果有人想要从以上经过缩减(以及经过善意挑选)的引文中体会到那个时代的特殊思维方式,那大概是不会出错的。㊴ 不过,韦尔策尔通过论证——不论有没有使用特殊的思维方式——摒弃了他原先所持的极端的个人主义(今天人们会称之为主观主义)立场,转而将刑法看作一种**社会的**系统(gesellschaftliche Einrichtung)。

五、"刑法体系研究"

(一)行为*

早在 1939 年,韦尔策尔在他的那篇——根据我的判断,是他最为重要的——**刑法**论文㊵中就已经开始将刑法视作一种社会的系统,这篇论文就是其长达七十余页的《刑法体系研究》。㊶ 韦尔策尔关于刑法体系的这一构想,标志着他在刑法科学领域内的研究达到了巅峰。

这篇论文的内容是什么呢?在论文的第一段,韦尔策尔就指出,行

---

* 关于德文词"Handlung"和"Verhalten"的译法,特作以下说明:晚近,我国不少学者正确地指出:"Handlung"应被译为"行为";但由于在德语文献中"Verhalten"往往指的是更为朴素和自然意义上的身体动静,故在中文中也应当冠以另外一个名称。有的学者译为"举止行为"(参见[德]克劳斯·罗克辛:《德国刑法总论》,第 2 卷,王世洲等译,698 页,北京,法律出版社,2013);有的则译为"举止"(参见[德]克劳斯·罗克辛:《刑事政策与刑法体系》,蔡桂生译,3 页,译者注,北京,中国人民大学出版社,2011)。考虑到在中文语境中,"举止"一词似乎更多地用于礼仪、姿态,而"举动"一词一方面侧重于人的身体活动本身,另一方面亦能体现先于法律评价的朴素行为的意味,本书译者倾向于将"Handlung"译为"行为",将"Verhalten"译为"举动"。——译者注

㊲ Welzel (Fn. 29), S. 74, 提到了("完全相近的"[S. 74, Fn. 53])C. Schmitt, Über die drei Arten des rechtswissenschaftlichen Denkens, 1934。

㊳ Welzel (Fn. 29), S. 85.

㊴ 重印于:Welzel, Abhandlungen zum Strafrecht und zur Rechtsphilosophie, 1975, S. 29ff.。此书重印时作了一些缩减,尤其是省略了前言。

㊵ 韦氏在其教授资格论文中对实证主义所作的出色批判,以及他在关于自然法的著作(下文,Fn. 127)中对自然法的批判,都是不容忽视的。

㊶ Welzel, Studien zum System des Strafrechts, ZStW 58 (1939), S. 491ff.。

为"原先是一个统一体,是现实的社会生活当中一个实在且富有意义的整体";他对自然科学和法学界将行为"加以肢解"的做法进行了抨击。㊷ 接着,他认为,自然科学以及李凯尔特＊所创立的那种新康德主义,无法将行为描绘成"具有社会伦理意义的现象",也无法将行为描绘成"(社会)生活的真实现象"㊸。韦尔策尔对行为有各式各样的称谓,但都倾向于认为行为是**富有意义**的操控,是**社会**生活的组成部分㊹,其中,将行为看作是"意义表达"(Sinnausdruck)的说法最能体现出这一点。㊺ 不过,这里的意义仍然是一种机械性的意义,它并不包括"作出富有意义之价值抉择的能力"㊻,而是局限在为实现某一目标而以富有意义的方式对手段加以选择这一点上。㊼

　　细究起来,即便对于韦尔策尔本人来说,事情当然也并不那么简单。在**无认识过失**㊽的场合,虽然行为人并没有现实地意识到他所造成的结果究竟是什么,但他原本能够以操控的方式,即"有意义地"避免结果的发生㊾,所以他本该仅为此产生行为的动机。在韦氏看来,只有当行为人能够对其"价值态度"(Werteinstellung)加以修正时,他才能以富有意义的方式为避免结果的出现而产生行为动机,而且这种能力属于责任的要素之一。其结论是,"对于无认识的过失"而言,"唯有具备责任能力的行为人才能够有目的地避免结果的出现"㊿。韦尔策尔随即把

　　＊ 海因里希·李凯尔特(Heinrich Rickert, 1863—1936),德国哲学家,新康德主义弗赖堡学派的主要代表。虽然按照《德语姓名译名手册》(商务印书馆 1999 年版),Rickert 应被译为"里克特",但考虑到"李凯尔特"的译法已广为学界所熟知,为避免误解,仍从旧译。——译者注

㊷ Welzel (Fn. 41),S. 491.
㊸ Welzel (Fn. 41),S. 493ff. , 495f. .
㊹ Welzel (Fn. 41),etwa S. 496f. .
㊺ Welzel (Fn. 41),S. 503. ,更多地体现在类似的一些表述中。
㊻ Welzel (Fn. 41),S. 504f. . 对此持批判态度的有 Pawlik (Fn. 15),S. 264f. , 293ff. 。
㊼ Welzel (Fn. 41),S. 504.
㊽ 关于下文的论述,参见 Jakobs, Handlungssteuerung und Antriebssteuerung-Zu Hans Welzels Verbrechensbegriff, in: Amelung u. a. (Hrsg.), Strafrecht. Biorecht. Rechtsphilosophie. Festschrift für Schreiber, 2003, S. 949ff. , 952。
㊾ Welzel (Fn. 41),S. 561.
㊿ Welzel (Fn. 41),S. 562.

这一结论扩展适用于**所有形式**的过失。[51] 我本人的教授资格论文是以过失犯为主题的[52]——顺便提一句，这个题目是韦尔策尔向我建议的——在这篇论文中我曾经论证道：如果说在故意犯中，操控与价值态度之间出现了分离（行为人究竟能否产生不去实施行为的念头，这对于主观**构成要件**来说没有任何意义），那么在过失犯中，这种分离同样可能出现，因为我们可以把避免结果发生的能力与以正确的价值态度去有意义地运用该能力这两者区分开来。目前，我当然是反对这一论据的，而且同样持反对态度的学者也已不在少数[53]：就刑法上的归责而言，纯粹机械性的操控至多是一种辅助**教学**的**中间**步骤，但它并不是"对意义的表达"。对无法答责之人的举动冠以"人的不法"，这种做法明显不得要领。

至于为什么韦尔策尔并没有回归黑格尔学派的行为概念，这一点是很难弄清的。他提到耶林（Jhering）"发现了"客观的违法性[54]，但是，韦氏非常清楚地意识到，我们必须功能性地去确定违法性的概念[55]，而且正如韦氏在过失犯中所明确认识到的那样，在这种情况下，**可谴责**的规范违反也可能是真正**刑法意义上的**违法行为。此外，有人论证说，既然责任的成立要求行为人具有认识不法的可能性，那就说明在责任**之前**必须先行存在一个不法。[56] 这种说法其实与韦尔策尔对故意犯不法的认定毫无关联，因为，在一定程度上说，违法性认识并不必然与行为的故意性相关。同时，过失犯的不法，较之于目的行为的不

---

[51] Welzel（Fn. 41），S. 562f.。
[52] Jakobs, Studien zum fahrlässigen Erfolgsdelikt, 1972, S. 34ff., 39ff.。
[53] 深入的论述，参见 Pawlik（Fn. 15），S. 257ff.，在 S. 258, Fn. 15 处附有引证。
[54] Welzel（Fn. 41），S. 506；还有 ders.（Fn. 11），S. 38f.。
[55] Welzel（Fn. 41），S. 506ff., 508；随后他又再次作了详细的论述，参见 ders., Fahrlässigkeit und Verkehrsdelikte. Zur Dogmatik der fahrlässigen Delikte, 1961, S. 24ff.。根据冯·布勃诺夫（von Bubnoff）的看法，"我们不能……忽视的是，从哲学上来看，目的行为理论的思潮在一定程度上是与黑格尔相联系的，它也承袭了黑格尔学说的重要思路"（Die Entwicklung des strafrechtlichen Handlungsbegriffs von Feuerbach bis Liszt unter besonderer Berücksichtigung der Hegelschule, 1966, S. 51, auch S. 53）。
[56] Armin Kaufmann, Zum Stande der Lehre vom personalen Unrecht, in: Stratenwerth u. a.（Hrsg.）, Festschrift für Welzel, 1974, S. 393ff., 396, Fn. 4；Loos, Zur Bedeutung des Unrechtsbegriffs im Strafrecht, in: Bloy u. a.（Hrsg.）, Festschrift für Maiwald, 2010, S. 469ff., 475.

目的行为论导论

法来说具有更强的客观性，而违法性认识的可能性也只能以这种不法为其对象。

关于这个问题的研讨应该再深化一层：按照韦尔策尔的理解，行为是先于（刑）法而存在的。即便在合法的日常生活中，人们也在实施着行为，韦氏试图用一个概念去包罗这为数众多的各种行为。这样看来，他似乎从没有想过要把行为和责任联系在一起，因为在合法的日常生活中，根本谈不上责任。然而，合法的日常生活绝非仅仅由机械性的事务所构成，它也涉及对于各种改变的——尽管是非正式的——管辖（Zuständigkeit）。即便在这一领域内，也存在从交往的层面来看重要的（就刑法来说，有责的）举动，以及从交往的层面来看并不重要的（就刑法来说，违法但无责任的）举动。例如，没有人会认为，对于应当如何进行组织安排这个问题，一名精神病人混乱无章的生活方式就是我们想要的答案。

因此，对于在交流层面具有重要意义的所有事务来说，"有责的举动"仅仅是其中的一个部分。所以，无论是对于犯罪而言，还是在合法的日常生活中，我们都可以建立起人的行为概念。在这一概念中，"人的"一词所指向的——与韦尔策尔的看法不同——并不是单纯机械性的事务，而是在交流层面具有重要意义的事务。

不过，在韦尔策尔之前，学界早已承认犯罪的类型性目的（"据为己有的目的"）属于主观构成要件的要素，假如韦氏不是仅仅在此基础上对主观构成要件的内容进行补充，使之变成完整的构成要件故意，而且还把整个责任都转移到不法当中，那他做成的事情未免也太多了：这样一来，人们也许就不再会把他所提出的各种命题看成是有关现行法律规则的命题。但这一切都不过是猜测而已。因果主义者所持的行为概念和不法概念把那些不可操控（甚至算不上命中注定）的流程也包含进来，所以这些概念在一个经历了祛魅的世界中根本不值得讨论。无论如何，将行为看成是意义的表达，将不法看成是对意义的实现，并且用这样的行为和不法去替代因果主义者所提出的行为和不法概念，这总归是韦氏立下的一个不可磨灭的功绩，尽管他并没有迈出从机械性的意义进入真正的人格性意义这一步。

虽然韦尔策尔及其学派所认为的"人的"不法,把人格体局限在其举动的"技能"(Technik)之上,但毫无疑问,这仍然是必不可少的第一步——但也恰恰是暂时性的一步。

(二)社会相当性

韦尔策尔——用他所使用的术语来说——把所有**社会相当的**举动都排除在了刑法上重要之举动的库存之外,从而根据其**社会的**意义对举动进行了归类整理。由此,韦氏为刑法学奠定了另一块基石,当代刑法学依然是建立在该基石之上的。因此,韦尔策尔也属于客观归责理论的创建人之一。即便在他所处的年代,韦氏也并不孤立,尤其值得一提的是霍尼希(Honig)发表在弗兰克(Frank)祝寿文集上的一篇文章。[57] 韦尔策尔也在致力于弄清"客观归责",更准确地说:不被容许之举动的理论究竟说的是什么?这一点是无可置疑的。[58] 所以,这里只用寥寥数语就够了。虽然韦尔策尔为了阐释社会相当性所举出的例子,有一些在今天已经毫无说服力,但社会相当性明显也涉及危险活动能否得到容许的问题:"社会相当性的一种特殊情形就是被容许的风险"[59]。同样明显的是,他认为,社会相当行为的历史发展,就是一个"价值性的秩序概念"的历史发展,该发展进程处在"历史的秩序之中,这种秩序形成于实际的生活状态(比如技术发展)与价值观念(Werterhaltung)之间的条件关联,也在这种条件关联中获得进一步的发展"[60]。既然刑法不应该把不适于某个具体社会的规则强加于它,那么采取一种关注具体秩序的思维方式,就不容忽视,也在所难免。

我们不禁要问:韦尔策尔的这个重要构想为什么后来并没有得到进

---

[57] Honig, Kausalität und objektive Zurechnung, in: Hegler (Hrsg.), Festgabe für von Frank, Bd. 1, 1930, S. 175ff..

[58] 深入的论述有 Cancio Meliá, Finale Handlungslehre und objektive Zurechnung. Dogmengeschichtliche Betrachtungen zur Lehre von der objektiven Zurechnung, GA 1995, S. 179ff.。

[59] Welzel (Fn. 41), S. 518, auch S. 520 mit Fn. 41.

[60] Welzel (Fn. 41), S. 517, Fn. 38.

一步的发展呢？[61] 尽管其教科书对该理论有所扩展，但只是分散性的，例如散见于构成要件论[62]、过失犯论和不作为犯论中。就过失犯论而言，他在信赖原则这个发端于道路交通法领域的名称之下谈到了社会相当性[63]；就不作为犯论而言，他认为，在先行行为这一范畴中存在着某种溯责禁止（Regressverbot）。[64] 然而，所有这些都不成体系。诚如韦尔策尔的关门弟子洛斯（Loos）在一篇论述韦尔策尔理论的文章中所言，对于韦氏来说，第二次世界大战后的岁月，尤其是在波恩度过的时光，"真应该说是收获的时节"[65]，当时可以收获的东西实在是够多的了。可以补充说明的是，韦氏两名较为年长的弟子〔阿明·考夫曼和希尔施（Hirsch）〕对于在刑法总论中结合社会视角展开论证的做法，简直到了谈虎色变的地步。[66]

（三）法益侵害

让我们回到韦氏发表于1939年的那篇论文。社会相当性理论与韦尔策尔对法益侵害的理解密切相关。[67] 他将法益理解成"保护客体"，

---

[61] Roxin（Fn. 15），S. 545. 提出了同样的疑问。
[62] Welzel（Fn. 11），S. 55ff..
[63] Welzel（Fn. 11），S. 132f..
[64] Welzel（Fn. 11），S. 216ff.. 关于先行行为也见 S. 57。
[65] Loos, Hans Welzel（1904—1977）. Die Suche nach dem Überpositiven im Recht, in: ders. （Hrsg.）, Rechtswissenschaft in Göttingen. Göttinger Juristen aus 250 Jahren, 1987, S. 486ff., 491；亦见 ders., Hans Welzel（1904—1977）, JZ 2004, S. 1115ff.。
[66] Armin Kaufmann, "Objektive Zurechnung" beim Vorsatzdelikt?, in: Vogler（Hrsg.）, Festschrift für Jescheck, Bd. 1, 1985, S. 251ff.；dazu Jakobs, Tätervorstellung und objektive Zurechnung, in: Dornseifer u. a.（Hrsg.）, Gedächtnisschrift für Armin Kaufmann, 1989, S. 271ff.. Hirsch, Entwicklung（wie Fn. 2）；ders., Zur Lehre von der objektiven Zurechnung, in: Eser u. a.（Hrsg.）, Festschrift für Lenckner, 1998, S. 119ff.；schon ders., Soziale Adäquanz und Unrechtslehre, ZStW 74（1962）, S. 78ff.；对此，参见 Jakobs, Bemerkungen zur objektiven Zurechnung, in: Weigend u. a.（Hrsg.）, Festschrift für Hirsch, 1999, S. 45ff.。
[67] 韦尔策尔承认存在无法益的犯罪，对于这个问题（其实是一个纯粹表述上的问题）本文不作探讨。对此详细的论述，参见 Amelung, Rechtsgüterschutz und Schutz der Gesellschaft. Untersuchungen zum Inhalt und zum Anwendungsbereich eines Strafrechtsprinzips auf dogmengeschichtlicher Grundlage. Zugleich ein Beitrag zur Lehre von der "Sozialschädlichkeit" des Verbrechens, 1972, S. 281ff.。

而“犯罪举动所针对的就是这种客体”(68)。我们不应把法益理解成被妥善保存的博物馆展品，而应当将其理解为“处在现实的社会生活空间中”的东西。(69) 由此带来的结论是，法律并非要抵御“一切损害性的影响”，而只是抵御“那些对于道德规制下的共同体定在来说**不可容忍**者”(70)。“只有针对特定种类的法益损害，才会存在法益保护。”(71)

这种理解强化了行为无价值的意义。在其教科书中，韦尔策尔将自己的观点与刑罚目的理论联系在了一起：“刑法的任务”是保护“共同体生活的基本价值”(72)，“通过对行动无价值（Aktunwert）加以惩处”来保护“生活之益……（事实情状的价值）”，从而维护人们对事实情状价值的“尊重”这一“正向的社会伦理的行动价值”。“合法行为的价值植根于稳定的法律上的（合法的，但并不必然是合乎道德的）思想态度之中……通过对已经实施的违背该价值的举动加以惩罚，刑法实现了对这种价值的保障”，刑法的“中心任务”应当是，“对这种行动价值所具有的牢不可破的效力加以保障”(73)，而完成这一任务的**途径**是，通过保护行动价值来保护法益。法益保护是借助正向的社会伦理而得以实现的：通过保障“这种正向的行动价值具有牢不可破的效力”，通过强化“法忠诚的思想态度”(74)。

以上这些论述曾饱受诟病(75)，但人们的指责实质上（也许并不是因为这样或者那样的表述）是完全没有道理的。有的人指责说，韦氏并没

(68) Welzel（Fn. 41），S. 514.

(69) Welzel（Fn. 41），S. 514.

(70) Welzel（Fn. 41），S. 516.

(71) Welzel（Fn. 41），S. 516；ders. （Fn. 11），S. 5. 极而言之，只要法律容忍某种损害发生，那么这种益（Gut）就不属于**法益**；Jakobs，Rechtsgüterschutz? Zur Legitimation des Strafrechts，2012，S. 17ff.；ders.，Recht und Gut-Versuch einer strafrechtlichen Begriffsbildung，in：Murmann u. a. （Hrsg.），Grundlagen der Dogmatik des gesamten Strafrechtssystems. Festschrift für Frisch，2012，S. 81ff.，86ff.。

(72) Welzel（Fn. 11），S. 1.

(73) Welzel（Fn. 11），alles S. 2.

(74) Welzel（Fn. 11），S. 3，5。对此深入的论述有 Amelung（Fn. 67），S. 273ff.；Hassemer，Theorie und Soziologie des Verbrechens. Ansätze zu einer praxisorientierten Rechtsgutslehre，1973，S. 87ff.。

(75) Amelung（Fn. 67），S. 274f. 中的引证。

有说明，为什么只有当脱离思想态度价值的举动**已经得到实施**之后，才能对其加以处罚。(76) 对此我们可以反驳说，即便最为极端的法益保护理论也面临着同样的问题：为什么非要等到着手实行开始之后才能对行为人加以处罚呢？如果刑罚能提早介入，那么预防的效果肯定会更好。(77) 而且，要想大幅前置刑罚介入的时间，法益保护的必要性恰恰是为这种做法辩护的有力理由。对于一切用于说明刑罚合法性的理由而言，除那种仅以结果为根据的以牙还牙的思想之外，行为原则（Tatprinzip）都是从外部添加而来的一项原则。既然如此，我们就应当去准确地解读韦尔策尔：他所说的“思想态度”，用今天的话来说，就是一种法忠诚的态度。在此，韦氏明确指出，它的成立只需行为人具有**合法的**态度(78)就够了，而且韦氏也提到应当强化**持久的**法忠诚态度。(79) 这样看来，刑罚是以忠诚于法的人为其指向对象的。与其说这种观点亲近思想态度刑法（Gesinnungsstrafrecht），还不如说它与积极的一般预防理论(80)的关系更为密切。韦尔策尔所关注的是，要改变那种将不法锁定在法益损害之上的做法（“过分强调结果方面的做法”(81)），转而将不法理解为举动的错误。

（四）责任

现在来谈谈责任吧！说到意志自由的问题，韦尔策尔属于诺斯替教派的信徒（Gnostiker）。他在《刑法体系研究》一文中论证说：即便行为人最终受到某种欲望的驱使，他也是在“参与**积极**‘思考’、积极评价的过程中”作出某项决定的。(82) 两年以后，在《人格与责任》(83)（Persönlichkeit und Schuld）一文中，他更为详细地写道：不可能存在“脱离价值的

(76) Hassemer（Fn. 74），S. 97.

(77) Jakobs，Kriminalisierung im Vorfeld einer Rechtsgutsverletzung，ZStW 97（1985），S. 751 ff.，752ff..

(78) Welzel（Fn. 11），S. 2.

(79) Welzel（Fn. 11），S. 3（mehrfach）.

(80) 对此，参见 Jakobs，Staatliche Strafe：Bedeutung und Zweck，2004，S. 31ff.。此处附有引证。

(81) Welzel（Fn. 11），S. 3.

(82) Welzel（Fn. 41），S. 532.

(83) Welzel（Fn. 12），S. 428ff..

自由"[84]，只可能存在"为了实现价值的自由"[85]。在此，我们应当将"价值"理解成"在具体情形中客观上（！——笔者加）富有意义的东西"[86]。在这个意义上，责任指的是，"行为人因为没有充分地利用自我控制去驾驭感情的（原文如此！——笔者注）驱动力状态，以致偏离了法所提出的应为要求"[87]。因此，犯罪是一种非自由的始终受"感情"支配的行动。一直到他教科书的最后一版，韦尔策尔才确定了这一点：自由并不是指"在价值和无价值之间"进行选择的可能，而是指实施（客观上）"合意义之行为"的自由。[88]

还有一个问题："我"是怎么做到对抗自己的欲望并实现某种价值的呢？迟至 1969 年，韦尔策尔才再次谈起[89]这一问题。他试图援引哲学家李凯尔特的观点——在此之前，其观点并没有得到特别的重视[90]——来解决它。[91]按照这种观点，如果一位决定论者讲述了自己的理解，那他就必须说出自己这样理解的**理由是什么**，而不能只满足于展示其论述是

---

[84] Welzel（Fn. 12），S. 449，450.

[85] Welzel（Fn. 12），S. 450.

[86] Welzel（Fn. 12），S. 449，Fn. 41.

[87] Welzel（Fn. 12），S. 456. 除责任的基础之外，韦尔策尔还研究了旧《刑法》第 20a 条（该条由 1933 年 11 月 24 日的《惯犯法》所添加）所产生的有关行为人刑法的特殊问题。韦氏将"有责的行为人人格体"（schuldhafte Täterperson）与"受到感情影响的个体"（pathisch belasteten Individuum）（S. 464）区别开来。前者是指有责地形成具有恶劣性格的人格体（S. 462），而后者则因为某种特殊的心理感情天性而**不**能恰当地应对其"更深的精神层面"（S. 464）。韦尔策尔认为，如果某人任由自己滑向恶劣状态，那么对他所施加的刑罚就属于责任刑罚，而对于心理变态者来说，这指的就是"制造感情上的反对驱动力"（S. 466），这样我们就可以确定"第 20a 条中的行为人概念是具有双重性的"（S. 467）。今天，这个问题出现在《刑法》第 21 条 [对此，参见 Welzel（Fn. 12），S. 467；更为清晰的论述，ders.（Fn. 11），S. 258]。韦氏主张，当行为人虽然欠缺违法性认识，但这种情况本可避免时，应当减轻处罚。关于这一观点与上述学说的兼容性，见上文的 Fn. 12 以及下文的 Fn. 100 – 103。

[88] Welzel（Fn. 11），S. 148. 对此，参见 Pothast（Fn. 18），S. 327ff.，338ff.。此处附有韦尔策尔其他相关论著的引证。

[89] 最初的构想，参见 Welzel（Fn. 12），S. 443 ff.，但这里的论述是与如"秘密"一般的意志自由相联系的。亦参见 Welzel, Lehrbuch des Deutschen Strafrechts,（从这一版开始）3. Auflage, 1954, S. 109ff. [最后一版 11. Auflage（Fn. 11），S. 145]。

[90] Welzel（Fn. 29），S. 41ff.。

[91] Welzel, Gedanken zur Willensfreiheit, in: Bockelmann u. a.（Hrsg.），Festschrift für Engisch, 1969, S. 91ff.，93（关于 Rickert in Fn. 12 a 的引证）。

怎样产生的。因此，除因果关系之外，他还必须承认有另外一种决定的形式，也就是建立在理由基础上的决定形式。这是如今人们在对现代脑科学研究的结论进行解释时所持观点的一种早期表现形式。当然，我们只有把有待说明的各种体系区分开来，才可能解决这个问题。[92]所以，我在这里就不再对韦氏的构想作进一步的研讨了。[93]

(五) 行为操控与驱动操控

早在 20 世纪 30 年代初叶，**从心理化的角度出发去理解恶意**，由此得出的恶意概念就是一个——恕我直言——荒唐的概念，因为它在错误论中会得出不当的结论。人们为消除其弊病进行了大量的尝试，比如将刑法上的认识错误和刑法以外的认识错误区分开来，或者设置一种法律过失，等等，但事实已经证明，这些尝试又成了制造新缺陷的源头。在这种情况下，韦尔策尔的刑法体系至少具有一个强大的优势：即便是欠缺现实违法性认识的行为，也仍然是**故意**行为。韦氏认为，传统的故意理论（Vorsatztheorie）和他所主张的责任理论（Schuldtheorie）之间的对立，就是"认识原则"（Kenntnisprinzip）与"答责原则"（Verantwortungsprinzip）之间的**对立**。[94]当然，这种说法是没有说服力的。[95]虽然我们能够从故意理论中推导出认识原则——任何对构成要件的实现或者对违法性欠缺认识的行为，都不可能是故意行为——但是在行为人对**构成要件的实现**缺乏认识的场合，韦尔策尔的处理方法与故意理论相比也没什么两样。他论证说：由于危险无处不在，所以"只有当法秩序（特别是刑法）对可能引起危险（原文如此！——笔者注）的风险作出适可而止的应对时，一个人才能切实地承担起人世间的责任"，因此，

---

[92] Jakobs, Strafrechtliche Schuld als gesellschaftliche Konstruktion. Ein Beitrag zum Verhältnis von Hirnforschung und Strafrechtswissenschaft, in: Schleim u. a. (Hrsg.), Von der Neuroethik zum Neurorecht?, 2009, S. 243ff., 246ff., 257ff.。

[93] 对这一构想持批判态度的有 Pothast (Fn. 18), S. 350ff.。

[94] 作为一种初步构想已经出现在其教科书的第三版中 (Fn. 89), S. 122；接着，该书从第 5 版 S. 134 一直到第 11 版 (Fn. 11) S. 162 对其进行了全面发展。

[95] 关于下文的论述，参见 Jakobs (Fn. 48), S. 952ff.；Pawlik (Fn. 15), S. 402f.。

刑法只对少数过失犯加以处罚。(96) 可是，**除了**这少数的犯罪，对于其他犯罪来说，**认识**原则还是适用的（因为只要欠缺认识，不管错误产生的原因为何，均不具有可罚性），或者，如果人们想要把它称为“答责原则”的话（但这样做极易引起误解），那么**在这一点上**，故意理论其实也是遵循该原则的。

还有一点需要补充。如前所述，韦尔策尔起初认为，对于故意犯而言，只要行为人欠缺现实的违法性认识，就均应减轻处罚(97)，后来，他又提出，如果存在“立即”具备违法性认识的可能性，那么对这种情形的处理，应当和现实地具备违法性认识的情形相同。这一说法证明，他所运用的至多是一种弱化的答责原则，因为该原则本来应当以行为人违反义务的程度为根据，而不是依赖某种带有偶然性的心理状态。例如，一名食品生产者常年都没有顾及职业法规，那么他在出售某种调料的过程中，究竟能否“立即”认识到该行为是不被容许的，这个问题没有任何意义。本来，按照他在《人格与责任》一文中提出的思想，韦尔策尔其实同样能够得出这样的评价结论。(98)

但是，我在这里说的可不是一些枝节性的小修小补。事实上，责任理论的核心思想已经归于失败。(99) 该理论“存活”的前提是，行为操控（构成要件故意，构成要件过失）与驱动操控（在此是指现实或者可能的违法性认识）这两者是可以相互分离的。但众所周知，这种分离至少在某些构成要件要素中是无法实现的，例如，如果某人知道，他为了毁坏而选中的财物是属于他人的，或者知道自己违反了保管财物的义务，那么该人同时也具有违法性认识，而且是现实的违法性认识。另外，所有不真正不作为犯中的保证人地位本身都是**规范性的**要素，这就意味着，它们属于将构成要件认识和违法性认识**连接在一起**的要素，因此，当行为人具备故意时，他**必然**对这些要素的**意义**有所认识。除此之外，

(96) Welzel（Fn. 11），S. 164.

(97) 同 Fn. 10。

(98) Welzel（Fn. 12），S. 458ff.，462，467.

(99) 关于下文的论述，参见 Jakobs（Fn. 6），S. 113ff.；ders.，System der strafrechtlichen Zurechnung，2012，S. 53ff.。

目的行为论导论

客观归责的概念也是如此，因为至少对于结果犯来说，故意的成立要求行为人对法所**不容许**的风险具有认识。

还有，把构成要件想象成诸如"人""财物""他人性""胁迫"等各种异质要素的堆砌物，这种看法是完全错误的。只有作为关联的要素**整体**才能够为人们所理解。例如，某人毁损了一件他人的财物，在此，我们不能把"他人"的规范性与"毁损"的描述性割裂开来。有人会反驳说，对于保证人地位、客观归责的概念以及其他规范的要素来说，这也许是正确的，但对于狭义上的针对个人的犯罪来说，即对于侵犯某一组织空间内不可转让的要素，例如生命、身体和自由等的行为来说，法律条义仅仅提到了描述性的要素。其实，这同样可以适用于保证人地位理论和客观归责理论，但姑且抛开这一点不说。法律之所以这样做，是因为在这些犯罪中，各个权利的归属自始就十分清晰，所以（这些权利不具有转让的可能）无须对其作出特别的规定。假如法律规定道："若行为人故意毁灭他人作为其所享有之权利的生命，则应以故意杀人罪论处"，那简直可笑之极。但法律**指**的恰恰就是这个**意思**！例如，一名生活在古罗马帝国时代的公民对他桀骜不驯的奴隶实施了殴打，他就不可能具有今天犯罪意义上的伤害故意。这便说明，我们只能将故意理解为恶意。

（六）犯罪参与

人们在批判我导师在该领域的核心思想时，似乎忽视了其学说的根据：韦尔策尔意图将违法性认识从故意中抽离出去，并保持纯粹机械性的行为概念不变。这样一来，就可以避免出现以下这种情况，即：一旦行为人欠缺现实的违法性认识，就必须一概否定故意。将故意理解为恶意的理论在这方面确实存在缺陷，但如果我们把本来不可分离的东西割裂开来，进而将它摧毁掉，那么上述缺陷还是无法得到克服。实际上，我们需要做的是，认真对待韦氏为其理论所标榜的答责原则[100]，并且告别故意理论中拥有逾两百年历史的心理化传统，告别韦氏本来就十分憎

---

[100] 上文的 Fn.94 以及与之相对应的正文。

恶的自然主义[100]：如果某人之所以未考虑到其行为可能造成的结果，是基于不可据以推卸责任的原因，例如基于冷漠，那么行为人就不配获得谅解，不管他是对构成要件的实现——用传统的话语来说——漠不关心，还是对得到实现的不法漠不关心。故意理论的错误并不在于它将故意理解为恶意，而在于它仅仅考虑心理的事实，从而导致一旦行为人没有显露出该心理事实，即便这种心理上的缺失是基于某种值得谴责的态度，故意理论也会免除其责任。

韦尔策尔做得还不够彻底。在此应当坚持认为的是，只有可避免的事情才能受到禁止，只有可创造的东西才能被要求，因此，以因果关系或者假定因果关系为依托的不法概念，至多只能成为一个临时性的辅助概念。假如韦尔策尔不是以行为的主观意义，而是以行为**客观上富有意义的可避免性**作为根据，那么他将受到黑格尔学派信徒们的欢迎，至少，这一学术流派的奠基者会将间接故意（dolus indirectus）以及一般的结果视为"行为自身固有的形态"，并且会用"行为客观性的法"去对抗"目的的法"[102]。

当然，有**一点**是可以拿来为韦氏之说辩护的：在第二次世界大战给学术发展造成断裂之前，人们毕竟还在围绕事实的盲目性和法的盲目性进行着讨论，纵使这种讨论只是零星存在。[103] 当韦尔策尔的理论在国内和国际广为传播的时候，人们却完全忘记了故意还存在规范化的可能。在这方面，占据统治地位的是自然主义，而非价值哲学，而且这种自然主义的衰退十分缓慢。在韦尔策尔的首批论著面世整整 80 年后，学界依然还在追随着那道曾令**韦氏本人**陷入自相矛盾境地的足迹。如果要解

---

[100] 关于下文的论述，参见 Jakobs (Fn. 99), S. 56, Fn. 116 中有详细的引证。

[102] Hegel (Fn. 34), §119 Anm. a. E., §118 Anm., §120. 尽管他以作为"思虑者"的行为人为根据（etwa §§119, 120），但实际上也还是如此。详细的论述，参见 Lesch, Der Verbrechensbegriff. Grundlinien einer funktionalen Revision, 1999, S. 140ff., 以及该书各处；也有学者对此持批判态度，但忽视了黑格尔运用思虑者以及完全不受偶然因素左右的精神敏感者所作的论证：Köhler, Buchbesprechung, ZStW 114 (2002), S. 183ff.。Pawlik (Fn. 15), S. 382ff. 的观点是正确的，此处附有引证。

[103] Jakobs (Fn. 8), 8/5, Fn. 9 中的引证。

释产生这一现象的原因，那只能说，人们在一定程度上太贪图安逸了，而这种态度和韦尔策尔肯定是格格不入的。

韦尔策尔将故意的对象限定在构成要件之上，这与他在犯罪参与问题上选择采用限制的从属性是密切相关的。[104] 在本文对其理论进行批判和延展之前，我注意到，韦氏早在其《刑法体系研究》[105] 一文中就已经提出了完整的犯罪参与学说，该说的主体内容在其教科书的最后一版[106]中都还清晰可见。在此期间，这一学说也成了通行的理论。这种参与理论是犯行支配理论"较为缓和的"表现形式，它——与犯行支配理论"较为强硬的"表现形式（"功能性的犯行支配"）不同——认为，尽管行为人"在客观参与实现构成要件方面有所缺损"，但如果"他为犯罪计划的形成作出了特殊的贡献"，那么后者所产生的"盈余"就可以"填补"前者的不足。[107] **尤其是**，犯罪团伙的头目在政令畅通的情况下（比如对组织性权力机构拥有支配力[108]）可以跃升为其团伙所实施之犯行的正犯。

从韦尔策尔的行为理论可以顺理成章地推导出限制从属性原则，因此，该行为理论的弊端也被带入了犯罪参与理论之中：参与理论被局限于机械性的共同作用之上。在《刑法体系研究》一文中，韦氏将患有精神疾病之人的行为决意理解成"纯粹的本能冲动"[109]；由于他认为这些人仍然具有实施目的行为的能力，因而其他人还能够参与其行为，也就是说参与一个不过是本能冲动的过程！[110] 既然如此，那为什么不存在**对机器运转流程的参与**，特别是当机器的运转流程受到为实现目的而设定

---

[104] 关于下文的内容，参见 Jakobs (Fn. 48); ders., Akzessorietät. Zu den Voraussetzungen gemeinsamer Organisation, GA 1996, S. 253ff.; ders., Objektive Zurechnung bei mittelbarer Täterschaft durch ein vorsatzloses Werkzeug, GA 1997, S. 553ff.; ders., Theorie der Beteiligung, 2014, S. 35ff.。

[105] Welzel (Fn. 41), S. 537ff.。

[106] Welzel (Fn. 11), S. 98 ff., 111ff.。

[107] Welzel (Fn. 11), S. 110。

[108] 对此以肯定态度所作的总结，参见 Roxin, Zur neuesten Diskussion über die Organisationsherrschaft, GA 2012, S. 395ff.。

[109] Welzel (Fn. 41), S. 504f.。此处也强调，精神病患者是具备行为能力的。

[110] Pawlik (Fn. 15), S. 274f. 对此提出的批判意见是正确的。

了程序的电脑操控时，不存在**由**这种运转流程实施的参与呢？顺便说一句，这个问题不仅涉及精神病人，而且涉及**所有**欠缺责任的行为者：在**刑法的**视野中，这些人都是“不受拘束的”。这也意味着，规范无法与他们发生联系，因此，参与其举动的行为，不能被看成是对规范违反的参与。实际上，“参与某个无责任能力人之举动”的情况属于间接正犯，它不过就是一种**直接**实施犯罪的行为，只是从表现类型来看有些不合常规而已。⑪ 不论行为人在自己和构成要件实现之间安排的是一名无责任的（有时甚至是行为得到正当化的）人，还是一头动物，抑或是一台机器，结论都是一样的：从**犯罪的**意义来说，行为人都是在对自然力施加作用，因此，他都是**自己直接**实现了这种犯罪的意义。

韦尔策尔认为，共同正犯是“犯行决意的分担者，他们一同对整体犯行施加了目的性的支配”⑫。对这一学说在今天也几乎没有争议了，但我们对之还可以再作反思。韦氏敏锐地发现，对于犯罪参与形式来说，关键不在于行为人抱有何种意图（animus），而在于他对事件所作出的贡献究竟是否具有犯行支配性。本来，由此得出的结论应该是，共同正犯的成立根据不是共同的决意，而是已经**付诸实现**的共同性。这尤其意味着，实行者不必认识到，其他人巧妙地推动了事情的发展，使得实施犯罪——在这种情况下成了“小菜一碟”——具备了可能性。⑬

（七）“过失与交通犯罪”

上文对刑法总论进行了概览，在临近结束之时，我想对过失的问题作一些评论。⑭ 韦尔策尔在其教科书中坦率地谈到理论上曾经出现的歧途，在韦氏找到他自认为满意的解决方案之前，他自己也曾误入这些歧途。首先，他认为过失犯的不法虽然不在于单纯地引起结果发生，而在

⑪ Jakobs（Fn. 99），S. 74ff.；ders.，Theorie（Fn. 104），S. 37ff..

⑫ Welzel（Fn. 41），S. 551；类似的论述，参见 ders.（Fn. 11），S. 111。

⑬ 关于这个问题，参见 Jakobs（Fn. 99），S. 79；ders.，Theorie（Fn. 104），S. 26f.，43f.。

⑭ 本文不探讨不作为犯，因为从韦尔策尔教科书的第七版（1960，S. 177ff.）开始，他的不作为犯论在形式构造上就受到了阿明·考夫曼（Die Dogmatik der Unterlassungsdelikte，1959）的巨大影响。当然，其某些章节的实质内容直到今天还有启发意义，例如关于保证人地位，特别是关于其中先行行为的内容；Welzel（Fn. 11），S. 215ff.。

于以社会**不**相当的方式引起结果发生。⑮ 虽然结果是“盲目和因果地”引起的，但行为人对于该结果有可能进行“目的性的预见”，所以从目的性的角度来看，结果是可以避免的⑯，当然，正如本文在他处所述⑰，是在**具有责任**的情况下。随后⑱，韦氏——不再以**假定的**阻止可能性即潜在的目的性为根据——以**已经付诸实施的**行为作为根据，而且认为，如果该行为没有体现出“合乎交往规则的注意”，那它就具有构成要件符合性。⑲ 行为人个人对于行为实现构成要件具有预见可能性，这属于责任要素。⑳

这种解决方案确属传统，关于其细节在此就不再展开了。除行为和构造问题之外，韦尔策尔还研究了以下这个问题，即：“如果被实施的行为‘在交往中’遵守了‘必要的注意’，即该行为是‘正确’和‘符合交往规则’的，但它还是（相当地）引起了某种法益侵害，那么这一事件的意义究竟何在?”㉑ 为了回答这一问题，如同他在《刑法体系研究》一文中已经指出的那样㉒，韦氏提出违法性的概念取决于它所处的语境。㉓ 一个行为“只有在它实施的当时才可能受到容许或者受到禁止——换句话说——合法或者违法”㉔，由此得出的结论是，由获得容许的危险举动引起的损害是一种**不幸**，但并非**不法**。㉕ 换言之，即便我们承认存在刑法上可以理解的结果无价值㉖，但我们也只有借助一种无价值的行为

---

⑮ Welzel（Fn. 41），S. 558f..

⑯ Welzel（Fn. 41），S. 559.

⑰ 参见上文的 Fn. 48 - 51 以及与之相对应的正文。

⑱ Welzel，Fahrlässigkeit（Fn. 55）. 在此之前，尤其值得一提的是 Niese，Finalität，Vorsatz und Fahrlässigkeit，1951，S. 40ff. 对潜在性展开的批判。

⑲ Welzel，Fahrlässigkeit（Fn. 55），S. 15.

⑳ Welzel，Fahrlässigkeit（Fn. 55），S. 25，30；与此相对，Jakobs（Fn. 52），S. 34ff.，45ff.。

㉑ Welzel，Fahrlässigkeit（Fn. 55），S. 24.

㉒ Welzel（Fn. 41），S. 506 ff.，508.

㉓ Welzel，Fahrlässigkeit（Fn. 55），S. 24ff..

㉔ Welzel，Fahrlässigkeit（Fn. 55），S. 26.

㉕ Welzel，Fahrlässigkeit（Fn. 55），S. 29.

㉖ Welzel（Fn. 11），S. 62 就是这样认为的；但是，Armin Kaufmann（Fn. 56），S. 402ff.，404ff. 认为结果无价值没有意义。

才能把握它。因此，即使在过失犯中，行为无价值同样占据着统治地位。

六、物本逻辑的结构？

我还没有提到过"物本逻辑的结构"[127]，因为如果说它所指的内容超出了物理、逻辑或者数学结构的话，那么在我看来，这样的物本逻辑结构其实并不存在。这些结构从整体来说都是**社会**逻辑的，而非物本逻辑的。其本身具有一种形态，施特拉滕韦特（Stratenwerth）曾赋予事物的本质以这种形态，在此，"基本的价值抉择"先于物本逻辑而存在，因此它不可能来自物本逻辑。[128] 只有当社会为某种特定的"价值抉择"事先"孕育出了"可能性，并且"孕育出了"该抉择所针对之对象的形式（例如责任刑法）时，我们才可能去作出这一"价值抉择"。例如，在一段时期内曾经盛行过一种原则，即凡是由受禁止之行为所产生的结果，行为人即便对其并无过错，也必须为之负责（versari in re illicita）。唯有当这样的时代归于结束，因为"命运"不再拥有社会意义上的解释力量时，采纳责任刑法才指日可待。因此，"基本的价值抉择"的前提条件是，该抉择植根于社会之中，而且这一点与社会组织问题的解决方法之间相互兼容：这里所涉及的是**社会**逻辑，而非**物本**逻辑。[129]

刑法概念所受到的这种来自社会交往方面的影响，和为了集体的利益而降低法律上个人，或者更准确地说，人格体的地位毫不相干。不管这是一个极为自由的社会，还是适度自由的社会，抑或是封闭的社会，

---

[127] Welzel Naturrecht und materiale Gerechtigkeit. Prolegomena zu einer Rechtsphilosophie, 1951, S. 197f.；2. Auflage, 1955, S. 197f.；auch 4. Auflage, 1962, S. 236ff.；ders., Naturrecht und Rechtspositivismus, in: ders. (Fn. 39), S. 274ff., 283ff.；dazu Sticht (Fn. 27), S. 156ff., 261ff., 267ff., 此处有详尽的引证。

[128] Stratenwerth, Das rechtstheoretische Problem der Natur der Sache, 1957, S. 20；也见 ders., Sachlogische Strukturen?, in: Pawlik u. a. (Hrsg.), Festschrift für Günther Jakobs, 2007, S. 663ff., 667ff., 672ff.；ders., Welzel, Hans, in: Enzyklopaedie zur Rechtsphilsophie (http://www.enzyklopaedie-rechtsphiloosophie.net/…), S. 3f.. Loos (in: Göttinger Juristen, Fn. 65), S. 496f. 认为，在韦尔策尔早期的一篇论文《关于刑法中的评价》(„Über Wertungen im Strafrecht") [in: Abhandlungen (Fn. 39), S. 23ff., 27f.] 中就已经率先出现了这一观点——这一说法很值得怀疑。

[129] Jakobs, System (Fn. 99), S. 16 mit Fn. 13.

人们为了实现其社会化（！），总归都需要一个社会，正如人需要一个国家，用以对个体人格的条件即获得认可的条件加以保障一样。[130] 在人格体、社会和国家这三者中，没有任何一个要素排在前头或者排在后面，因为它们原本都是平等的，但——不言而喻——这并不是说，这三者从一开始就必然得到了实现：我们或许仍然停留在以自我为中心的众多个体单纯共处的状态，又或许停留在不允许个体人格存在的绝对国家，包括其反面，即绝对的无政府状态之中。

七、代结论

以上是我对一座恢宏大厦的批判性考察，韦尔策尔早在其35岁的时候就以《刑法体系研究》一文建立起了它。当时对于韦氏来说并无任何范本，但他所建构的这座大厦成为此后数十年间的典范。他的大学时代是从研修数学开始的，看来这绝非偶然[131]：人们认为数学家都是年少成名的。

对于当代来说，韦尔策尔的著作有什么意义呢？法教义学所关注的仅仅是对实定法的解释和体系化，韦氏为它搭建了一个实用的犯罪论构造的框架——终究是这样，但也仅限于此。法律**科学**所研究的对象还包括实定法在当代的**合法性**——否则，它就不是一门科学，而是一堆由教师讲授的知识信息。[132] 对于法律科学来说，韦尔策尔的著作（通过对黑格尔的思想加以改写[133]）一直到20世纪60年代后期，都是以思想形式表达出来的刑法。韦氏之所以能够取得这样的成就，是因为他对始古典时期的哲学以及他所处时代的人类学和心理学均谙熟于心。[134] 今天，深入其他学科领域，例如现代的脑科学研究，而非思维心理学，有时也能达到类似的效果。但是，韦尔策尔三十多岁时在理论上所达到的完整性和广博度，是他之后任何一位刑法学家都无法企及的。其原因或

---

[130] Jakobs (Fn. 71), S. 26f.; ders., Recht und Gut (Fn. 70), S. 89ff..
[131] Loos (Fn. 65), S. 488; Sticht (Fn. 27), S. 17.
[132] 对此，参见Jakobs (Fn. 1), S. 105f.。
[133] Hegel (Fn. 34), S. 35.
[134] Sticht (Fn. 27), 全文; Pawlik (Fn. 15), S. 36。

许也在于，如果不运用分门别类的研究思维，我们就无法把握当今这个时代。

最后，对社会形象——归责理论也属于社会的一部分——的理解不是一蹴而就的，而是徐徐前进的，而且，当科学"用灰色的颜料绘成灰色的图画的时候，这一生活形态就已经变得陈旧了"[133]*。这么看来，令人吃惊的是，韦尔策尔在距今75年前就已经揭示了转变的必然性：从因果引起的损害转向意义的表达。当然，他所谓的"人的不法"依然是机械性的，但假如韦氏沿着理论转折所指明的方向继续前行的话，那么这一点是完全能够得到改变的。所以，说学术上取得了进步，这只不过是一种虚幻的神话而已。对自己所处时代的合法形象加以理解，对不合法的形象加以批判，这始终都是正确的。未来时代将会产生出一套属于它自己的用于进行理解和批判的标准，正如过去所发生的那样。在他所处的时代，韦尔策尔的行为概念是开始寻求解决当时问题之道的绝佳工具。正如韦氏所创设的概念一样，在今天发挥着指导作用的概念也终将过时。

---

* 雅各布斯在此引用了黑格尔在《法哲学原理》一书中的一段名言，其完整的表述是："当哲学用灰色的颜料绘成灰色的图画的时候，这一生活形态就已经变得陈旧了。将灰色绘成灰色，不能使生活形态变得年轻，而只能作为认识的对象。密纳发的猫头鹰要等黄昏到来，才会起飞。"（［德］黑格尔：《法哲学原理》，范扬、张企泰译，14页，北京，商务印书馆，1961）黑格尔的这段话意在指出：哲学是时代发展的反映，它总是要等到时代潮流和世事变迁已经结束完成之后才能产生。——译者注

[133] Hegel (Fn. 34), S. 36f..

第 4 版前言

本书的新版，对我的教科书（Das deutsche Strafrecht, 7. Auflage, 1960）中有关目的行为论基础内容的篇章进行了总结。它出版面世时正值我题为《因果关系与行为》（Kausalität und Handlung）的论文（ZStW 51, S. 703）发表 30 周年之际。在这篇论文中，我首次提出了目的行为论的基本思想。近来，我一再地回忆起它，因为对我的学说提出批判的学者最近越来越多地追溯到该学说的起源，而且他们认为，该学说依赖某种特定的哲学体系，即尼古拉·哈特曼（Nicolai Hartmann）的哲学体系，故只要从这一点出发就能对该学说作出解释。也许恩吉施（Engisch）对此给了画龙点睛的一笔，因为他于 1944 年将哈特曼称为我的"权威人士"（Gewährsmann）。现在，哈尔（Hall）把哈特曼说成是"目的主义者的哲学导师"；维滕贝格尔（Würtenberger）对我含沙射影，他警告说不应当"不加批判地全盘继受"尼古拉·哈特曼的理论；克卢格（Klug）认为，从尼古拉·哈特曼的本体论出发，将故意归入构成要件之中，这是"目的主义的经典命题"；厄勒（Oehler）则主张，把故意和责任分离开来的做法，是我继受哈特曼之价值理论后产生的结果；等等。对于人们关于我的学说起源的论述，到目前为止我一直保持着沉默,因为在学术上,重要的应当是具体命题的真理性内容,而不是其起源。但时至今日,由于具体命题本身也已经遭到了损害,而且它的一部分还受到了极大的误解,因而我认为,自己不能再继续缄默不语了。

可以确定的是,我本来没有理由为我的学说来源于尼古拉·哈特曼的哲学而感到羞愧——如果这一论断是正确的话!然而,事实并非如此。促使我提出目的行为论的动因,并非来自尼古拉·哈特曼,而是来自思维心理学。最近刚刚去世的哲学家里夏德·赫尼西斯瓦尔德(Richard Hönigswald)曾提出过"思维心理学的基础",我就是从中获得了第一份灵感。心理学家卡尔·比勒(Karl Bühler)、特奥多尔·埃里斯曼(Theodor Erismann)、埃里希·延施(Erich Jaensch)、威廉·彼得斯(Wilhelm Peters)以及现象学家P. F. 林克(P. F. Linke)、亚历山大·普芬德(Alexander Pfänder)等人的著作,则为我提供了进一步的推动力。所有这些著作都出版于1920年到1930年这10年间,它们与旧机械主义的基础心理学和关联心理学毅然决裂,并且指出心理活动具有一种并非因果和机械的运行方式。在我的第一篇论文中,我把这种运行方式说成是"具有意义意图性的"(sinnintentional),并且从思维活动的"内心"行为开始,到意志活动和意志的实现(一直到"外部的"行为)为止,始终都在关注着这种运行方式。上述学者在其著作中,只是从思维活动的"内心"行为出发展现了这种运行方式。尼古拉·哈特曼对上述学者及其作品都毫无影响;相反,关于特定内心活动之非因果的运行方式的思想,在当时十分兴盛,并且在此期间早就成了人们共有的精神财富,哈特曼遂将之纳入自己的思考之中;只是到后来,即1930年以后,他才在其关于本体论的巨著中,把该思想扩展成了一种关于存在的一般分层理论。在此需要注意的是,在(20世纪)20年代的时候,哈特曼还仅仅被看作是一名新康德主义者,但在现象学的影响下,他转向了批判性的实在论(Realismus)。哈特曼在其《伦理学》(Ethik)和《论精神存在之问题》(Problem des geistigen Seins)这两部著作中,对行为的结构进行了异常鲜明的分析。这一分析促使我在《刑法中的自然主义与价值哲学》(Naturalismus und Wertphilosophie im Strafrecht)（1935 年）一书中，对我的思想重新加以表述，并用"目的性"(Finalität) 这一更为人熟知的词代替了"意义的意图性"这个晦涩的表达。但我在该书中曾着力强调，在"意义的意图性"中形成的结构规律性，仍然是"目的性"的基本前提条件 (Naturalismus S. 79 Anm. 67)。在尼古拉·哈特曼于 1935 年以后出版的多卷本《本体论》(Ontologie) 中，他宏伟的体系构造——特别是在与哲学相去甚远的法理学中——更多地关注了德国哲学在 20 世纪 30 年代所处的状态（在这期间，哈特曼的作品自身因为存在主义而变得暗淡）。当今天人们要求我对关于行为目的结构的命题加以论证的时候，我只需要提请人们去参考我旧有论文中的论述，以及在该文中被引用的那些哲学和心理学文献就够了。对任何事物加以认知的方法，都可以被用来进行论证，也就是说，基于内外经验的信息，以及对这些信息所作的合理（范畴的）说明，我们就可以给出论证。

有人对我关于法律中"本体论的"要素的评论提出了一些反对意见。产生这些反对意见的原因明显在于，人们不再将哈特曼的本体论看成是哲学界在 20 世纪所取得的成就。布鲁诺·鲍赫（Bruno Bauch）和里夏德·赫尼西斯瓦尔德的后期新康德主义［还在尼古拉·哈特曼的《知识的形而上学》(Metaphysik der Erkenntnis) 之前］，就对康德的"所有综合判断的最高原则"进行了强调。该原则认为，"使经验成为可能的条件，同时也就是使经验的对象成为可能的那些条件"。从这一原则出发，可以得出结论，知识的范畴也就是存在的范畴，它不是单纯的认识论的（gnoseologisch）范畴，它（主要）是本体论的范畴。该观点首先是与"本体论的"这个词相联系的（参见 ZStW. 51 S. 704）；它并非源于（后来）哈特曼的"本体论"，它与旧有的（前批判的）形而上学也鲜有联系！关于概念应当特别为刑法学抵御何种事物的侵害，概念在刑法学中应当取得何种成就，我在前面提到的那篇文章 (S. 704ff.) 以及两年后发表的论文《论刑法中的评价》(Über Wertungen im Strafrecht) (GS 103 S. 340ff.) 中均有所述，我在此把它援引出来:"法秩序评价的是何种本体论上的事实,它愿意用何种法律后果与之相联系,这些都由法秩序自己来决定。但是,如果法秩序想要在构成要件中对该事实加以类型化,那它就不能对这种事实本身作出改变。法秩序可以用词汇去描述该事实,可以强调其要素,但这种事实本身是对象性的个体,它是一切可能之法律评价的基础,所以也先于所有可能的法律规定而存在着。构成要件只能'反映'这种先定的本体论素材,只能从语言和概念上对它加以勾画。但是,我们只有通过对对象性事物在本体论上的本质结构自身进行深入的检验,才能将这种语言和概念上'反映'的内容突显出来。由此,我们可以就方法论得出以下结论,即尽管刑法学必须以构成要件为出发点……但它经常需要超越构成要件,下到先定的本体论领域之中,从而对概念确定的内容加以理解,同时……对法律评价作出正确的把握。"(GS 103 S. 346)这是一种"与存在或事物相联系的"方法;最近——即25年之后,我与刑法学中新实证主义的(唯名论的)倾向展开了论战。在此过程中,我对该方法又再次进行了论述(ZStW. 69 S. 634ff.)。这一方法构成了目的行为论极为重要的一个方面,我们应当用"本体论"这个词去表述它,但同时并不选择采用某种特定的本体论体系。

最后,至于说处在这一关系之中的"物本逻辑结构",特别是对于认为行为的目的性结构先于刑法而存在的论断,我只需要指出一个众所周知的事实:正如法律不能要求妇女缩短孕期,在怀孕6个月后就把孩子生出来一样,它也不能禁止妇女流产。不过,法律可以要求妇女采取行为避免发生流产,也可以禁止妇女引起流产。法规范能够要求或禁止的,并不是单纯的因果进程,而只能是受到目的性操控的行动(即行为)或该行动的不作为。从这个——在我看来——难以否定的事实出发,就可以自然而然地得出所有其他的结论。如果我们"首先"把行为看作是一个盲目的因果进程,只是在后来(即在责任中)才为其加入行为的意志,那么法律规定的实体在根源上就会出现错误。在责任中,行为的意志只能是一个主观的附随现象,是一个"影像",而不可能再是行为的一个构成性的要素了。

第4版前言

虽然在尼古拉·哈特曼的行为理论中，存在着诸多能够证实和说明我本人观点的内容，但我从一开始就反对他的价值理论，特别反对他关于非现实的意义质量是一个独立王国的学说（参见 Kausalität und Handlung, ZStW 51 S. 715 ff.；Über Wertungen im Strafrecht, GS 103, S. 340 ff.；Naturalismus S. 57）。这并没有妨碍厄勒认为，我的理论之所以存在"错误"，完全是因为我继受了哈特曼的价值理论。尽管我并不赞成哈特曼的观点，但我还是认为有必要向他澄清一点，即厄勒这些奇怪的看法与哈特曼的价值理论简直风马牛不相及。

直到今天，我的第一篇论文依然包含目的行为论的基础。该文已经对目的行为论的实质要素作出了说明，至少已经流露出了这些内容，它对主要问题的分析甚至比我后来的任何一部著作都要详尽；同时，它还为我构思法学上的各种结论拟就了纲要（构成要件论、责任论、错误论）。假如我后来能更频繁地援引这篇论文的话，或许能够避免出现某些误解。面对这样一种情况，维滕贝格尔目前提出了"体系性思考的生命力并不持久"（Kurzlebigkeit der Systemgedanken）的说法，该说法正好是涉及我的。对此，我至多只能给出不充足的说明。不过，当完善某个体系的工作只进行了30年的时候，我们还不可能立即正确地得出法学上全部的结论；非常遗憾，凡是参与从新的事物认知中发展出一个崭新体系的人，都必须冒这样的风险。如果有人因此而对作者提出非难的话，那么古希腊人将会用这样一个神话来反驳他，即只有雅典娜才是身披铠甲、完美无缺地从宙斯的头颅中一跃而出，诞生到了世界上。*

说到本书的新版，我可以继续重复我在本人的教科书第七和第十版前言中的论述。基于以下两个理由，此次修订工作的重点仍然是过失犯：首先，在最近的30年间，交通事业的迅猛发展导致过失犯罪的数

---

* 根据希腊神话，雅典娜是天神宙斯和慧心女神墨提斯所生之女。墨提斯在临产前对宙斯说，将要出生的孩子必将比宙斯更为强壮和聪明。宙斯害怕孩子降生后会危及自己在奥林匹斯山的统治地位，便一口将墨提斯吞入腹中。不料，宙斯突然感到头痛欲裂，遂让火神赫菲斯托斯用斧子劈开自己的脑袋，这时身披铠甲、光彩照人的雅典娜从宙斯的头颅中蹦了出来。韦尔策尔在此援用这一神话，意在强调，任何理论都不可能在诞生之初就完美无缺，而必须经历漫长的发展和完善过程。——译者注

量出人意料地大幅度增加,过失犯也由此获得了前所未有的重要实践意义;其次,针对目的行为论的批判,恰好就集中在过失犯教义学之上。尽管目的行为论的反对者们目前承认,"对于故意来说,目的性是法律上具有决定性意义的要素"[施罗德(Schröder)],但他们始终还是认为,或许可以把过失犯从目的行为论中抽取出去。他们的结论似乎不难理解:因为在过失犯中,结果不是被目的性地引起,故目的行为论在此必将遭遇失败。但这一结论赖以成立的前提是,对于过失犯来说,结果是起决定性作用且唯一的不法要素。但这两点既未得到证实,同时也并不恰当。假如这个前提是正确的,那么任何一个行为——包括最为合理和"在交往中最为正确"的行为,只要它引起了某个符合构成要件的结果,就必然是违法的。在这一点上,恩吉施早在30年前就已经发现了因果行为论存在着"窘困和不确定性"。正如他所言,这是因为因果行为论没能把第三个本质要素纳入其犯罪概念之中,该要素处在客观的结果引起和主观的预见可能性之间,而且一旦行为遵守了所要求的外部注意,该要素随即就会出现(Untersuchungen über Vorsatz und Fahrlässigkeit,1930,S. 277)。这就清楚地表明,过失犯的本质性的不法要素不是被引起的结果,而是所为之行为的实施方式。关键的问题在于,这种实施方式是否遵守了在交往中必要的注意。对于过失犯来说,行为无价值已经足以在实质上建立起完整的不法,至于说已经出现的结果,其作用仅仅是从是否具备值得处罚性的角度出发,对行为无价值进行"遴选"(Auslese)而已(Engisch,a. a. O. S. 342就已经持同样的观点了)。这样一来,得到实施的行为,即具体的目的行为操控所具备的具体属性,也就成了过失犯在法律上所具有之重要意义的核心。正如在故意犯中,未遂是使因果行为论归于失败的险滩一样,在过失犯中,根据客观的注意来加以确定的行为无价值,也是因果行为论遭遇挫败的滑铁卢。

对于过失犯而言,最为重要的实质性问题在于,法律仅以暗示的方式透露了构成要件的行为,我们怎样才能查明这一行为的内容,而不在于因果关系(结果的引起),也不在于责任。本书的新版力求突出方法论的视角,法官依据这一视角就能弄清法定构成要件未能作出完整表述的那些构成要件行为的内容。这样一来,本书就在过失犯中也完全贯彻了目的行为论的基本思想,即行为无价值是"犯罪至关重要且必不可少的无价值内容"[诺瓦科夫斯基(Nowakowski)]。鉴于阿明·考夫曼最近出版了一部论述极为深入的专著《不作为犯教义学》(Dogmatik der Unterlassungsdelikte)(1959年),该书已经使目的行为论的结论在不作为犯中也得到了贯彻,本书的这一版更有理由维持原来的做法,将论述局限于作为犯(Handlungsdelikte)。

汉斯·韦尔策尔
1960年圣诞节于波恩

缩略语一览表

BGH＝Entscheidungen des Bundesgerichtshofs in Strafsachen.

BGH（Z）＝Entscheidungen des Bundesgerichtshofs in Zivilsachen.

Bayer. ObLG＝Entscheidungen des Bayerischen Obersten Landesgerichts.

Binding, Hdh. ＝Binding：Handbuch des Strafrechts 1885.

BverfG＝Bundesverfassungsgericht.

DAR＝Deutsches Autorecht, hg. v. Allg. D. Automobil-Club.

DJ＝Deutsche Justiz.

DR＝Deutsches Recht.

DRZ＝Deutsche Rechtszeitschrift.

DRiZ＝Deutsche Richterzeitung.

DStR＝Deutsches Strafrecht.

Dohna, Aufbau＝Graf zu Dohna, Der Aufbau der Verbrechenslehre, 2. Auflage 1941.

Dreher, Bericht = Probleme der Strafrechtsreform; Berichte über die Tagungen der Großen Strafrechtskommission; Bundesanzeiger.

Enn. -Nipperdey=Enneccerus-Nipperdey, Der Allg. Teil d. Bürgerlichen Rechts, 15. Aufl. 1959/60.

Floegel-Hartung = Floegel-Hartung, Straßenverkehrsrecht, 12. Auflage 1959.

Frank = Reinhard Frank, Das Strafgesetzbuch für das deutsche Reich. 18. Auflage 1931.

Frank-Festg. =Festgabe für R. Frank. 1930.

Gerland=Gerland, Deutsches Reichsstrafrecht. 2. Auflage 1932.

GA=Goltdammers Archiv für Strafrecht.

GS=Gerichtssaal.

GrS=Großer Senat.

Gutachten = Materialien z. Strafrechtsreform, 1. Bd., Gutachten der Strafrechtslehrer, 1954.

HESt=Höchstrichterliche Entscheidungen in Strafsachen.

Hippel=v. Hippel, Lehrbuch des Strafrechts. 1932.

Hippel I, II = v. Hippel, Deutsches Strafrecht. Bd. I. 1926. Bd. II, 1930.

Hirsch, Neg. Tatbestandsmerkmale= H. J. Hirsch, Die Lehre von den negativen Tatbestandsmerkmalen, 1960.

HRR=Höchstrichterliche Rechtsprechung; Ergänzungsblatt z. DJ.

JMBl NRW=Justizministerialblatt für Nordrhein-Westfalen.

JR=Juristische Rundschau.

JT-Festschr. = Hundert Jahre Deutsches Rechtsleben. Festschr. z. Deutschen Juristentag 1960.

JW=Juristische Wochenschrift.

JZ=Juristenzeitung.

Kaufmann, Normentheorie = Armin Kaufmann, Lebendiges und

Totes in Bindings Normentheorie, 1954.

Kaufmann, Unterlassungsdelikte=Armin Kaufmann, Die Dogmatik der Unterlassungsdelikte, 1959.

KG=Kammergericht.

Kohlrausch-L. =Kohlrausch-Lange: Strafgesetzbuch. 42. Auflage 1959.

LK = Das Reichsstrafgesetzbuch. Erläutert von Ebermayer-Lobe-Rosenberg. 4. Auflage 1929. (Leipziger Kommentar); 6. Auflage 1944. (§§ 1 - 151); 6. u. 7. Auflage 1951 u. 1953; hgg. von Nagler, Jagusch, Mezger; 8. Aufl. hgg. von Jagusch u. Mezger.

Liszt-Sch. = v. Liszt-Schmidt, Lehrbuch des deutschen Strafrechts. Allgemeiner Teil. 26. Aufl. 1932. Der Besonderer Teil zitiert nach der 25. Aufl. 1927.

LM=Lindenmaier-Möhring, Nachschlagewerk des BGH.

Maurach, AT; BT = Maurach, Deutsches Strafrecht, Allgem. Teil, 2. Aufl. 1958; Besonderer Teil, 3. Aufl. 1959.

Mayer= Hellmuth Mayer, Das Strafrecht des deutschen Volkes, 2. Aufl., 1953.

Mezger=E. Mezger, Strafrecht. Ein Lehrbuch. 2. Auflage 1933.

Mezger I = Mezger, Strafrecht, ein Studienbuch. Allg. Teil. 9. Aufl. 1960.

Mezger-Festschr. =Festschrift für Edmund Mezger, 1954.

MDR=Monatsschrift für deutsches Recht.

MonKrimBi=Monatsschrift für Kriminalbiologie und Strafrechtsreform.

Niederschriften = Niederschriften über die Sitzungen der Großen Strafrechtskommission Bonn, 1956—1960.

NJW=Neue Juristische Wochenschrift.

OGH = Entscheidungen des Obersten Gerichtshofs f. d. Britische Zone.

Olshausen = J. v. Olshausens Kommentar zum StGB. 11. Auflage 1927; 12. Auflage (bis § 246) 1942.

Probleme = Probleme der Strafrechtserneuerung (E. Kohlrausch zum 70. Geburtstag 1944).

RG=Entscheidungen des Reichsgerichts in Strafsachen.

RG. Rspr. =Rechtsprechung des Reichsgerichts in Strafsachen.

RG (Z) =Entscheidungen des Reichsgerichts in Zivilsachen.

ROW=Recht in Ost und West. Zeitschrift für Rechtsvergleichung und internatinale Rechtsprobleme.

SchlHA=Schleswig-Holsteinischer Anzeiger.

Schönke-Schr. =Schönke-Schröder, Strafgesetzbuch, 9. Auflage, 1959.

SchweizZ=Schweizerische Zeitschrift für Strafrecht.

SJZ=Süddeutsche Juristenzeitung.

VDA; VDB = Vergleichende Darstellung des deutschen und ausländischen Strafrechts; Allg. Teil bzw. Bcs. Teil.

VRS= Verkehrsrechtssammlung. Entscheidungen aus allen Gebieten des Verkehrsrechts.

Welzel, Aktuelle Strafrechtsprobleme=Welzel, Aktuelle Strafrechtsprobleme im Rahmen der finalen Handlungslehre. 1953.

Weber, Gr. =H. v. Weber, Grundriß des deutschen Strafrechts. 1948.

ZAk=Zeitschrift der Akademie für Deutsches Recht.

Z=Zeitschrift für die gesamte Strafrechtswissenschaft.

目　录

第一章　行为概念 …………………………………………… 1
第二章　刑法中不法的构成要件符合性与违法性 ………… 19
第三章　故意犯的不法概念 ………………………………… 34
第四章　过失犯的不法概念 ………………………………… 39
第五章　责任在犯罪论体系中的地位 ……………………… 49
第六章　责任非难的存在前提：意志自由与归责能力 …… 55
第七章　责任与人格 ………………………………………… 66
第八章　可谴责性的要素 …………………………………… 70
　　第一节　可谴责性的智识性要素 ……………………… 71
　　第二节　可谴责性的意愿性要素：服从法律的期待可能性 …… 94
　　第三节　作为刑罚前提条件的可谴责性 ……………… 100

刑法体系研究 ……………………………………………… 101
　　第一部分：社会行为的基本构造 ……………………… 101
　　第二部分：故意犯 ……………………………………… 116
　　第三部分：过失引起结果的行为 ……………………… 162

附　录　纪念汉斯·韦尔策尔一百周年诞辰 …………… 176
徘徊在"个人"与"社会"之间——译者后记 …………… 190
译事三得——中文增订版译后记 ………………………… 203

第一章 行为概念

一、行为的基础构造

Welzel，ZStW 51 S. 703ff.；58 S. 491；N. Hartmann，Ethik，3. Auflage，S. 191ff..

人的行为是对目的活动的执行。因此，行为是"目的性的"，而不是纯粹"因果性的"事件。行为之所以具备"目的性"或者有目的性（Zweckhaftigkeit），其根据在于，人能够按照他对因果关系的认识，在一定范围内预测其活动可能造成的结果，在此基础上设定不同的目标，并且有计划地引导其活动朝着实现该目标的方向发展。由于他预先就对因果事实有所认识，故他能够对其活动的具体行动加以操控，即把外在的因果事件引向目标的实现，从而使该事件处在目的性的决定（überdeterminieren）之下。目的性的活动是被人有意识地引向目标的一种活动，而纯粹的因果事件则不受目标的操控，它是由各种现存之原因要素偶然引起的结果。因此，目的性——形象地说——是"注视着的"，而因果性则是"盲目的"。

为了说明这个问题，我将谈到谋杀与致人死亡的雷击这两者间的区别：就谋杀来说，所有具体的行动，包括购买武器、埋伏、瞄准、扣动扳机，都受到行为人预期之目标的引导；但就雷击而言，死亡结果完全是现存的原因要素盲目引起的结果。

由于目的性的基础是意志能力，即在一定范围内对因果介入事实产生的后果加以预见，进而有计划地操控该因果介入事实朝实现目标的方向发展的能力，故具有目标意识的、引导因果事件发展的意志就构成了目的行为的支柱。正是操控性的因素对外在的因果事件进行了塑造（überformen），并由此使它成了受目标引导的行为；如果没有这种操控性的因素，那么行为的事实结构就会归于毁灭，行为也会沦为盲目的因果进程。因此，作为**从客观上对现实事件进行塑造的因素**，目的性的意志属于行为的一个组成部分。

1. 行为的目的性操控是通过两个阶段来得以贯彻的，这两个阶段在简单的行为中相互交融。

（1）第一阶段完全是在思维领域展开的。它开始于：

1）**预先提出（在前设定）**行为人希望实现的**目标**。接着——从目标出发——

2）**挑选为达到目标所必要的行为手段**。在此，行为人根据他对于因果事实的认知，从目标出发，反向地确定为实现目标所必要的因果要素，以及他能够借以使整个因果序列运转起来的身体运动（行为手段）。我之所以说这种思维过程是"反向的"，是因为目标已经确定，而且行为人正是从该目标出发将必要的因果要素遴选出来作为行为的手段。

故此，被选中作为手段的那些因果要素，从一开始就与作为被追求之目标的其他作用联系在了一起。被投入运转中的因果要素会产生众多作用，而目标始终都只是这些作用中的**一小部分**。因此，行为人在选择行为手段时还必须

3）对那些在目标实现以外、与预计需要的因果要素相联系的**附随结果也加以考虑**。于是，**这种**思维过程就**不再是**从目标出发**反向地**进行，而是**先行**从被遴选为手段的因果要素出发，朝该要素引起或可能引起的作用**方向**进行。在此，对附随结果的考虑能够促使行为人对现已选

定的手段加以限制，或者挑选出阻止附随结果发生的附加性的反作用要素，或者控制行为朝**避免**附随结果发生的方向发展。这样一来，以**目标的实现**为导向的行为意志也就同时指向了对附随结果的**避免**。另外，对附随结果的考虑还可能导致行为人将附随结果的实现也一并纳入其行为意志中，这要么是因为他在使用该行为方法时认为附随结果**确定**会发生，要么是因为他**估计到**该结果有可能发生。在这两种情形中，目的性的实现意志都同时包含了附随结果（对此，参见 Lehrbuch § 13 I 2）。

（2）根据行为人在思维上对目标的设定、对行为手段的选择以及对附随结果的考虑，行为人将其行为在现实的世界中**付诸实现**。他依照计划将选定的行为手段（因果要素）投入使用，该手段引起的结果既包括目标，也包括被纳入即将实现之总体当中的附随结果。

来自《联邦最高法院刑事判决》第 7 卷第 363 页（BGH 7 363）的例子：A 和 B 意图先使 X 失去反抗能力，然后再对其实施抢劫。关于为此所使用的手段，他们首先考虑的是用皮带缠住被害人的脖子。但由于二人**估计**到这种行为可能导致被害人被勒死，而他们又想避免这种结果的发生，故放弃了这一方法，转而选择用一个小沙袋将 X 弄晕。这样，两人首先就开始实施这一行为；该行为的实现既指向对目标的**达成**（赃物），又指向对附随结果（X 的死亡）的**避免**。但是，当沙袋未能使 X 昏厥过去时，行为人又启用了第一种方法：他们勒住 X，直到他失去知觉，然后又把皮带扣住，紧紧绕在 X 的脖子上；与此同时，二人将所获的赃物打包在一起。当他们把皮带松开的时候，X 已经窒息死亡。由于两名行为人原先的计划表明，他们已经**预见**到使用皮带可能出现死亡的结局，故二人实现该犯罪形态的意志也延伸至与之相联系的附随结果。在此，行为人起先是操控着行为，试图使它在**避免** X 死亡的情况下实现目标，但他们后来又对此作了改变，把可能出现的附随结果作为为达到目标而实现之整体结果的一部分，并将之纳入他们的实现意志当中。

目的性操控的第二阶段是在现实世界中进行的。该阶段是一种存在于现实当中的因果过程，它受思维领域中"对方法与目的之确定"的决定。只要目的性的决定在现实世界中未获成功——例如，结果基于某种原因没有出现——那么相关的目的行为就仅仅属于**未遂**。

2. 在此需要注意的是，只有当某种结果的实现处于目的性操控的延伸范围之内时，才能认为该结果是被目的性地引起。对于目的和手段来说，这一点始终都是确定的；而对于附随结果来说，则只有当行为人**估计**到该结果会出现，进而将之一并纳入其实现意志当中时，才能肯定这一点。至于所有其他没有被目的性实现意志包含的（附随）结果，由于行为人未曾想到它们，或者相信它们不会发生，因而都仅仅是因果地被引起。

护士在毫不知情的情况下向病人注射了一支药性过强的吗啡针剂，由此引起了死亡结果。尽管她实施了一个目的性的注射行为，但却并未实施目的性的杀人行为。如果某人为了练习枪法而朝一棵树开枪射击，但由于没有察觉树后站着一个人，故导致该人死亡，那么他虽然实施了目的性的射击练习，但却并未实施目的性的杀人行为——在这两个案件中，都是由目的行为以盲目的方式因果地引起了行为人无意造成的结果（死亡）。

所以，我们不能把目的性和纯粹的"任意性"（Willkürlichkeit）混淆起来。"任意性"指的是，一个身体运动及其结果来自某种意志的举动，至于该举动究竟指向何种结果，在所不问。从这个意义上来说，如果我们在上述两个案例中从思维上把护士和射手的意志内容加以抽象化，那么也可以认为，他们实施了"任意性的活动"。但如果我们想超越纯粹任意性的（抽象的）要素，从行为具体的、具有确定**内容**的性质出发去理解它，那就只有与行为人所意图实现的某个特定结果联系起来，才有可能做到这一点。护士的意志活动只有在涉及注射行为的情况下，才具有**目的性**；射手的意志举动也只有在涉及击中树木这一事实时，才具有目的性。但是，一旦涉及杀人，则两者都不具有目的性。与行为人意图实现的特定结果相关联，这一点对于目的性来说至关重要；如果没有这种关联，那就只剩下了任意性的要素，而该要素是无法对具有确定内容的行为作出说明的。

第一章 行为概念

梅茨格尔（Mezger）在其所著的 LK.（8）S.8 中明显将任意性和目的性这两者混淆在了一起。关于任意性的概念，参见 Mezger 109 Anm.13。某个身体运动及其结果可以是"被任意地，即通过意图来得以引起，但结果却并不是行为人想要的内容……被意图**引起**的是身体运动和**所有**其他的结果"，至于说行为人想要和不想要的内容是什么，在所不问！

因此，实际上并不存在"本来的"或"抽象的"目的行为，而只存在与实现意志所设定的结果相关联的目的行为。与特定的、有意设定的结果存在此种关联，是"建造""书写""杀害""伤害"等目的行为在意义内容上的特征所在。在此，对于目的行为的意义来说，不管有意设定的结果在整体的行为结构上正好是指被期待的目标，还是仅仅是指所使用的手段，抑或甚至是指单纯被纳入实现意志中的附随结果，都无关紧要。不论死亡就是意志活动的**目标**，还是死亡是实现其他目标的**手段**（例如为了继承遗产而杀人），或者死亡是被一并纳入实现意志中的附随结果（例如在上述案件中，使 X 窒息而死），在所有这些情形中，目的性的**杀人**行为都是存在的。所以，一个目的行为可能因为它与多个被有意设定的不同结果都存在关联，而具有多重的行为意义。于是，上述案件中的行为，当它与行为人追求的目标相关联时，属于对财产权的侵害；当它与行为人所使用的手段相关时，则属于对自由的剥夺；当它涉及为实现目标而一并引起的附随结果时，又属于杀人行为。

当然，目的性的操控也包括对行为的外部实施本身，故目的性操控的"结果"可能仅仅表现为纯粹的活动。骑马、体操、跳舞、滑冰等活动，和淫乱、宣誓等行为一样，都是受目的操纵的活动。此外，由于持久的练习，我们许多身体动作都已经处在下意识的状态中，这一点不仅丝毫无损于行为的目的性操控，而且恰恰相反，它是支持行为处于目的性操控之下的依据；尽管我们不再像幼儿那样需要对自己的每一个步伐都加以操控，但散步同样是一种受目的性操控的活动（对此，参见下文第 69 页）。

上文对于目的性操控所作的分析涉及的是对意志**实现**的操控（行为

操控）。应当与之相区别的是对意志**形成**的操控（动机操控），对此，参见下文第 58 页以下。

二、刑法规范以内的行为

人的行为的目的性结构，对于刑法的规范来说完全具有基础性的意义。法规范，即法的**禁止**或**要求**，不可能指向盲目的因果进程，而只能指向那些能够以目的为导向塑造未来的**行为**。规范只能对一个**目的性的**举动加以要求或禁止。以规范禁止或要求的行为为标准，我们可以将规范分成不同的种类。

1. 最重要的一类规范涉及的问题是，行为人意图通过其行为实现什么东西。该类规范禁止人们去实施一种行为，该行为的实现意志以引起某种在社会中不受欢迎的状态或事件（即"结果"）为指向，这种结果可能是诸如杀人、身体伤害、放火、鸡奸之类行为的目标、手段或者附随结果。这类行为就是故意的作为犯。在该类犯罪中，目的性地引起某种社会中不受欢迎的结果，这虽然受到**禁止**，但却得到了**实现**。

2. 第二类规范涉及的则是对行为手段的选择和运用，而不论行为人通过该手段意图实现的目标是什么。当行为人选择和运用行为手段时，这种规范要求他的目的性操控必须符合某种最低限度的要求，即必须尽到"交往中必要的注意"（im Verkehr erforderliche Sorgfalt），从而避免行为引起违反其意愿的、在社会中不受欢迎的附随结果。例如，若某人正在驾驶汽车或者擦洗窗户，则他所实施的行为并非以社会上不受欢迎的结果为其指向。然而，法秩序**要求**行为人在操控这类行为时，也应当尽到"交往中必要的注意"，从而避免发生不受欢迎的附随结果（例如对路人造成伤害）。如果行为人在行为时无法符合注意义务，那么法秩序就**禁止**他实施该行为。这种行为就是过失的作为犯。在该类犯罪中，虽然法秩序**要求**行为人在进行目的性操控时必须符合交往中最低限度的要求，以期避免发生不受欢迎的结果，但该要求**并未得到实现**。

关于过失犯罪的规范，参见 Kaufmann, Normentheorie 284f.。

3. 第三类规范**要求**行为人必须实施阻止发生社会上不受欢迎之结

果的行为。若行为人实施了被要求的行为,则他符合该规范;若行为人没有去实施被要求的行为,那他就违反了该规范。对此,参见 Lehrbuch §§ 25 - 27。

三、不同的学说:因果的行为概念

这是在 19 世纪末取得统治地位的理论:Beling, Grundzüge; Radbruch, Handlungsbegriff, 1904; von. Liszt, Lehrbuch; Übersicht bei Mezger, 108; I 47ff.; Schönke-Schr., Vorbem. II.——关于对该理论的批判,参见 Welzel, Z. 51 703f.; 58 491f.; von. Weber, Zum Aufbau des Strafrechtssystems, 1935, Gr. 54f.; Maurach, AT. 126ff.——关于目的行为概念的争论,参见 Engisch in Probleme, 141f., dazu die 2. Aufl. 24f.; Bockelmann, Über das Verhältnis von Täterschaft und Teilnahme, 1949; jetzt: Strafrechtliche Untersuchungen, 1957, S. 151ff.; dazu Welzel, Um die finale Handlungslehre, 1949; R. Busch, Moderne Wandlungen der Verbrechenslehre, 1949; Mezger, Moderne Wege der Strafrechtsdogmatik, 1950, dazu Niese, Finalität, Vorsatz und Fahrlässigkeit, 1951; Gallo, la Teria dell'azione finalista, 1950; F. Grispigni, Diritto penale italiano (1950), II 299ff.; dazu Welzel, Rivista italiana di diritto penale, 1951; Santanmaria, Prospettive del voncetto finalistico di azione, 1955; Rodriguez Muñoz, La doctrina de la accion finalista (Anales de la Universidad de Valencia, Bd. 27, 1953/54); dazu Welzel, JZ 56 316; Niese, JZ 56 457; Nowakowski, JZ 58 335, 388。

1. 因果行为论

受到 19 世纪后期自然科学领域中机械论思潮的影响,刑法学领域在同一时间里产生了一种理论,它将行为分割成两个不同的组成部分:一个是外在的("客观的")因果事件,另一个则是"单纯的"主观意志内容。据此,"行为"应该是纯粹的因果事件,它由意图("意志冲动"或"神经支配")所引起,并出现在外部世界中,在此不考虑行为人究竟是想要实现该事件,还是仅仅能够预见到该事件(即意志内容)。

正如拉德布鲁赫(Radbruch)(1904年)所写到的那样,"我们应当采用这样一种行为的概念,它只要求意志必须对行为具有**因果性**,而将关于意图**内容**的问题**全部**分配给责任,故这种行为概念所指的行为,并非以某种方式特定下来的身体运动,而只是以某种方式(即通过一个有意识的意志举动)**被引起**的身体运动"(Radbruch, Handlungsbegriff, S.130)。据此,行为就是所有通过某个任意的活动引起的身体运动,这里的"任意"指的是"一切不受机械和生理因素强制的、由观念所激发的"举止(von Liszt, Lb. §281)。"单纯的意志冲动"也应当被视为"意图",这种意志冲动"在生理学上被定义为神经支配,而在心理学上则被定义为一种意识过程","我们正是通过它设定了原因"(von Liszt, a. a. O.)。梅茨格尔(1932年)用以下文字对这种见解作了总结:"刑法中行为论所要考察的问题仅仅是,行为人的意图究竟引发了什么,意图产生的'作用'究竟是什么。所有这些作用都是行为的组成部分。至于这种作用是否以及在多大范围内同时也是行为人之意识和意图的内容,该问题在此毫无意义……这个问题和行为概念没有任何关系……只要能认定,行为人有意地实施了举动,那就足以判定行为的成立。至于他究竟想要实现什么,在此无关紧要;只有对于责任的问题来说,意志的内容才有意义"(Mezger, S.108f. 他的意见与 Beling, Grundz. §14 和 Radbruch, Handlungsbegriff, S.129 是一致的)。但是,意志的内容仅仅是存在于行为人内心的、关于外在因果事件的主观"影像"(Mezger, Moderne Wege, S.27)。

起初,李斯特(Liszt)曾完全从自然主义的角度出发,把行为看作是"一种在感性上可以被察觉的、对外部世界所作的实质性改变,即便这种改变还不太显眼"。例如,他把侮辱行为理解成引起空气流动,并使神经受到刺激的过程(Lb〔2. Aufl.〕107)。也参见 Kitzinger, Ort und Zeit im Strafrecht, 70。即便是通说也已经抛弃了这种极端的自然主义,通说把行为理解成存在于**社会**现实中的因果性改变。所以,为了避免引起误解,我们最好不要提"自然主义的"行为概念,而应当提

"因果的"行为概念。

2. 对因果行为论的批判

因果行为论的根本性错误在于，它忽视了操控性的意志所具有的构建行为的功能。不仅如此，它甚至还摧毁了这一功能，使行为变成了一种单纯由某个**随意的**意志活动（"任意活动"）所引起的因果事件。该理论没有认识到，任何行为都是一种（或多或少正在取得成功的）**成果**（Leistung），人的意志利用这种成果对因果事件进行了塑造，即操纵和引导。意志的内容对某个意志行动可能造成的结果进行思维上的预测，并根据因果方面的知识按计划对外部的事件过程加以操控；这种意志的内容成为外部因果事件在行为人内心的单纯"影像"（Spielbild）。因此，因果行为论完全颠倒了意志和行为之间的关系。如果我们对行为从未遂到既遂的发展进程加以关注，那就会特别清楚地发现这一点。因果行为论在界定未遂的概念时就已经归于失败。因为，未遂并不是缺少结果的单纯因果过程，而是以预先设定之结果为**追求目标**的行为，所以意志内容就是该行为的一个基本组成部分。我们除了把杀人未遂界定为行为人以杀死某人为目标的行为之外，还能怎样定义它呢？即使对外部行为的意志操控导致了结果的发生，意志在行为中所具有的功能也不会因此而有任何改变。如果说在未遂中，意志的内容是行为的必要组成部分，那么即便结果出现了，它也依然是行为的必要组成部分。无论我们对行为作怎样的因果解释，都不能改变这一事实。

因果行为论无法对这一论据提出任何反驳。即便是梅茨格尔现在也承认，"无论是在未遂还是在既遂中，决意都属于行为的构成要件（Handlungstatbestand）"[LK（8.）S. 15]。但是，他还是否认意志的内容属于（所谓与行为构成要件相区别的）"不法构成要件"（Unrechtstatbestand）。对此，参见下文第36页。

因此，因果行为论无法成为具有充实内容的**社会的**行为概念，也即，它不能说明，一个**杀人**行为、**取得占有**的行为、**胁迫**行为、**欺骗**行为等等，它们从社会的意义上来说究竟是什么东西。该理论把行为界定为任意的举动以及随后出现的因果过程。但是，由于任意活动所引发的

第一章　行为概念

因果性后果（同所有的因果过程一样）原则上来说都是漫无边际的，因而这种行为概念的内容同样是漫无边际的；即便是生育谋杀犯的行为也是杀人行为，因为它就是一个对后来某人的死亡具有原因力的意志活动。对此，埃伯哈德·施密特（Eberhard Schmidt）（Frank-Festg. II 119）已经完全正确地作出了结论。只有借助行为与某个受到期望的**特定**结果（作为目标、手段或者附随结果）之间的**目的性**关联，我们才能确定，"杀人行为"、"取得占有的行为"、"胁迫行为"和"欺骗行为"究竟是什么；也唯有如此，我们才能获得一个具有特定内容的社会的行为概念。

如今，当有人用"社会"行为论来对抗目的行为论的时候，他们似乎忘了，将行为理解成某种社会现象，从一开始就是目的行为论的主要宗旨所在。但是，我们只有在目的行为论的基础上，才能把行为理解成一种社会的现象。我所著的《刑法体系研究》（Studien zum System des Strafrechts）〔Z 58（1938），S. 494ff. 〕一文对此有详细论述；另参见 Gallas, Z 67 14, Anm. 40a. 。

因果行为论从错误的起点出发，在犯罪论中进一步得出了一些影响深远的结论：

（1）在**故意犯罪**中，该理论忽视了以下这一点："**故意**"是目的性实现意志的一种下位表现形式，即它是关于"某个法定构成要件之事实情况"的目的性实现意志，所以故意作为**行为的要素**已经是**构成要件行为**的一个组成部分了，构成要件行为是由客观（外部）要素和主观（内心）要素共同组成的。因果行为论把故意从构成要件中剥离出来，并将其置于责任之中，这样一来，它就不仅撕裂了客观和主观构成要件的内在统一性，而且撕裂了主观的构成要件本身。因为，自从人们承认存在主观的不法要素以来，尽管因果行为论在构成要件中保留了某些主观要素（目的、倾向），但如果没有故意的话，这些要素在构成要件中就会处于悬空状态（见下文第35页以下）。

如果离开了关于财物之他人性的故意，那么《刑法》第242条中的非法占有的目的又怎么可能存在呢？《联邦最高法院刑事判决》第5卷第 47 页（BGH 5 47）的错误判决就特别令人印象深刻地表明，如果我们把故意剥离出去，那么窝藏赃物罪构成要件的内在整体性和意义内容是如何遭到破坏的。对此，参见 Welzel, JZ 54 128。

在**违法性**中，因果行为论忽视了一点，即违法性的对象并非纯粹的外部因果过程（特别是法益侵害），而是由客观和主观要素所组成的整个行为。所以，因果行为论无法合理地将主观不法要素融入违法性论之中，也无法对违法性中"主观的和人的"要素作出解释（见下文第 34 页以下）。

关于因果行为论在共犯论和责任论中得出的错误结论，见下文第 76 页以下和 Lehrbuch §16 I 2。

（2）因果行为论也无法正确地解释**过失犯罪**，尽管它长期以来都将过失犯视为其"专属领地"：因果行为论没有认识到，过失犯中具有刑法上**重要意义**的那个部分，并不在于由某个任意活动所引起的**结果**（例如，Mezger I [4.] 45 就是这么认为的），而是在于错误的**行为**，即不在于**结果无价值**，而在于**行为无价值**。我们通过一个例子就能很快说明这一点：

A 和 B 分别驾驶着汽车相向行来，两车在一个视线不佳的转弯处相撞，A 和 B 均因此而负伤。在本案中，虽然两人都通过一个任意的举动（驾驶汽车）给对方造成了伤害，但对于过失来说"具有重要意义的"，并非单纯引起对方伤害的事实，而是 A 和 B 所实施之行为的特殊性质。如果 B 在驾驶时保持在道路的右侧，而 A 却从左侧"抢道"进入视线不佳的转弯处，**以致**与 B 相撞，那么尽管 B 的行为对 A 受伤的结果具有原因力，但对于过失犯来说，只应考虑 A 的行为。A 的行为是**违法**的，因为他在驾驶时并未遵守交通领域中必要的注意义务。而基于相反的理由，B 的行为则是**合法**的。这就表明，即便是过失犯，其具有决定性意义的不法要素也存在于**行为无价值**而非单纯的**结果无价值**之中，结果无价值只具有附加性（以及限制性）不法要素的意义。这也证明，因果行为论不足以对过失犯罪中具有决定性意义的不法要素作出解释，因为：如果我们把上述行为仅仅看成是两个由任意活动所引起的**因果事**

件，而不考虑对该事件的具体操控，那又怎么能指望在这两个行为中发现对于**行为价值**或者**行为无价值**起决定性作用的视角呢？因此，按照因果行为论的逻辑，就必然会得出一个奇怪的观点，即在上述案件中，A **违法地**引起了 B 身体伤害的结果，只是（因为没有违反注意义务而）被排除了**责任**。恩吉施（1930 年）早已指出了因果行为论的这种"窘困和不确定性"，它必然会导致"所有任意引起结果发生的举动，只要它没有被特别地正当化，都应当被视为符合于构成要件"的情况（因此，这绝不是像人们目前试图认为的那样，是目的行为论所作的一种曲解！）。参见 Engisch, Untersuchungen über Vorsatz und Fahrlässigkeit im Strafrecht，S. 277f.。

恩吉施同样已经察觉到，通行的过失犯论缺少"一个极为重要的第三要素"，该要素存在于条件关系和责任**之间**。因果行为论为了避免得出那种奇怪的结论，就在条件关系中发展出了"被容许的风险"（das erlaubtes Risiko）的理论，根据该理论，A 的行为因为成立"被容许的风险"而具有合法性。这一理论只能证明本书所持学说的正确性，因为：尽管存在引起**结果**发生的事实，但引起结果的**行为**具有某种特殊的方式和方法，它正是以这种方式和方法，在遵守谨慎规则的情况下去追求实现不可或缺的、在社会上受到欢迎的目的，故该行为是合法的！一旦传统理论认为处在被容许风险下的行为具有合法性，那么它就已经迈出了从结果无价值转向行为无价值的第一步（就故意犯罪而言，一旦传统理论在**未遂**中承认犯罪**决意**是一个主观的不法要素，那么它也走出了同样的一步）。随着我们发现了**行为**无价值的意义，行为也就成了过失犯罪的中心，因为对行为价值或行为无价值的判断，完全取决于行为具体执行方式的属性！对于过失犯来说，起决定性作用的行为无价值存在于以下事实之中，即行为人对行为所实施的现实操控，与法律所要求的举止之间并不协调。

在面对——用于和行为人现实实施的目的行为作比较的——**被要求的举动**，即在面对遵守了"交往中必要的注意"的举动时，因果行为论更是显得束手无策。在具体情形下，究竟何种举动是**被要求的**（"合理的"或"符合注意的"），对这个问题的判断和关于行为人实际上实施了何种行为的判断一样，都属于法官的任务（参见 OLG Celle, NJW 55 1772）。但如果法官仅仅把"行为"理解成一种由任意活动引起的因果事件，而不是将之理解成一种受意志操控和引导的事实，那他又如何能对被要求的举动作出认定呢？

只要我们认为，在过失犯中起决定性作用的不法要素存在于行为无价值之中，那么即便在过失犯领域内，因果行为论也会败下阵来。

关于总体情况的论述，参见 Welzel, Fahrlässigkeit und Verkehrsdelikte (Schriftenreihe d. Jur. Studienges. Karlsruhe, 1961)。

3. 因果行为论针对目的行为论提出的反对意见

上文的论述已经驳倒了因果行为论针对目的行为论所提出的大部分反对意见。还有一些早前出现的反对意见，其中一部分建立在明显误解的基础上，对此可以参见本书早先的版本。

新近出现的批判是朝着两个方向展开的：

（1）目的行为论"以一种完全无法理喻的方式"对传统理论进行了歪曲，从而对因果行为论的宗旨作出了错误的判断。实际上，传统理论从未否认目的性是人之行为的本质要素，而是把目的性作为该理论中任意性这一概念的基础（Nowakowski, JZ 58 393；相似的论述参见 Mezger, Rittler-Festschr, S. 119f.）。

在上文中，我从因果行为论最重要的纲领性著作中选择引用了少量文献，它们已经足以反驳上述责难。即便在这些文献所处的时代，人们对它们就是这样来理解的，阿道夫·默克尔（Adolf Merkel）（Lehrbuch, 1889, S. 28, 71; Merkel-Liepmann, Lehre v. Verbrechen und Strafe, 1912, S. 25, 86ff.）和 M. 李普曼（M. Liepmann）（Einleitung in das Strafrecht, 1900, S. 59）的批判已经令人印象深刻地证实了这一点（只不过由于当时责任论所处的状态，这些批判在彼时还无法获得赞同）。事实上，今天有人试图从当下回溯到过去，在早先的行为概念中掺入某些内容，而这些内容在那时已经被因果行为论小心翼翼地剔除出去。例如，梅茨格尔现在已不再将行为所不愿引起的结果也归入

"任意性"的概念之下了,但这并不是对他在其教科书(Lb. 109 Anm. 13)中所作之论述的解释,而是对它的彻底颠覆(也见前文第5页)。

假若我们至少在结论上是一致的,即不论我对因果行为论的描绘是对还是错,大家都承认,我所描述的那种因果行为论已经归于失败;那么,我对于认为本人对因果行为论有所误解的责难,原本大可泰然处之。但遗憾的是,诺瓦科夫斯基(Nowakowski)在提出他机敏的批判时所展开的重要论述却说明,事实并非如此。他写道:"即便提到任意性,它实际上也是指,行为是受意志引导和操控的。不予考虑的,仅仅是这种引导所具有的目标性观念。"(JZ 58 391)在此,后一句话与前一句话相互矛盾:"对行为加以引导和操控",但又**不考虑**目标性的观念,这和"失明的盲人领路者"这个说法一样,都存在自相矛盾之处。唯有从"目标性的观念"出发,我们才有可能对行为加以引导;只是,我们在此必须注意,预测属于"目标性的观念",但它不仅限于对行为最终目标的预测,而且包括对为实现目标所必须实施之具体活动的预测!如果我们起先暂且不考虑目标性的观念,即仅仅是盲目地对行为展开探讨,只有在"后来的责任范畴中",才把目标性观念引入行为之中,那么这种做法对目标性观念的考察时间同样显得过晚,它使得目标性的观念成为单纯的"影像",或者成为某个盲目因果事件的事后观察者。但这正是因果行为论的核心所在,目的行为论从一开始就强调指出了这一点,并与此进行了斗争。

如果我们在判断"根据目标性的观念对行为加以引导和操控"这一点的时候,不仅考虑最终的目标,而且考虑中间性的目标,即在行为执行过程中的各个行动步骤,那么所谓"本身无法解决的问题"(Quadratur des Zirkels)也会随之消失,目的行为论在过失行为中就面临着这样一种问题。在过失行为中,虽然原则上来说,**最终的目标**在法律上无关紧要,但(整个)行为的**执行**过程在法律上绝非无足轻重(因此,说过失行为是具有"法律上不重要之目的"的行为,这种说法具有误导性!)。在上述例子中,从法律上来说,A希望迅速抵达最近地点的这个目标当然并不重要,但他是**如何**着手去实现这个目标的,即他在从左侧

第一章 行为概念

抢道进入视线不明的转弯处时,是如何操控其行为的各个具体行动步骤的,这一点在法律上具有重要性,因为它增加了与相向驶来之汽车发生碰撞的危险。至于说行为人在实施其行为时是否想到了这一危险,这无关紧要。对行为不法的**严重性**起决定作用的因素,不仅在于行为人抢道进入了转弯处这一事实,而且在于行为人抢道进入转弯处的**强度有多大**。这清楚地表明:在过失犯中,构成违法性评价之基础的,并非某个"任意的"(引起结果发生的)行为,而是**那个**具有这样或那样性质的(或多或少与被要求的举止相偏离的)特定行为。我们绝不能"暂时地"不考虑行为所具有的这种性质(它是该行为违法性的前提条件)。(只有一个问题可以暂时不予考虑,即行为人本来能否认识到其行为偏离了被要求的举动:这是后续在责任阶段才要讨论的问题。)因此,对于因果行为论而言,在其空洞的行为概念中为不可或缺的行为价值找到一处容身之所,才是一个"本身无法解决的问题"。

(2)第二个反对意见认为,我所提出的行为概念是一个"主观和目的性的"行为概念,因为它过于片面地从单个意志主体的角度出发去认定某个行为的社会意义;然而,我们始终都应当首先从客观的角度出发去确定行为的意义。Eb. Schmidt, Arzt im Strafrecht, S. 75, Anm. 29; Mayer, S. 44. 为了能对此发表意见,我们最好以下面这个案件为出发点:

A和B发生争执,A拿起一把刀将B刺伤,结果这一刀偶然刺中了暗藏于B体内的一个脓疮,导致脓液流出,从而救了受病灶严重威胁的B一命。[为了使供比较的参照物(tertium comparationis)更清晰地凸显,我们可以假定这场争执发生在医院中的两名护士之间,其中一人用一件外科手术器具将对方刺伤。]尽管从客观上来看,A所实施的行为和外科手术行为在外观上完全相同,两者所引起的结果也都一样——都使B恢复了健康,但这两个行为却具有完全不同的社会意义:A的行为虽然在客观上带来了治愈疾病的效果,但它依然成立身体伤害罪的未遂。

这个例子清楚地表明,行为人的目的性的行为意志,是决定某一行为的社会意义内容的因素之一。社会的行为意义**不仅仅**以行为引起的结果，而且**还**以意志的指向作为其根据，行为人为行为打上了这种意志指向的烙印。没有任何行为理论能够回避这一点！

即便在相反的情形中，即当意志并非指向行为引起的结果时，上述论断也是可以适用的：如果医生的手术归于失败，并导致患者死亡，那么即便医生犯了医疗错误，手术行为的社会意义内容也和"刀刺"或"伏击"行为有着天壤之别。即使手术失败，它依然是以**增进**健康为目标的行为，该行为仅仅是**引起了**（《刑法》第222条）患者的死亡，而刀刺或伏击行为则完全是以导致死亡结果为指向的（《刑法》第211条和第212条）。故意和故意的欠缺（过失）并**不仅仅**体现出责任上的区别，它们当然也具备这样的功能，但这是次要的（见下文第72页），它们首先体现出不同种类的社会行为结构。

但是，以上的全部论述绝不意味着，行为人的主观意志**"决定了"**某一行为的社会意义内容。例如，在迈霍弗（Maihofer）所著《行为概念》（Handlungsbegriff）一书的第44页以下，就出现了这种误解。不过，以上论述表明，目的行为意志的差异性是用以确定某一行为之社会意义内容的要素之一。

但它并不是唯一的要素！由于行为是一个关于**成果**的概念（Leistungsbegriff），故我们在确定社会的行为意义时，就不能仅仅根据行为的**意志**，还必须以已出现或未出现的**结果**为依据。根据结果我们可以确定，行为是否以及在多大范围内实现了或未能实现其成果——对事件的目的性支配：若行为人希望发生的结果未能实现，则就该结果而言，行为属于未遂；若该结果得以实现，则在行为价值或行为无价值之外又另行添加了结果价值或结果无价值。如果行为人在实施其行为的过程中，未能小心谨慎地对待可能出现的附随结果，那么他在行为未实现成果的同时，创造出了一种行为无价值。即便没有出现任何结果（例如，行为人将一根点燃的火柴抛入干燥的树林中，火柴在落到地面时就已经熄灭了），该行为无价值本身已经存在；如果行为因为未实现成果而产生了某个不受欢迎的结果（例如森林火灾），那么在行为无价值之外又增添

第一章 行为概念

了一种结果无价值。由于目的行为论将人的行为理解为成果，因而它能够正确地对待行为的**两个**方面，即行动方面与结果方面（行为价值和行为无价值，以及结果价值和结果无价值）；而因果行为论却只能对结果的引起作出说明，无法对行为的执行作出说明。

由迈霍弗所提出的"客观和目的性的"（或"社会的"）行为理论同样无法做到这一点。目前，该理论自己澄清说，它"实际上原本并非'行为理论'，而是……归责理论"，即它是一个关于把结果从客观上（因果地）进行归责的理论，这种归责所依据的标准"与相当因果关系说是一致的"（Z 70 187）。这样一来，该理论就（并不情愿地）证实了贝林（Beling）、芬格（Finger）和黑格勒（Hegler）针对齐默尔（Zimmerl）所提出过的反对意见。齐默尔当时也曾进行过与迈霍弗相似的尝试。该反对意见认为，"所谓行为的客观目的，指的是行为引起某一特定结果的能力，在这里成为问题的并非合乎目的理性的目的性，而是潜在的因果性"（Hegler, Frank-Festg. I, S. 282）。所以，迈霍弗的理论只是给一件旧物（相当因果关系说）套上了新鲜的外衣而已，行为理论的问题开启之际，恰是迈霍弗理论的问题结束之时：若A手持的击发武器导致B身受轻伤，则客观归责理论会得出结论认为，我们可以把B受到的伤害归因于A的行为。但在本案中出现的究竟是何种行为——是谋杀或杀人的未遂，是故意的身体伤害，是朝建筑物旁射击，是过失的身体伤害还是纯粹的不幸事故——这个问题已经超出了归责理论的范围；如果我们不考虑起建构性作用的行为意志，那就根本无法对该问题作出回答。假如枪弹没有命中B，则根本不存在可归责于A的结果，但关于行为的问题却会以完全相同的方式出现。厄勒对这些问题也没有给出回答。在很大的程度上，贝林、芬格以及黑格勒所提出的意见同样可以用于批判厄勒关于"行为的客观目的要素"的理论（参见 Oehler, Das objektive Zweckmoment in der rechtswidrigen Handlung, 1959）。

同时，迈霍弗针对目的行为论所提出的主要反对意见，也只涉及术语的使用问题。该意见认为：在上述例子中，如果我们说，护士并没有实施目的性的杀人行为，那这就意味着，护士并未"杀害"患者（Z 70

167）。但是，目的行为论不是一个关于**词义**的理论，而是一个关于行为之**实质**结构的理论。既然在本书开始所举的雷击案中，目的行为论可以毫无顾虑地说，雷电"击毙了"一个人，那么，它就可以更加轻松地说，护士"杀害了"患者。我们有关举止活动的词汇并不只是用于描述行为，它们——在引申的意义上——还可以被用于描述自然过程，进而可以被用于描述纯粹的结果引起事实。但有疑问的是：**仅**从已经出现的结果出发，而不是**首先**从行为的意图出发，这**在语言上**是否足以确定**"杀人行为"**这个词的含义（以及有关举止活动的词汇与**行为**概念之间的对应关系）呢？护士在毫不知情的情况下向患者注射了一支危险的吗啡针剂，她就真的实施了一个**杀人行为**吗？如果她在将针刺入患者的肌肉之后，因受阻而未能进行其他活动，那么能否认为将针刺入肌肉的行为就是**杀人行为**的开始？假设一名汽车驾驶者因为疏忽而导致一名路人身负重伤，若无医生的治疗则他必死无疑。在此，我们当然不能说，司机已经开始着手实施**杀人行为**了——尽管死亡明显已近在咫尺。然而，如果某人意图射杀他人，但子弹却远远偏离了目标，那么认为他已经开始着手杀人行为的论断当然就是正确的。即使从语言上来说，在确定**"杀人行为"**这个词的含义（以及相应的词语关联）时，用于塑造行为的**意图**所起的作用，也远远大于已经出现的**结果**。但是，目的行为论对这种术语上的问题毫无兴趣，对于该理论来说，唯一具有决定性意义的，是关于行为结构的**实质**问题。从语言上来说，"杀人行为"和"引起死亡的行为"这两个词之间的差异仅仅是提出了该问题。即便人们对此采用完全不同的语言**描述**，这个关于行为结构的实质问题也依然存在！

第二章　刑法中不法的构成要件符合性与违法性

如果某一行为以法定构成要件所规定的方式对共同体的秩序造成了侵害，而且我们可以对行为人加以谴责，并使之承担责任，那么该行为就成立犯罪。因此，行为必须以**特定的方式**对共同体的秩序造成了**侵害**，它必须具有"构成要件符合性"和"违法性"，而且我们必须能够就该行为对作为可答责之人的行为人加以谴责，即行为必须是"有责的"。**构成要件符合性、违法性和责任是使某一行为成立犯罪的三个犯罪要素**。在此，责任——对违法行为的个人答责——是以行为具有违法性为其前提条件的，而违法性自身也必须在法定构成要件中得以具体化。在构成要件符合性、违法性和责任中，任何一个后位的犯罪要素都以前一要素已经具备为前提；通过这种方式，这三者就在逻辑上被紧密地联系在了一起。

一、规范、构成要件和违法性

1. 如果法秩序希望对共同体生活不堪忍受的举动施以刑罚，那么它原本可以制定一个最高级别和最具普适性的规定：若某人实施了严重违反共同体生活的举动，则应根据行为人责任的程度对其处以适当的刑罚。对此，我们也可以用一种更为时新的方式来表述："若某人有责地违反了民主主义、社会主义或共产主义社会秩序的基本原则，则应……对其处以刑罚。"尽管这种最具普适性的罪刑规定（Strafbestimmung）

能够包含一切我们可以想象到的值得处罚的举动，但是从它的普适性中我们却无法辨别，何种具体的举动是应当受到禁止的。公民无法知道，他应当做或者不做什么；法官也无从辨别，他应当处罚什么。因此，法秩序必须对它的罪刑规定加以具体化，换言之，法秩序必须对它所禁止的举动给予实体性的描述，如杀人、盗窃、通奸等等。法秩序必须说明其禁止性命令所针对的"质料"（Materie）。这种禁止的质料（Verbotsmaterie）*（一个源自经院哲学自然法的概念）包含了对受到禁止之举动的事实性和对象性的描述。正是禁止质料的存在，才使得**公民**和**法官**能够辨别出，**何种**举动方式是受到禁止的。对于刑法来说，从内容上对禁止性命令加以具体化，具有特别的意义。因为，只有具体地说明了禁止质料的内容，才能满足"无法律则无刑罚"（nulla poena sine lege）这一原则所提出的要求。因此，与其他法律相比，刑法应当更加关注如何尽可能精确地对其禁止内容进行实体性的描述；刑法必须是"实体的"（substantiell）（参见 Probleme，S101ff.）。当代刑法学自贝林（Lehre vom Verbrechen，1906）开始，就提出了可罚举动必须具备"构成要件符合性"这一要求，这就表明人们已经承认，在刑法当中，经过具体描述的禁止质料是具有特殊意义的。"构成要件"是**刑法上**规定的禁止质料；在刑法中，立法者特别认真、细致地对受到禁止的举动进行了事实性和对象性的描述，这种描述就是构成要件。

2. 某个行为的可罚性必须在该行为实施之前就**"在法律中被规定下来"**，这一宪法上的原则建立在以下思想的基础之上，即**法律**本身必须说明犯罪行为的具体要素（例如《刑法》第 212 条"故意杀害某人"这个词），从而对禁止内容作出详尽的描述。然而，**"详尽描述的"**或者

---

* Verbotsmaterie 一词，日本学者福田平和大塚仁译为"禁止素材"（参见ハンス・ヴェルツェル著，福田平、大塚仁訳：《目的的行為論序說：刑法体系の新樣相》，21 页，东京，有斐閣，1962）。我国哲学界一般将 Materie 一词译为"质料"（参见 [德] 黑格尔：《小逻辑》，贺麟译，270 页，北京，商务印书馆，1980）。韦尔策尔之所以使用这个词，意在表明，构成要件并不是禁止规范本身，而只是描绘了禁止规范所针对和指向的实体对象。或许"质料"一词能够更为准确和形象地表达出 Verbotsmaterie 所具有的实体性和对象性的特点。——译者注

第二章　刑法中不法的构成要件符合性与违法性

"**封闭的**"构成要件是一个理想，并非一切构成要件都和这个理想相吻合。实际上还存在着大量的构成要件，法律在这些构成要件中仅仅描述了构成要件要素中的一部分，而对于另一部分构成要件要素，法律只向法官说明了对构成要件加以补充的标准，从而授权法官对这部分要素的内容加以填补。这种"**开放的**"或者"**需要填补的**"构成要件主要存在于过失犯和不真正不作为犯当中。在大多数过失犯中（见本书第四章），法律都只是规定了结果的事实状态（法益侵害或法益侵害危险），而被禁止的犯罪行为则由法官根据对"交往中必要的注意"的违反这一标准来加以确定。在不真正不作为犯中（见 Lehrbuch，§27），正犯的范围是待定的，它由法官根据"保证人地位"的标准来予以补充。故此，过失犯和不真正不作为犯的构成要件只在一部分上是"法定的"构成要件，而在另一部分上则是"由法官来加以补充的"构成要件。

当然，从法治国中刑法的明确性角度来看，上述两种情形都存在令人遗憾的不足，但这种不足源自"事物的本质"：在过失犯中，受到禁止的行为方式如此多样，以致我们无法在**抽象**的概念中对它们进行足够"确定的"描述；在不真正不作为犯中，正犯者的范围也是如此。不过，在这两种情形中，法官都拥有一个足够确定的方向指示标，法官根据该指示标能够对构成要件加以填补；该指示标在过失犯中是"**交往中必要的注意**"，而在不真正不作为犯中则是"**保证人的地位**"。

3. 构成要件——不管它在法律中得到了详尽的描述，还是需要由法官来加以补充——是刑法中禁止规范的内容，这些禁止规范可以表现为如下禁止性命令：你不应去杀人、偷盗、通奸，不应去违反注意义务地驾驶汽车，等等。禁止规范和构成要件（规范的质料），这两者都同属**思想的**（精神和非现实的）领域。构成要件是一个**概念上的**形象，它从概念上对**可能出现的**人的举动方式加以描述。**规范则禁止人们去实现**这一举动方式。如果某个由构成要件从概念上加以描述的、受到禁止规范禁止的行为（例如杀害某人）得到了实现，那么这一现实的行为就违反了规范的要求，由此就产生了行为的"规范违反性"。尽管任何一个实现禁止规范之构成要件的行为都具有规范违反性，但它却并不必然同时也具有**违法性**。因为组成法秩序的不仅有**规范**，还有**容许性的规则**（Erlaubnissätze）（"允许"）。现实存在着一些容许性的规则，它们在特定的案件中，允许行为人实施符合构成要件的举动。例如，在正当防卫或者战争的场合，容许性规则许可行为人去实现"杀害某人"这一构成要件。容许性规则的介入使得一般性的（抽象的）规范无法成为针对行为人的具体法义务。在这种情况下，实现了禁止性构成要件的行为就具有合法性。**因此，违法性指的是，对构成要件的实现违反了作为整体的法秩序**（而非仅仅违反了某一单个的规范！）。

违法性始终都是指某个**现实的**行为与法秩序之间的冲突。（作为概念形象的）构成要件并不违法，只对构成要件的**实现**才能具有违法性。没有违法的构成要件，只有违法的**实现**构成要件的行为。

因此，虽然一再有学者建议将构成要件和违法性等同起来，但这种观点必然会导致概念之间的严重混淆。也参见 Beling bei Engisch, JT-Festschr. I, S. 407。

由此可以得出结论：

（1）**构成要件**是对受到禁止之举动（即对规范内容或规范质料）的具体描述，它是一个纯粹的概念形象。

（2）**违法性**是指，实现禁止规范之构成要件的行为与作为整体的法秩序之间存在冲突。

参见 Binding, Normen, I, S. 104ff.；H. A. Fischer, Rechtswidrigkeit, S. 46ff.；Kaufmann, Normentheorie, S. 138ff., 248ff.。

二、作为无价值判断的违法性；违法性与不法

1. 由于法秩序希望通过其规范及容许性规则创造出一个有价值的社会生活秩序，故违法地实现构成要件的行为就是破坏该有价值状态的举动。因此，我们也经常将违法性称为对符合构成要件之举动的"无价值判断"。我们必须意识到，这是一种形象化的表达方式。在此，"无价值判断"的主体并非单个的人（甚至也并非法官），而是法秩序自身。法官的判断至多只能去领会法秩序所作的不法评价。但如果我们已经意

识到了这种表达方式的形象性,那就完全可以将违法性称为一种无价值判断。

在这个意义上使用违法性概念的,例如BGH(Z)24 S.21。

2. 在此,违法性是一种"客观的"无价值判断,因为它是从一种普遍性的标准,即从法秩序的角度出发,对符合构成要件之举动所作的判断。被判定为具有违法性的对象,即人所实施的符合于构成要件的举动,是外部世界(客观的)要素和内心(主观的)要素的统一体。

由于"客观"这一概念具有多重含义,故出现了一种误解,即认为违法性只能涉及行为的客观(外部世界)部分,因为它是"客观的"价值判断。但事实上,"客观"一词的这两种用法之间毫无关系。说违法性是客观的,只是意味着它是一种**普遍性的**价值判断;但它的对象,即行为,却是客观(**外部世界**)与主观要素的统一体。

3. 违法性纯粹只是实现构成要件的行为与法所提出的要求之间的冲突,它对于所有的法律领域来说都是同一的;但是,在不同种类的法律领域中却存在着不同的构成要件(禁止质料)。例如,擅自破坏占有的行为属于民法(《民法》第858条),而非刑法上的禁止质料。只有当破坏占有的行为表现为取得占有,并且是对占为己有之意图的实现时,才能同时成为刑法上的禁止质料。同样,非故意的财产毁坏行为并非刑法上而只是民法上的禁止质料(参见《刑法》第303条、《民法》第823条)。相反,犯罪未遂是刑法上,但却不是民法上的禁止质料。不过,在刑法中,被禁止的侵夺行为(die verbotene Eigenmacht)和非故意的财产损害行为,也具有违法性,例如对于正当防卫来说就是这样;在民法中,犯罪未遂也是违法的,例如对于预防性不作为诉讼(vorbeugende Unterlassungsklage)来说就是这样。在刑法中存在着许多被禁止的举动方式,与此相同,禁止质料也是多种多样的。然而,违法性,即实现某一禁止质料的行为与法秩序之间的冲突,在整体的法当中却是同一的。如果一个行为在某一法律领域中是违法的,那么它在另一法律领域中同样是违法的。

正是因为如此,**违法性**和**不法**这两个概念之间也就存在着区别。当然，多数人是在没有差别的意义上去运用这两个概念的。这在很大程度上确实无伤大雅，但就某些问题来说，这种做法会引起误解。违法性指的仅仅是一种纯粹的联系（关系链条中两个环节之间的冲突），而不法则指的是某种实体：违法举动自身。违法性是一个**谓语**，不法则是一个**名词**。不法是违法的举动方式自身：擅自破坏占有、盗窃、杀人未遂；而违法性是附着在该举动方式之上的某种属性，即该举动方式与法秩序之间存在的冲突。因此，特殊的刑法上的不法是存在的，这正如存在着特殊的民法上或行政法上的不法一样（前者的例子是未遂，后者的例子是受到禁止的侵夺行为）。但是，只存在着一个统一的违法性。在不同法律领域中规定下来的所有禁止质料，一旦有行为实现了其中之一，那么对于整体法秩序来说，该行为就是违法的。

梅茨格尔（LK [8.] S.10）对这种区分的意义有所误解。他认为，对这两者作出区分，会"在违法性和责任之间"生造出一个"中间概念"。无可置疑的是，擅自破坏占有的行为（《民法》第858条）在刑法上也是违法的，但对于该行为来说却并不存在刑法上的不法构成要件。对违法性和不法加以区别的做法除想要说明这一点之外，别无他意。

三、关于构成要件概念的教义学史

文献：Schweikert, Die Wandlungen der Tatbestandslehre seit Beling, 1957; Spriestersbach, Neue Kritik der Lehre vom Tatbestand, Bonner Diss., 1960; Hirsch, Die Lehre von den negativen Tatbestandsmerkmalen, 1960。

上文提出的构成要件概念源于贝林（Lehre vom Verbrechen, 1906）。在他之前，构成要件概念指的是所有犯罪要素的整体。但贝林从这种犯罪构成要件中分离出了一种更为狭义的构成要件，他把后者称为"在实定法中被明确表达出来的犯罪类型"（LvV. 23），并使之成为（由三部分组成的）犯罪论体系的构成要素：犯罪是（1）符合构成要件的，（2）违法的和（3）有责的行为。在贝林的构成要件理论中仍然存在着一些模糊和不足之处，这些模糊和不足之处在很大程度上是与当时不法

第二章　刑法中不法的构成要件符合性与违法性

和责任理论的研究状况相联系的。为了强调构成要件相对于违法性以及（在当时意义上的）责任的独立性，贝林解释说，构成要件"不包含任何的价值判断"，它也和所有的主观心理要素相绝缘。由于主观不法要素的发现，以及目的行为论的提出，贝林的后一个错误已经得到了纠正：构成要件既包括行为的客观要素，也包括行为的主观心理要素。声称构成要件完全是"价值无涉"的观点，则产生了更具灾难性的后果。贝林起先只是想说，在确定行为具有构成要件符合性的情况下，还不能肯定该行为具有违法性——这一论断无论从哪个方面来说都是正确的！但贝林所提出的"构成要件中不存在任何价值判断"（S.147）的命题，却为这样一种观点提供了支持，即似乎构成要件只是对某种价值中立的存在事件的描述，法治国关于类型性的要求为这一事件赋予了纯粹形式的要素。贝林对构成要件概念所作的这一解释，错误地理解了构成要件概念的本质功能。对某一行为之构成要件符合性的认定，并不是价值中立的；实际上，这种认定是从大量的人实施行为的事件中，挑选出刑法上重要的那一部分，这部分行为的重要性是从某种特殊的意义上来说的，即它们必然要么是违法的，要么是合法的，而绝不可能只是"价值中立的"。一旦肯定构成要件符合性的成立，就意味着确定了某一行为在刑法上的价值差异，甚至不限于此：由于构成要件是对禁止质料的描述，故构成要件的实现也就能够"推定"行为的违法性。但是——就这一点而言，贝林是正确的——构成要件符合性并不**包含**违法性。由于法秩序并非仅由规范（命令和禁止）所组成，它也包含了容许性的规则，故实现禁止内容的行为并不必然具有违法性，因为它有可能为某个容许性规则所允许。

因此，在三阶层犯罪概念中，构成要件的独立的实质性意义在于：构成要件从不计其数的法律上中性的举动中挑选出一部分，这部分行为在刑法上具有重要性，而且也获得了合法或者违法的评价。构成要件对刑法上重要的举动进行了**实体性**的描述，进而通过禁止性命令和容许性规则之间的相互配合，使我们对该举动违法性的认定具备了法治国意义上的明确性。构成要件的功能在于，对某一举动在刑法上的重要性（价值区别）进行**实体性的**描述，从而使该重要性成为我们在清晰地认定违法性时所依据的对象性基础。这一功能确保了构成要件的地位，即它是**先于**违法性判断和责任非难的独立犯罪要素。就这一点来说，尽管存在着由时代条件所决定的各种局限性，贝林的构成要件概念和贝林—李斯特的三阶层犯罪论体系（构成要件符合性、违法性和责任）依然具有真理性的内容。

相反，绍尔—梅茨格尔的两阶层犯罪论体系并不妥当。该犯罪论体系将构成要件符合性和违法性相互融合在了一起，它认为构成要件是"经过类型化的"或"类型化了的违法性"（Sauer, Allgemeine Strafrechtslehre, 3. Aufl., S. 63; Mezger I, 9. Aufl., S. 97），构成要件与违法性、构成要件的实现与不法、构成要件要素与违法性要素全都是同一的。构成要件的范围仅仅限定在违法性之上；只存在**违法的**满足构成要件的行为，**每个**满足了构成要件的行为都是违法的；正当化事由是消极的犯罪事实情况。这一理论是人们在对贝林"价值无涉的"构成要件展开批判时，因误入歧途而提出来的，它摧毁了构成要件的独立功能。如此一来，构成要件就无法再完成以下这个任务了，即通过对受到禁止的举动进行事实性的描述，来说明违法性判断的基础。因为，构成要件符合性不再是违法性的前提条件，恰恰相反，违法性是构成要件符合性的前提条件：由于只存在**违法的**满足构成要件的行为，故只有当某个举动的违法性得到确定时，我们才能肯定它具有构成要件符合性；某一正当化事由的介入所解决的同样是该举动的构成要件符合性问题。然而，由于只有当我们事先至少已经确定了该举动具有构成要件符合性时，才有可能展开关于正当化事由的检验，故整个理论都只是在循环论证（circulus vitiosus）中打转：唯有在确定了违法性之后，我们才能肯定构成要件符合性，而只有在确定了构成要件符合性之后，我们才能查明违法性！

也参见 Nagler, GS III, S. 49 Anm.；更多的疑难点，参见 Armin Kaufmann, JZ 55 37ff.；Welzel, Z 67, 210ff.。

加拉斯（Gallas）对绍尔—梅茨格尔的构成要件理论作了变动

第二章 刑法中不法的构成要件符合性与违法性

(ZStW. 67 16ff.),但他所提出的学说也存在相似的疑点。加拉斯并未将构成要件和违法性等同起来。与绍尔和梅茨格尔不同的是,加拉斯认为正当化事由不是消极的构成要件要素,即便在成立正当化事由的情况下,他也肯定行为是具备构成要件符合性的。不过,他却并不承认,构成要件是对受到禁止之举动(禁止质料)的**实体性**描述,正是因为具有这一功能,构成要件才能成为违法性和责任以外的第三个犯罪要素。他主张,所有参与决定不法内容的要素都属于构成要件要素,不论立法者是否以及在多大程度上对禁止的内容作出了对象性的详细描述。从法治国角度出发进行区分的程度仅仅是一个形式的原则,它对于犯罪论体系中要素的实质意义并不能发挥决定性的作用(S. 25)。

加拉斯反对将三阶层犯罪论体系中的构成要件说成是"价值无涉的"。因此,他指责本书所持的将构成要件理解为禁止质料的看法,说这"退回到了贝林那种价值无涉的构成要件之上"(S. 23)。这是一个毫无根据的指责!因为只有将构成要件称为**禁止**质料,才能最为清晰地说明构成要件在法律上的价值差别。如果词语完全具有实质性的意义,那么"禁止质料"就绝不是一个"形式的"范畴。将构成要件理解为某种法律**禁止性命令**的质料,这明显包含了对符合构成要件之举动的实体性说明,即不仅说明了该举动在法律上的重要性(价值差别),甚至还说明了它能够指示违法性的成立(即违法性的推定依据)(当然,这种说明的内容也就到此为止,它至少不能说,构成要件包含了违法性——加拉斯也是这样认为的!)。然而,构成要件不仅是**禁止**的质料,它同时也是禁止的**质料**,即对受到禁止之举动的**实体性**描述。构成要件肯定不局限于**实定法**对禁止质料的描述。实际上,正如我们在上文中所看到的那样,还存在着"开放的"构成要件,这种构成要件必须由法官根据某种特定的指导形象来加以补充;而且,这种指导形象必须使待补充的构成要件要素至少在实体上能够得到认知。该类构成要件不仅包括——就这一点来说,我赞成加拉斯的见解——不真正不作为犯,还包括过失犯。但是,例如就《刑法》第240条来说,关于行为人的举动在手段和目的之间的关联是否值得谴责的判断,却属于纯粹的违法性判断,它绝不包含任何可供法官查明构成要件行为的事实性根据。正是因为如此，从法治国中构成要件的明确性角度来看，《刑法》第 240 条关于罪刑的规定出现了严重的问题（关于该条文，参见 Niderschriften Ⅵ 276；Mayer, Gutachten, S. 259ff.）。这个疑难问题绝不是形式的，而加拉斯的构成要件概念对它的处理则过于简单化了。如果我们将关于违法性判断的事实性和对象性基础的问题看成是一种纯粹"形式上的"要求，那就很令人怀疑。但如果我们认真对待这一问题，那就必然会认为构成要件是位于违法性和责任**之前**的独立犯罪要素，进而支持三阶层的犯罪论体系。构成要件是禁止质料；对于组成这一概念的两个要素，即质料和受到禁止，我们必须给予同等程度的重视。

人们往往习惯于认为，贝林和绍尔——梅茨格尔的构成要件概念之间的区别在于，对于前者来说，构成要件是违法性的"认识根据"（ratio cognoseendi），而对于后者来说，构成要件则是违法性的"实在根据"（ratio essendi）。在逻辑上，这一术语的使用是为了将**存在**根据（原因）和**逻辑**根据这两者区别开来：例如，某处有火在燃烧，对于这个结论来说，烟是**逻辑上的**根据；但火却是烟的**存在**根据。很明显，后一种关联不能适用于构成要件和违法性之间的关系。构成要件绝不是引起违法性这一结果的原因。对于构成要件与违法性的关系来说，可以考虑的只能是根据与后果之间的逻辑关系。实际上，这两种构成要件理论之间的差别在于，一个将构成要件符合性与违法性等同起来，故根本不可能在两者之间建立起根据与后果的合理关联（这就是上文所批判过的循环论证），而另一个则认为构成要件是违法性的根据之一，但却并非**唯一**的根据。

构成要件是对于违法性（以及责任！）具有根本意义的犯罪要素（所谓"不法构成要件"）。最近有学者试图提出，除这种构成要件之外，还存在着一种独立的"责任构成要件"（Schuldtatbestand）；但这一观点只是被一笔带过（Gallas, Z 67 29, 45）。下文第八章第三节中将会对特殊责任要素的存在加以说明，这种要素是对可谴责性（即一种价值判断）的特殊化；但该要素却并不是（实体性的）构成要件的一部分。

加拉斯将一些心理的（思想态度的）要素也算在了构成要件之中，但它们实际上是不能被放在这里的。

四、对违法性的认定

1. 作为违法性之推定依据的构成要件符合性

若行为人从客观上和主观上都实现了某个禁止规范的符合构成要件的举动，则其行为就违反了规范。构成要件符合性以及由此产生的规范违反性，对于违法性来说是一种"推定的依据"（Indiz）。但正如我们刚才所看到的那样，两者并非同一。规范违反性指的是构成要件的实现与单个（抽象）禁止规范之间的冲突，而违法性指的则是构成要件的实现对整体法秩序的违背。在某些特定情形中，容许性规则会对禁止规范产生反对效果，它使得抽象的（一般的）法规范无法成为具体的法律义务，从而使实现了构成要件的行为得以正当化。这种容许性规则所规制的是"正当化事由"，属于其中的，有正当防卫、自救、被害人承诺等等。如果有正当化事由介入，那么实现了构成要件的行为就不具有违法性。因此，正当化事由所否定的并不是某一举动的构成要件符合性，而只是它的违法性。

当然，关于这个问题，文献中的意见十分混乱。这是因为，人们（自阿道夫·默克尔和弗兰克以来）曾多次将正当化事由说成是"消极的构成要件要素"，所以一旦存在正当化事由，它所排除的并非违法性，而是构成要件（即禁止质料）。然而，容许性规则（正当化事由）必然是以禁止性的构成要件得到实现作为前提的，它与该构成要件存在联系。正当化事由的另行出现（例如正当防卫）并不会对构成要件产生减损或排除效果，它只是排除了实现构成要件之行为的**违法性**。

至于说某个正当化事由究竟被规定在法律中的哪个位置上，这完全是无关紧要的。即便正当防卫被规定在《刑法》第212条之中——"若某人不是在正当防卫的情形下杀人……"——正当防卫也不会因此而成为"消极的"构成要件要素。只有杀害他人的行为才属于禁止的质料，正当防卫所取消的不是这一禁止质料，而是实现该禁止质料之行为的违法性！同样，在赌博罪（《刑法》第284条以下）中，政府机关的许可并不属于行为状况，而是一个正当化事由（尽管它是由法律规定本身所提及的）。因为赌博罪的实质不法内容并不在于行为人（纯粹）蔑视国家的意志（针对"作为庄家之国家"的犯罪！），而在于该行为通过激起赌博的欲望，对人民的道德立场产生了危险，在于赌博产生的财产剥削。政府机关的许可并不能排除这种危险，而只是——基于特定的理由——取消了该危险的违法性！因此，梅茨格尔（LK§59, 11）和施罗德（Z 65, 178）等人的观点是不正确的。这种观点把构成要件看成是一种偶然的和修辞学上的产物，他们没有正确地认识到构成要件的实质功能，并把（狭义的）构成要件与罪刑规定混为一谈。对此，参见Welzel, Aktuelle Strafrechtsprobleme, 13ff., 20f.; Z 67 208ff.。

同时，正当化事由也不是以消极的方式加以规定的行为状况，比如《刑法》第208条（"在没有助手的情况下"决斗）或者第237条（"在未经父母同意的情况下"拐骗）就包含了这种事实情状。后者是对禁止质料的实体性描述；它们构成了《刑法》第208条（与第205条相区别）或者第237条的特殊的禁止质料。然而，我们完全无法想象正当防卫怎么可能成为《刑法》第212条之禁止质料的一部分；正当防卫不能排除禁止质料的存在，它只能否定实现该禁止内容之行为的违法性。Weber, Mezger-Festschr. S. 136ff. 错误地理解了这一点；对此，参见Armin Kaufmann, JZ 55 37; Welzel, Z 67 208ff.。

之所以会出现这些误区，原因之一在于人们抱有一个不幸的想法，即认为**禁止规范**和容许性规则之间的关系，应当为构成要件和正当化事由之间的关联所取代，而且应当把这种关联理解成原则与例外的关系。但是，由于在很多情形中（例如在剥夺人身自由的情形中），合法剥夺他人自由之行为的数量远远高于违法者的数量，故构成要件和正当化事由之间的关系必然就会颠倒过来，因为从统计学的角度来看，原则（构成要件）是例外，而例外（正当化事由）却是原则。这整个思考过程的根本错误在于，人们是以一种错误的关联作为出发点的。起决定性作用的关系环节并不是**构成要件**和正当化事由，而是**禁止规范**与正当化事由

第二章 刑法中不法的构成要件符合性与违法性

（容许性规则）。"正常的"即合乎规范的举动是对他人自我决定权的尊重，只有当存在某种特殊容许性规则时，才可以侵犯这种自我决定权。刑法是一种规范性的，而不是统计学的实体！同样，我们也只能从规范，而不是统计学的角度去理解规范与容许性规则（正当化事由）之间的关系。

消极的行为状况理论未能认识到容许性规则（法的许可）所具有的独立意义。按照这一理论，存在正当防卫的情形和欠缺某个构成要件要素的情形具有相同的意义：从法律上来说，杀害一个人和拍死一只蚊子没有什么两样！消极的行为状况的理论并未回避这一结论，该结论已足以证明这一理论是荒谬的。法律**容许**所具有的特殊性，以及**受到容许**的行为与法律上**不重要**的行为之间的本质性价值区别，都消失在了法律上**无意义**之行为的单一性之中。消极行为状况的理论是旧命令说（die alte Imperativentheorie）的梅开二度，该说未能正确地认识到许可所具有的独立意义。对此，参见 Binding, Normen I 104ff.；H. A. Fischer, Rechtswidrigkeit, 1911, S. 46ff.；209；Kaufmann, Normentheorie, S. 101，257，286；JZ 55，37ff.；Welzel, Z 67 208ff.。

2. 对违法性的认定；封闭和开放的构成要件

（1）上文说明了构成要件符合性、规范违反性和违法性之间的关系，我们从中可以得出一个用于认定违法性的简单方法。由于实现构成要件的行为是违反规范的，而且在没有容许性规则介入的情况下，违背禁止规范的行为就是违法的，所以可以得出结论：只要不存在容许性的规则可供适用，那么当行为完全实现了某一禁止规范的构成要件时，它就具有违法性。因此，在认定某一举动完全实现了构成要件之后，我们只需通过一个纯粹消极的程序即通过确认没有容许性规则（正当化事由）介入，就能查明违法性。

这一方法也适用于"开放的"或者"需要补充的"构成要件。只是在这里，法官必须事先根据来自法律的指导形象（"保证人地位"或"交往中的注意"）对构成要件加以补充。只要做到了这一点，我们对违法性的查明过程就和"封闭的"构成要件完全一样。

(2) 在"开放的"构成要件中有所不同的是,对于构成要件的补充来说,缺乏一种**实体性**的指导形象,典型的例子是《刑法》第 240 条的胁迫罪。在这一条文中,立法者将构成要件的行为规定为:以某种严重的恶害相威胁,强迫他人去实施某个任意举动的行为。只要法律对这种构成要件作出了描述,那么该构成要件就会把那些不可能属于"禁止质料"的最为日常的行为方式也包含进去。根据《刑法》第 240 条第 2 款这一附加性的规定,当为达到某种追求的目标而使用相关胁迫手段的行为是可谴责的时候,该胁迫行为具有违法性。这一规定包含了一种纯粹的价值判断("可谴责的"),但它并不能用以说明,法律上所说的实际上究竟是何种行为。在此,违法性必须由法官借助一个**独立的**价值判断来加以确定。这样一来,何种行为是受到禁止的,就存在巨大的不确定性。对此,参见 Niederschriften VI 276ff.;OLG Braunsschweig NJW 57 639。在一定程度上,《刑法》第 253 条(敲诈勒索罪)也是如此,尽管在该条文中,构成要件的轮廓更为清晰。(对此,参见 Niederschrift, a. a. O. 。)

Welzel, Z 67 224;Kaufmann, Normentheorie, S. 101,257,282f.;部分持批判态度的有:Hirsch, Die Lehre von den negativen Tatbestandsmerkmalen, S. 281ff.;Kunert, Normative Tatbestandsmerkmale, 1959;Roxin, Offene Tatbestände und Rechtspflichtmerkmale, 1959。

3. 构成要件符合性与社会相当性

不过,即便对于上述"封闭的"构成要件来说,构成要件在没有**特殊的**法律容许性规则介入的情况下可以推定违法性的存在,这一原理的适用范围也并非毫无限制。例如,可以确定的是,任何剥夺自由的行为原则上都具有违法性,因为我们的政治宪法将人的个人权利的状态作为其先决条件,而这种状态就是人的自由。所以,只有在某种特殊的法律容许性规则存在的情况下,剥夺自由的行为才能得到正当化。可是,在大量的情形中,虽然没有出现关于**特殊的**法律容许性规则的问题,但限制自由的行为却具有合法性,因为我们历史形成的社会秩序的性质对该行为给予了许可。在以下这个事实中,情况就是如此:火车、有轨电

第二章　刑法中不法的构成要件符合性与违法性

车、公共汽车等只在特定的站台停靠，这种交通工具对搭乘者的自由造成了限制。尽管没有出现关于特殊的法律容许性规则的问题，但这种限制行为仍然是合法的，因为它处在历史形成的共同体生活的社会道德秩序之内，并且为该秩序所许可（"社会相当的行为"）。在这里，社会相当性是符合构成要件之行为的（习惯法上的）正当化事由，它源自共同体生活的社会道德秩序。

社会相当性的内容会随着共同体生活的历史秩序的演变而发生变化。如今，交通领域内的危险行为是社会相当的，但在一百年以前，它却被看成是违法的行为。在1861年的时候，慕尼黑高级上诉法院（Oberappel, Ger. München）（Seufferts Arch. 14 354）还认为，经营铁路运输的行为本身就是违法的！

在对具体构成要件要素（如"猥亵的"或者"礼物"）进行**解释**时，特别是对于"交往中必要的注意"这一概念来说，社会相当性发挥着一定的作用（参见以下第四章）。

社会相当性是一个普遍性的法律原则，其意义绝不仅限于刑法，而是涵盖了整个法秩序。关于它在民法和劳动法中所起的作用，参见BGH（Z）（GS）24，S. 21；Enn. Nippeldey, I, S. 277ff.；Großer Senat des Bundesarbeitsgerichts v. 28.1, 1955, BAG 1, 291ff.（300）；BAG NJW 55 1373；Niese, Streik und Strafrecht, 1954, S. 27ff.；Bauer, in: Arbeit und Recht Ⅲ（1955）S. 65ff.；特别是Hirsch, Die Lehre von den negativen Tatbestandsmerkmalen, S. 283ff.。

第三章　故意犯的不法概念

一、故意犯构成要件不法概念的教义学发展

1. 首先，刑法教义学曾试图通过"客观—主观"的两分法来把握不法的概念。不法只包含行为客观和外部世界方面的要素，而主观和内心的要素则属于"责任"的组成部分。这一观点的思想基础曾经是因果行为论，该理论把行为看作是纯粹的外在因果事件，并将之与主观的认识内容清晰地区分开来，因此，所有"外部的东西"都被归入违法性，而一切"内心的东西"均被归入责任。其次，从教义学上来看，违法性的"客观性"这一概念的意义并不清晰，这也促成了上述区分。由于违法性被公认为是一种"客观的"（即普遍的）无价值判断，故很容易产生以下误解，即本来应当完全"客观地"去理解不法（违法的行为），但现在却应该从完全不同的意义上，即从纯粹**外部世界**的对象这个意义上去理解它。

然而，如果违法性所涉及的（如前所述）是外部的因果事件，那么通说就必须从实质上将不法理解成法益侵害或者法益侵害的危险；与此相对，责任似乎是行为人在主观心理方面与结果的关系。

2. 这种对外部与内心、客观与主观加以区分,并将"外部的东西"归于不法、"内心的东西"归于责任的学说,看上去似乎清晰明了。但主观不法要素的发现,给该学说带来了强烈的冲击。人们认识到,对于众多构成要件来说,不法是无法仅从客观上去把握的,它还受到特定的主观和心理要素的影响。与民法所禁止的侵夺行为不同,盗窃罪(《刑法》第242条)的特殊不法并不在于单纯从客观上取得占有的事实,只有伴随着**占为己有之意图**而出现的取得占有行为,才能成立盗窃。能更为清楚地说明这一点的,是侵占罪中"占为己有"这一犯罪行为。在此,如果不考虑决定外部事件的主观意图倾向,那么我们根本无从把握符合构成要件的行为。

伴随着这一发现,原有纯"客观的"不法判断体系中出现了一条深深的裂缝。但这一裂缝的产生,却并未促动通说**从根本**上去反思传统的行为与不法理论,通说反而进一步认为,不法"原则上与外部的(客观的、物质的)举动"相关联(Mezger,I,S. 88),故主观的不法要素只是"原则的例外"而已。

3. 在从主观不法要素的角度出发对刑法的构成要件进行仔细审视的过程中,人们进一步发现,未遂(《刑法》第43条)中的故意属于一种主观的不法要素。事实上,如果单纯从"客观的"方面出发,即完全不考虑行为人的主观决意,那我们就无法认定,行为符合的是何种构成要件。某人射出的枪弹并未击中他人,根据行为人故意内容的不同,这一外部因果事件既可能是谋杀未遂,也可能是身体伤害的未遂,还可能是在不容许的地点射击的行为(《刑法》第368条第7款)。故意明显是构成要件的一个要素,如果没有它,我们就无从查清外部事件的构成要件符合性。因此,即便根据通说,故意在未遂中也是一个主观的不法要素。但是,若从这一观点出发进行逻辑推论,我们就必然会超越通说,进一步认为,如果说故意在**未遂犯**中属于构成要件,而非责任,那么当未遂犯转入既遂阶段之中时,故意也必定依旧保有这项功能。我们怎么能根据子弹是偏离还是击中了目标,来决定故意究竟是不法要素还是只是责任要素呢?除此之外,既遂犯的构成要件也可以直接说明该结论的正确性：如果某人给另一人造成了致命的伤害，那么他究竟是实现了杀人罪（《刑法》第212条）的构成要件，还是身体伤害致人死亡罪（《刑法》第226条）的构成要件，抑或是过失致人死亡罪（《刑法》第222条）的构成要件，这仅仅并且完全取决于行为人故意的存在及其范围。在此，故意无可置疑地被证实为构成要件的一种组成要素（这和《刑法》第187条相比于第186条的情形，或者第225条相比于第224条的情形是一样的）。我们从这两种情形中获得的认识说明，故意并不仅仅是责任，而且就是构成要件的组成要素之一。

参见 Welzel, Um die finale Handlungslehre, S. 13; Gallas, Z67 31ff.; Maurauch, AT 182ff.; Zippelius, NJW 54 1837; Bockelmann, Strafrechtliche Untersuchungen, 1957, S. 151; Fukuda, Z 71 38; 还有 BGH 1 262（zu §246）。

唯有如此，我们才能把主观不法要素顺理成章地植入构成要件之中。占为己有的意图不可能存在于盲目的侵犯占有的因果事实中，而只能存在于目的性地取得占有的行为中。占为己有的意图与纯粹因果的法益侵害是完全不相兼容的。因此，逻辑的必然性也迫使通说承认，故意是所有故意犯构成要件的主观不法要素。

梅茨格尔多次阐述过的反对性意见，是无法自圆其说的。尤其是他曾经声称，将未遂中的结论移用到既遂中是一种"完全随意的"做法。这种论断更是无法令人信服的。恰恰相反，梅茨格尔自己陷入了自相矛盾的境地之中，因为他在 LK（8.）S. 15 中写道："在既遂犯中，关于违法性的价值判断原则上是与客观事实状态相联系的，例如在《刑法》第212条中，违法性判断是与被引起的死亡结果，而不是与'故意'相联系的。但在某些情形中，例如关于《刑法》第212条与第226条之间的区别，法律是根据'主观'要素来作出决定的，这里就存在着一种特殊的'主观不法要素'。"根据这段话，故意在《刑法》第212条中究竟具有何种功能呢？按照第一句话，故意**不是**主观的不法要素，但按照第二句话它却**是**的！如果——这一点梅茨格尔（S. 14）也是承认的——故意属于"行为的构成要件"，故属于构成要件的行为，如果——这一点是存在争议的——构成要件的行为是"不法构成要件"的要素，那么故意必然也是"不法构成要件"的要素。认为这一结论具有"随意性"的说法，完全不能成立（见 S. 7）。

恩吉施（Rittler-Festschr., S. 174; JT-Festschr. I., S. 436f.）采取了一些试图挽救通说的措施。他认为：在既遂犯中，结果无价值对于违法性的判断来说"就足够了"；只有在未遂犯中，由于缺少结果无价值，故违法性的判断才"需要"某种主观的不法要素。这一观点的前提是，我们以实证主义和唯名主义的方式将不法的**实体内容**框了进去，并且放弃了对刑法上的不法作**统一性**和**实质性**的理解（Nowakowski, JZ 58 S. 336 Anm. 7 已经这样做了）。一旦恩吉施自己超越了这一点，那他就必然要承认，"与客观不法构成要件相对应的规范"——在恩吉施看来，这是一种客观的注意要求——"基本上在所有的故意举动方式中都遭受了侵害，不论该举动方式表现为单纯的未遂，还是表现为既遂犯"（a. a. O., S. 437）。

但这样一来，纯粹"客观的"不法判断体系就被抛弃了：在所有的故意犯罪中，故意都是不可缺少的不法要素。由此可以得出结论，不法理论的存在性基础只能是目的行为概念，而不可能是因果行为概念。目的行为论证实了故意是在客观上对行为起塑造作用的因素，故意是不法概念的一个本质要素。

二、人的不法概念

1. 在内容上与行为人个人相分离的结果引起（法益侵害），并不能完整地说明不法；只有作为某个特定行为人之作品的行为，才具有违法性：行为人目的性地为客观行为设置了何种目标，他是出于何种态度实施了该行为，他在此过程中负有何种义务，所有这些都在法益侵害之外对行为的不法产生了决定性的影响。**违法性始终都是对某个与特定行为人相关联之行为的禁止。不法是与行为人相关联的"人的"行为不法。**

因此，对于不同的参与者来说，同一个行为事件的不法可能会具有不同的严重性。某个公职人员在行使职务的过程中，伙同一名非公职人员实施身体伤害行为,对于公职人员来说,该行为的可罚性(《刑法》第 340 条)高于非公职人员的(《刑法》第 223 条);《刑法》第 50 条第 2 款所规定的重要规则,是以人的不法思想为基础的。甚至,同一个行为事件可能对于一名参与者来说是正当的,而对于另一名参与者来说则是违法的:通过将他人的合法行为作为工具而实施的间接正犯行为具有违法性。

2. 本文反对那种将违法性看成是因果的法益侵害的学说,但无论如何这种学说还是有其功绩的,即它强调了结果(法益)方面所具有的意义。对于大多数犯罪来说,法益侵害或法益侵害的危险固然是至关重要的,但它仅仅是人的违法行为中的组成要素;我们绝不能说,仅凭法益侵害或法益侵害的危险就足以说明行为的不法。在刑法当中,法益侵害(结果无价值)只有在人的违法行为中(在行为无价值之中)才具有意义。人的**行为无价值**是刑法上所有犯罪普遍具备的无价值。在大量犯罪(结果犯或危险犯)中,**事实状态的无价值**(Sachverhaltsunwert)(受到侵害或遭受侵害危险的法益)是一种并不具有独立性的要素。在具体情形下,可能出现虽然事实状态无价值缺失,但行为无价值却依然存在的现象,例如不能犯。

第四章　过失犯的不法概念

参见 Exner, Das Wesen der Fahrlässigkeit, 1910；Engisch, Untersuchungen über Vorsatz und Fahrlässigkeit, 1930；Niese, Finalität, Vorsatz und Fahrlässigkeit, 1951；JZ 56 457；Boldt, Z. 68 535ff. 。

我们用一句拉丁谚语就能最简洁、最贴切地说明过失犯成立的原则：不管你做什么，都必须明智地去行事，并且顾及最终的结果（Quidquid agis, prudenter agas et respice finem）（在这里，finis 这个词不是指"目标"，而是指"最终的结果"）。过失犯的基础也在于，人的行为是一个与成果相关的概念：意志反向性地从目标出发，选择出为实现目标所必要的行为手段；该意志在选择和运用行为手段的过程中，也必须考虑到除目标之外，或者在目标未发生的情况下，该行为手段可能引起的后果。与此相联系的是法秩序。若某人实施了可能引起（但行为人并不希望引起）法益侵害的行为，则法秩序**要求**他必须尽到"交往中必要的注意"，从而避免该结果的发生。因此，过失犯关键性的不法内容在于，现实中由行为人实施的行为，与根据交往中必要的注意本来应当实施的举动之间，存在不相吻合之处。这一不法内容首先存在于**行为无价值**之中，而已经出现的结果无价值（对某种法益的侵害或侵害危险）只具有限制性和约束性的意义，即它把那些**在刑法上**具有重要性的违反注意义务的行为抽取了出来。

BGH（Z）（GrS）24 21也采纳了这种见解：对于违法性的价值判断来说，"已经出现的结果并未提供充分的基础，因为关于违法性的判断……不能不考虑引起结果发生的**行为**"。这样一来，此前占统治地位的观点就被抛弃了！该观点认为，过失犯在刑法上的本质要素是单纯的法益侵害（参见 Mezger, I [4. Aufl.] 45）。

与故意犯不同，只有当刑法典明确规定了过失行为的可罚性，或相关犯罪种类清楚无误地肯定了过失行为的可罚性（例如在《刑法》第330条中；BGH 6 131）时，才能对过失犯罪加以处罚。

过失行为的可罚性何以受到限制，关于其社会道德方面的理由，见下文第80页。

一、构成要件

对于过失犯而言，最为重要的刑法规定是《刑法》第222条（与此相应的还有《刑法》第230条之于身体伤害，第309条之于放火，第314条之于决水，第121条第2款、第347条第2款之于释放在押人员），它以典型的表述方式规定："因过失引起某人死亡的，处……"这些规定的用语并不正确，因为引起某人死亡等结果发生的不可能是"过失"，而只能是"过失的**行为**"。

参见 v. Liszt, VDB V 147; Nagler, LK §222 1。

1. 构成要件行为

过失犯的构成要件行为并未"**在法律中被规定下来**"。其构成要件是"开放的"或"需要补充的"构成要件，因为法官必须在具体案件中，根据普遍的指导形象对该构成要件加以填补。对这一指导形象作出最为恰当之描述的，是《民法》第276条的规定——"如果某人无视交往中必要的注意，那么其行为就存在过失"。因此，法官首先必须查明，在行为人所处的具体情境中，对于他来说，交往中必要的注意究竟是什么；接着，他需要对**受到要求的**举动与行为人**现实的**行为作出比较，进而确定该行为是否符合注意。

(1) 交往中必要的注意。

交往中必要的注意这一概念，是一个**客观和规范的**概念。在对其内容加以确定时，关键不在于行为人尽到了何种注意，或能够尽到何种注意，而是在于何种注意是"交往中必要的"；此外，起决定性作用的注意，并不是行为人在交往中实际尽到的注意，而是交往**中必要**的注意。如果某个举动**审慎地**（besonnen）顾及了计划实施之行为的各种后果，而这些后果经过**理性的**（einsichtig）判断是可以被认知的，那么从客观上来说，该举动就是谨慎小心的行为；或者——换句话说——如果**一名理性和审慎的人处在行为人的情境下**会选择某一举动，那么该举动就是谨慎小心的行为。在具体案件中，客观注意的内容究竟是什么，需要根据"智识性的"和"规范性的"标准才能得到确定。

1) 首先，客观注意这一概念包含了对某一行为可能引起之所有后果的考虑，而这些后果经过**理性的**判断是可以（**从客观上**）被预见的。**客观的预见可能性**这一标准，与相当因果关系的标准是一致的。

就这一点来看，相当性判断是融合在客观注意这一概念之中的。基于这个原因，所有不相当的因果流程全都被排除在了过失犯构成要件之外！

2) 但是，并非所有根据理性的判断会对法益造成危险的行为都违反了注意义务，否则的话，几乎每一个社会领域内的行为都不能实施了。我们只需想一想现代道路交通领域的情况，就能理解这一点：在该领域中，不仅有超出人类身体速度极限的运动，而且由于所有交通事件之间存在紧密的联系，故几乎每一步运动都隐藏着对交通参与人法益的危险。如果不冒一定的风险，我们就不可能参与交通运输。关于"审慎"行为的判断，除前述第一个角度之外，现在又出现了起限制性作用的第二个角度：只有当产生危险的行为超越了"交往中正常的"或"社会相当的"限度时，才能认为该行为违反了注意义务。用于划定这种"适度风险"界限的，是"审慎的"人这一指导形象。例如，我们的法院在涉及交通法的判决中一再指出，"审慎的"人就是指"具有责任心的""认真的""谨慎小心的"机动车驾驶者。关于适度风险的一些最重要的判决，都是根据这一标准作出的（例如，BGH 7 118；12 83）。

允许"认真和具有责任心的"机动车驾驶者去冒适度的风险，在这一标准之下，判例提出并发展了对于道路交通来说具有基础性意义的"**信赖原则**"（Vertrauensgrundsatz）。根据该原则，只要对于交通参与者来说，案件中没有特殊的情况据以提出可被认知的相反证据，那就允许他相信，其他交通参与者也会实施正确的交通行为。

RG 70 71；DR 41 2056；ferner RG 71 80；73 55；73 206；BGH 7 118；8 201；9 93；13 83；12 169；instruktiv OLG Neustadt in VRS 7 200；Floegel Hartung, Straßenverkehrsrecht 11. Aufl. , S. 27ff. .

根据 BGH. in VRS. 14 294，信赖原则仅仅适用于自身的行为合法的人。

理性地认识危险，并且**审慎地**使自己适应于该危险，从这两个相互联系的角度出发，我们就可以在个案中获知客观注意的内容。

在对注意这一概念进行具体化的过程中，我们还可以对有关**内容**方面的某些普遍观点加以明确化，即：关于特定举动方式与它所具有的特定危险之联系的经验法则，以及关于最适于防止这种危险之措施的经验法则。在后者中，最为人熟知的是不同职业部门的所谓行业规则（Kunstregeln）［合乎行业规矩的（die leges artis）］。在一切生活领域中，都存在这样的规则。

巴伐利亚州高等法院（Bayer. ObLG）曾经提到了"得到承认的驾驶规则"这一说法，该规则"以道路交通领域内正确的举动作为其对象，并且提出了关于谨慎的汽车驾驶者将会如何行为的认定标准"（VRS 4 385）。这种行业规则可能会得到强化并最终成为真正的法律规范，例如我们有大量的交通法规，它们"是在经验和考量的基础上，对可能出现的危险进行全面预测所取得的成果"（BGH 4 135）。

当然，对注意这一概念进行**实质性**的补充，是存在界限的。所有普遍性的规则和经验法则，都只是以个别事件为基础进行的抽象性的一般化；只有当这些个别事件同属一个种类时，我们才能进行这种一般化。

第四章　过失犯的不法概念

因此，普遍性的规则和经验法则只适用于大量同种类或"典型的"案件。但是否存在这种情况，总还是不确定的。所以，一个（造成损害的）行为违反了某种经验法则或行业规则这一事实仅仅是一种**征兆**（Anzeichen），它预示着可能存在对注意义务的违反，但它并不是证实行为违反注意义务的证据（Beweis）。出于这个理由，警察的安全法规体现了关于危险和危险防范的经验，对该法规的违反对于过失犯意义上的注意义务违反来说，也仅仅是一个"证明性的征兆"（Beweisanzeichen）（RG 56 349；73 370；BGH 4 185；12 78）。

因此，在具体个案中，"合理的"或"交往中正确的"行为（即在交往中必要的注意），其内容无法完全从普遍的经验法则和规则中获得，也无法从警察安全法规中获得，而只能从以下这个方法论原理中获知：当一名**理性和审慎的人**处于行为人的境况中时，他究竟会如何实施行为？

无论如何，**信赖原则**从实质的角度出发对注意概念进行了十分重要的具体化，因为它认为，期待**其他的**交通参与者会实施交通领域中正确的行为，这是所有交通参与人自身的行为具有适当性的根据所在。这样一来，交通法规就在注意概念中获得了一种特殊的功能：所有交通参与者都可以信赖，其他参与人也会在交通领域内合法地行事；交通参与人由此就获得了一个确定的根据，他据此可以知道应当如何去适当地安排其自身的行为。

例如，交通参与人据此可以知道，他作为享有优先行驶权的人，应当如何安排其车速（BGH 7 118）；他是否应当估计到会有一辆开足灯光的汽车迎面驶来（BGH 13 82）；他在向左转弯时，是否应该再看一眼后视镜（BGH in VRS 5 551）。

通过这种方式，我们就可以查明，在行为人所处的情境中，何种行为是"适当的"和"交往中正确的"，并因此是尽到了交往中必要之注意的行为。在具体认定何种行为对于**该名**行为人来说是适当的时候，不能不考虑这名行为人的自身；根据行为人的不同能力，交往中必要的注意也有所不同：若某人具有适当地**实施计划**之行为的能力，那么**一旦他**

实施该行为，就应当适当地去行事；若某人缺乏**适当实施**行为的能力，那他就应当完全不去实施该行为，对于他来说，不去实施计划的行为，就是"**适当的举动**"或交往中必要的注意。

（2）违法交往中必要的注意义务。

根据上述方法可以查明交往中必要之注意义务的内容，接下来我们需要将该内容与行为人的现实行为加以比较：任何一个行为，如果它落后于这种适当或交往中正确的举动，那它就符合了过失犯意义上的构成要件。

至于说该行为落后的程度有多高，这——在结果的范围之外——也会对不法的严重程度产生影响。

相反，如果某个行为与交往中必要的注意相吻合，那它就不符合构成要件。法秩序不能要求任何人除尽到交往中必要的注意之外，还去做更多的事情，否则，它必然会对社会领域中几乎所有的行为都加以禁止："如果某个义务不受限制地要求任何一个行为，只要我们能够认识到它可能引起不良后果，则一概不得实施，那么该义务就注定会使人类处于无所事事的状态之中"（Hälschner, Gemeines Deutsches Strafrecht, I, S. 317）。一旦行为符合了客观的注意义务，行为无价值随即被取消。如果该行为在结果上造成了法益侵害，那这只是一种"不幸，而非不法"。

Niese, Streik und Strafrecht, S. 30；与此相似，H. A. Fischer, Rechtswidrigkeit, 1911, S. 107。因此，当一个客观上符合注意义务的行为可能造成法益侵害时，针对该行为只能实施紧急避险，而不能实施正当防卫（参见 Lehrbuch § 14 Ⅱ, 1c）。

Engisch, a. a. O., S. 344ff.；Welzel, Z 58 558f.；Neues Bild (1. Aufl.) 19ff.；v. Weber, Gr., 83ff.；Maurauch, Schuld und Verantwortung, 78ff.；Niese, Finalität, Vorsatz und Fahrlässigkeit, 1951；JZ 56 457；Henkel, Mezger-Festschr. 282；Mayer, 140；Gallas, Z 67 42；Boldt, Z 67 335ff.；Fukuda, Z 71 28；Hirsch, Neg. Tatbestandsmerkmale S. 308 Anm. 122. 在民法中同样如此：v. Caemmerer, JT-Festschr. Ⅱ, S. 71ff., 115ff., 126ff.；Enn. -Nipperdey,

Ⅱ，§§ 208ff.；gegen Stoll，JZ 58，S. 137；Larenz，Schuldrecht，4. Aufl.，Ⅱ，S. 360. 特别是，联邦最高法院［BGH（Z）24 21，VRS 14 30］基本上采纳了这一观点。但与该观点有所不同的是，法院认为交往中正确的行为属于正当化事由；v. Caemmerer，a. a. O.，S. 134 对此进行的批判是正确的。

根据我所提出的、目前或许已经成为通说的观点，对客观注意义务的违反属于过失犯不法方面的内容之一。只有当对客观注意义务的违反（以及由此产生的结果无价值）得到确定之后，才会出现有关**责任的问题**，即我们在多大程度上能够因为行为违反了客观注意义务而对行为人加以**谴责**（对此，参见下文第 72 页以下）。关于客观违法性以及为其奠定基础的构成要件符合性的判断，是独立于责任问题之外的。正如 v. Caemmerer，a. a. O.，S. 129 所强调的那样，该判断对于过失犯的概念来说具有不可估量的功能，即它明确了**举动规范**（Verhaltensnorm），而**任何人在相同的情境下都能够以该举动规范为其准则**："任何人都应当知道，在某一特定情形中，何种举动是被要求、被容许或者被禁止的。"

我的观点与因果行为论的关键区别也就在于此。由于因果行为论认为关键性的不法要素是结果，而非行为，故它必然会将客观注意的违反推移到责任概念之中。关于这种做法带来的后果，上文第 11 页以下已有所论述。

2. 结果的事实情况：法益侵害或者法益侵害的危险

过失犯的构成要件除构成要件行为之外，还包括另一构成要件要素，即结果的事实情况：构成要件行为必须引起了某种（非故意性的）法益侵害或者法益侵害的危险。

（1）由于在现今，绝大多数的过失犯还是被设计为实害犯，故违反注意义务的行为在法益侵害中得到了**实现**这一事实属于对过失犯构成要件的满足。

在这里，行为无价值包含了某种结果无价值。随着结果无价值的出现，就产生出了一个新的、附加性的构成要件要素，它并不必然包含在行为无价值之中。因为，行为是不适当的，或者行为没有尽到交往中必要的注意，这一点并不取决于该行为是否引起了一个不受欢迎的结果。**行为**无价值**本身**既不会因为**结果**无价值的出现而得到提升，也不会因为结果无价值的缺位而遭受减损。因此，人们在谈到结果无价值时，常常将它说成是过失犯中"偶然的要素"（Zufallskomponente）（参见 Exner, a. a. O., S. 83）。在构成要件中，结果事实情况的意义在于，它对违反注意义务的行为进行了遴选（Auslese）：虽说一切违反注意义务的行为，不论它是否在某一结果中得到了实现，都是违反规范的，但只有当该行为在某个结果中得到了实现的时候，它才能获得——至少根据实定法——**刑法上的**重要性，它也才能成为刑法上符合构成要件之不法的实质性基础（参见 Engisch, a. a. O., S. 342.）。这就说明，那种认为在刑法上结果是过失行为的本质组成部分的说法，是多么牵强！

在此，结果的出现必须完全是对注意义务**违反**的实现。如果尽管结果是由违反注意义务的行为所引起，但即便行为人在实施行为时符合了注意义务，该结果还是会发生，那就不能认为结果的出现是对注意义务违反的实现。

例如（根据帝国法院的判决，转引自 Exner, Frank-Festgabe, I, S. 583, 578ff.）：一名汽车司机在驾车时不够谨慎小心，突然有一名儿童跃入车道；由于该儿童的出现过于突然，故即便司机小心地行车，也必然会对他造成伤害。一名医生在手术时，并未使用普鲁卡因，而是违规使用了可卡因去实施麻醉，由此导致病人死亡；病理解剖的结论表明，病人具有一种在客观上无法为医生发现的体质，即便医生按照规定注射普鲁卡因，病人还是会死亡。在此，虽然不谨慎的行为**引起了**法益侵害，但注意义务的违反对此却毫无意义，因为即使行为人在实施行为时尽到了注意，结果还是会出现。

在这些案件中，缺少的不是因果关系（帝国法院和 Nagler, LK [1944] I, 55），而是构成要件所要求的结果发生与注意义务**违反**之间的关联。

BGH VRS 5 284；BGH 11 1；OLG Stuttgart, NJW 59 351.

第四章 过失犯的不法概念

结果是由**违反**注意义务的行为所引起的,只有当该事实具有接近确定程度的盖然性时,我们才能认定它的成立,否则,就必须宣告无罪!参见 Mezger, LK (8.) §59 Ⅲ 23c; BGH 11 1。

已经出现的结果,只有当它是对注意义务违反的实现时,才可能符合于构成要件。如果某个结果处在理性人的客观预见可能性的范围以外,那它就不可能属于过失犯的构成要件。

若客观上可预见的只是身体伤害,而非死亡,则行为仅仅实现了过失致人伤害罪的构成要件(参见 RG 38 272; BGH LM §222 Nr.1; BGH 13 75)。如果现实发生的因果流程并不相当,那么即便本来"完全"可能出现一个相当的因果流程,也不足以肯定构成要件符合性。实际上,**现实的**因果流程必须具有相当性(在客观上是可预见的)(RG 29 219; BGH 3 62; OLG Celle, VRS 15 351; Henkel, NJW 56 1451)。

(2)对于过失犯结果事实情况的成立,最近的法律越来越只满足于法益所遭受的危险,而不要求法益侵害的存在。参见§§1, 49 StVO; §316 Abs. 2 StGB。

由于危险的概念具有双重性,故构成要件在此就变得复杂起来。从其概念内容出发,违反注意义务的行为必然是一种根据理性的判断对法益造成了某种危险的行为。由于现在除违反注意义务的行为之外,还要求该行为必须使某种法益陷入了危险之中,因而就出现了一个新的危险概念。我们通过以下这个例子就能认清这一概念:当汽车司机 A 在一个视线不清的左转弯处抢道时,他就已经实施了一个危险的行为,因为在抢道转弯的那一刻,一名像 A 一样难以看清转弯处路况的理性观察者,必然会估计到会有汽车相向驶来。即便事后证明,在 A 行驶的车道上并不存在任何其他的交通参与者,抢道转弯依然是一种危险的操作行为,因为,危险判断始终是一种事前的判断(ex-ante-Urteil),该判断并不考虑那些在某一特定时点中不可认知的现实因素。如果站在事后的角度,所有的条件都一览无遗,那么损害结果要么确定会发生,要么绝不可能出现。就行为是否具有危险性这个问题而言,展开相当性判断的关键时点在**实施**行为的那一刻。但是,如果我们以**法益**作为连接点,考察它是否**处在危险之中**，那么我们就必须首先认定以下事实是存在的，即法益出现在某个特定事件的作用范围之内，并从这个时点出发考察，该法益是否**会**受到这一事件的影响。在我们所举的案件中，A 的行为在他开始抢道的那一刻就具有了危险性。可是，只有当另一名交通参与者（B）在 A 抢道转弯时确实出现在 A 的车道上的时候，他才会陷入危险之中。为了回答某个法益是否处在危险之中这个问题，就需要展开第二个相当性判断，该判断的根据不在于实施行为的那一刻，而在于法益出现在行为作用范围内的那一刻的情境。

《刑法》第 84 条以及《传播对青少年有害之文书法》第 3～6 条和第 21 条，包含了特殊种类的过失危险犯。这些条文所涉及的，是行为人因过失而不知道文书具有叛国内容或危害青少年的内容，在此情况下制作、出版和传播具有叛国内容之文书，以及向青少年出售或提供具有危害青少年内容之文书的行为。在此，法律所要求的注意义务是，行为人在制作、出售或提供相关文书之前，应当对其内容加以审核（BGH 8 89, 10 133），结果的事实情况就是制作或出售行为所产生的（抽象）危险。

二、违法性

如果行为人实施了符合构成要件的行为，同时该行为也在法益侵害或法益侵害的危险中得到了实现，那就可以推定违法性的成立。正当化事由能够排除违法性的存在。

可以考虑的主要有：正当防卫、超法规的紧急避险（OLG Köln, VRS 16 442）、武器使用权、被害人承诺（KG VRS 7 184）。关于总体情况的论述，参见 Niese, Finalität, S. 45f.；Maurach, AT 436f.；Hirsch, Negat. Tatbestandsmerkmale, S. 308 Anm. 122。

第五章　责任在犯罪论体系中的地位

一、违法性与责任

责任概念在违法行为——不论是故意还是非故意的违法行为——概念的基础上又增添了一个崭新的要素，正是该要素的出现才使得违法行为成为犯罪。正如我们已经看到的那样，违法性指的是行为和法秩序之间的一种关系，这种关系体现了前者与后者的冲突：行为人对意志的实现，并不符合法在社会领域内从客观上对行为提出的期待。责任却并不满足于行为与法秩序之间的这种客观的冲突关系，它对行为人个人进行了谴责，因为行为人本来能够不去实施违法行为，但他却并没有这样做。从这一点来看，责任包含了一种双重关系：尽管行为人本来能够按照规范去实施行为，但他的意志行为却与法的要求并不相符。这种"由于本来**能够**合法，故不**应当**违法"的双重关系，就体现了责任的特殊谴责属性。如果说违法性是关于下述内容的纯粹无价值判断，即行为与本来应当出现的合法行为不同，它不考虑行为人究竟是否**能够**满足法的要求，那么责任的无价值判断则不限于此，它对行为人进行了个人的谴责，因为他在本来**能够**合法行为的情况下，并未实施正确的行为。由于首先是行为**意志**的存在，才使得行为人能够按照规范的要求去操控其行为，故可谴责性的首要对象是行为意志。同时，行为意志又使得整个行为成为可谴责性的对象。（所以，无论是行为意志还是整个行为，我们都有理由称之为"有责的"。）

二、责任与意志；作为可谴责性和作为价值概念的责任

1. 责任是意志形成所具有的可谴责性。行为人本来能够不形成**违法的**行为意志——不论该意志是故意地指向构成要件的实现，还是未按照要求进行最低限度的目的性操控——而形成**合乎规范的**行为意志。据此，一切的责任都是意志责任。只有针对人在意志引导下能够做到的事情，法律才能对他加以谴责，并使其承担责任。他的禀赋和资质——人仅仅"是"什么这个问题所指的全部内容——既可能是富有价值的，也可能是价值低劣的（即我们可以对这种禀赋和资质进行评价）；但这指的仅仅是，我们将人在其禀赋和资质决定下所做的事情或者他运用该禀赋和资质的方式，与他本来应当和能够做的事或者运用其禀赋和资质的方式加以比较。只有这种东西才能作为"功劳"归功于人，或者作为"责任"对其进行**谴责**。

能够承担责任的仅仅是具备意志的单个人，而不能是法人或其他组织。至于法人是否以及在多大范围内需要为其机构所实施的犯罪负责，那是另外一个问题（参见 §§ 393, 416 RAbgO; Lange, JZ 52 261; Bruns, JZ 54 12, 251; Jescheck, Z 65 210; DÖV 53 540; Schweiz Z 70 245; Heinitz, Engisch und Hartung, Verhandlungen des 40. Deutschen Juristentages, 1953; Schmitt, Strafrechtliche Maßnahmen gegen Verbände, 1958; weitergehend BGH 5 32; v. Weber, DriZ 51 155, GA 54 237。关于代理责任，参见 Lehrbuch, § 15 I 2)。

2. 从语言上来说，"可谴责性"并不是一个十分美妙的词汇，但它却能够最为恰当地说明责任的本质。在此，由于我们——同在违法性当中（见上文第二章第二点）一样——设想立法者和法官对法秩序进行了人格化，故经常把可谴责性也说成是责任的**谴责**，将责任说成是责任的

第五章 责任在犯罪论体系中的地位

判断。只要我们意识到这是一种形象的表达方式,并且坚持认为责任是行为人行为的无价值**属性**自身,它并非存在于对行为进行判断的其他人的头脑中,那么上述说法倒也没什么害处。

3. 责任指的是,具有实施合法举动之能力的行为人实施了违法的行为,故需要向法的共同体负担责任。责任是一个消极的**价值**概念,故也是一个在程度上可以提升的概念。随着法的要求越重要或越低微,以及行为人满足该要求的难度越低或越高,责任的程度也会相应变大或变小。

由这种**程度**所决定,行为意志**具有**(或承载着)较重或较轻的责任,其**有责性**的程度也会或大或小;但行为意志并不是责任。责任是附着于行为意志之上的**价值**要素,但它并非行为意志本身。因此,早前的一种观点是不正确的。该观点目前还继续保持着不小的影响力,它认为,责任是一种特定的心理状态(例如主观构成要件所描述的心理状态)。其实,某种心理状态可以(或多或少地)**具有**责任,但它不可能(或多或少地)**是**责任本身。

之所以会出现将某种心理状态与责任等同起来的做法,其原因在于语言习惯用法的不精确,它时常以偏概全(pars pro toto)。这种广义的责任,指的是有责的、违法的行为意志,或者(从最广义的角度来说)是有责的(符合于构成要件的、违法的)**行为**(例如,《刑事诉讼法》第263条就是从这后一种意义上提及"责任问题"的)。非常明显,广义上的责任(即作为有责之行为意志,或者作为有责之行为的责任)在概念上是以存在**有责性**(可谴责性)即存在狭义和本来意义上的责任为前提的。但本章所涉及的是行为意志或行为所具有的**有责性**或**可谴责性**。

相反,狭义上的责任(可谴责性)又是以某个特定的行为意志或某个特定的行为作为其特殊载体,并以其存在作为其前提条件的:只有(违法的)行为意志或者(符合构成要件、违法的)行为才能具备在刑法上重要的有责性。因此,违法的行为意志或符合于构成要件且违法的行为,是有责性可能的载体,它们"属于"有责性。在关于责任的判断中，我们要从可谴责性的方面去考察符合构成要件且违法的行为意志：在满足了何种前提条件的情况下，以及在多大的范围内，我们可以认为行为人**个人**没有遵守法秩序的要求，从而针对该行为意志向行为人发出**谴责**呢？

综上所述，可以得出结论，不仅一般性的行为意志，而且特殊的构成要件故意（它是行为意志的下位情形）也"属于"责任。不过，因果行为论与目的行为论之间的争议性问题并不在于故意是否（作为责任可能的载体）**也**属于责任，而在于故意是否只属于责任。从刑法上具有重要性的意义来看，所有先于责任的犯罪要素均属于责任：行为（举动）、构成要件符合性和违法性；只有一个符合于构成要件的、违法的行为（或举动）才可能是有责的；在刑法中，只有它才是责任非难的可能的载体。尽管所有这些要素都对责任判断（可谴责性）具有根本性的意义，但它们并非**只**是责任要素。因此，行为意志——虽然它**也**是责任非难的载体——**在此之前**就已经是行为的一个要素了；构成要件**故意**在此之前就已经是故意犯**构成要件**的一个要素，从而也是该犯罪违法性的一个实质性前提条件了；当行为意志因违反了注意而**非故意地**实现了某个构成要件时，该意志在责任非难之前就已经是过失犯违法性的一个前提条件了。在责任问题中，我们将从以下方面来考察这种不同的行为意志，即我们在多大程度上可以针对该行为意志向行为人个人发出谴责。责任在犯罪概念之内所提出的特别崭新的问题，就在于此。

三、新教义学中规范责任概念的发展

责任的本质在于"可谴责性"，这一认识是我们在经过了一个漫长发展历程之后所得出的结论。在新的教义学开启之初，不法与责任的区分标准在于"外部"和"内心"，在于"客观"和"主观"（见上文第三章第一点）。所有客观和外部的东西都被归入违法性，而所有主观和内心的东西则均被归入责任之中；责任应当是"行为人与结果之间的心理联系"。然而，在违法性判断展开之前，根据外部和内在的标准来进行区分的做法，就已经行不通了。在无认识的过失犯中，行为人与结果之

第五章 责任在犯罪论体系中的地位

间的心理联系又存在于何处呢？无认识的过失犯是使心理责任概念遭遇失败的第一个障碍。拉德布鲁赫曾试图（Z 24 344）提出一种纯粹心理学上的过失理论，但这一尝试以失败告终。相反，科尔劳施（Kohlrausch）（Reform I 194）则认为，我们由此应当得出以下结论，即（无意识的）过失犯根本就不是责任的形式，因为它欠缺行为人与结果之间的心理联系。这两种错误的结论都说明，心理责任概念是站不住脚的。弗兰克（Aufbau des Schuldbegriffs, 1907）迈出了向责任具有规范属性这一观点发展的第一步，贝林（Unschuld, Schuld und Schuldstufen, 1910）、戈尔德施密特（Der Notstand, ein Schuldproblem, 1913）和弗洛伊登塔尔（Freudenthal）（Schuld und Vorwurf, 1922）以及通说随即都支持弗兰克的学说。但是，人们始终没有弄清，可谴责性与"行为人和结果的心理联系"之间究竟是什么关系；至少在故意犯中，那种认为"心理联系"属于责任概念之本质要素的观点，始终都是人们在前进时背负的包袱。直到多纳（Aufbau 32）才迈出了决定性的一步，从而"认识到，正如在违法性的认定中一样，我们在责任判断中所涉及的也是**一种评价的结论**"，他严格区分了**评价**（可谴责性）与该评价的**对象**（故意），并且将责任概念限定于对象的**评价**之上。目的行为论进一步发展了多纳的观点。在多纳那里，故意成了一个无处栖身的要素；而目的行为论为它找到了一个合适的位置，即把它视为故意犯（主观）构成要件中目的行为意志的下位情形。

这样一来，构成要件和不法理论就越来越多地吸纳了心理要素，而这些心理要素原来被错误地归入责任概念之中：这一变化首先是来自主观的不法要素，然后来自行为意志。相反，责任概念本身不再包含主观心理的要素，它只保留了**可谴责性**这一规范的标准，我们可以根据该标准对行为意志的**有责性**加以判断。在这一演变过程中，我们并没有丢失先前已有的任何一个要素；但由于我们认识到了行为的目的性结构，因而每一个要素都获得了自己更为合适的位置。这样一来，对于故意和过失犯的行为与构成要件符合性的问题，对于故意和过失犯的违法性问题，对于责任概念、构成要件错误和禁止错误以及共犯等问题，我们就能够找到合理的解决方案。

　　传统理论反对目的行为论的理由在于，该学说"对不法进行了主观化"，或者"掏空了责任概念的内容"。但这种说法毫无根据。将故意置于构成要件之中，丝毫不影响它是一个**客观的**要素，构成要件也丝毫不会因此而滑向主观；另外，责任非难之**对象**所涉及的问题也不会有丝毫的减损，因为行为人对行为的心理态度是可谴责性的一个本质要素（见下文第八章第一节第一点）；但唯有如此，我们才能清晰地突出构成要件行为的全部客观**和**主观内容，以及责任的本质及其基本要素。此外，在**过失**犯中，我们把注意违反驱逐到了构成要件之中，从而将那些本与责任无关的组成部分从责任中清除了出去；同时，我们正是通过强调行为无价值，才完全构建起了构成要件和违法性。所谓"掏空了责任概念的内容"，事实上是将本与责任无关的要素从责任概念中**清除**了出去。

　　因此，不应像格尔曼（Germann）最近所主张的那样，把目的行为论与纯粹从主观方面去认定不法的做法相混淆。其实，目的行为论通过在大量理论范畴中强调意志所具有的客观功能，加强了刑法的客观化趋势（例如，在共犯理论中，目的行为论减少了主观主义的行为人意志——这恰好是因果客观主义所带来的后果）。

第六章　责任非难的存在前提：
意志自由与归责能力

责任是意志形成过程的可谴责性。行为人本来可以不形成**违法的**行为动机——不管该行为意志是故意地指向构成要件的实现，还是没有实施规范所要求的最低限度的目的性操控——而能够形成**合乎规范的**行为动机。据此，所有的责任都是意志责任。只有针对人在意志上能够实现的东西，我们才能加以责任非难。他的禀赋和资质——人仅仅"是"什么这个问题所指的全部内容——既可能是富有价值的，也可能是价值低劣的（即我们可以对这种禀赋和资质进行评价）；但这指的仅仅是，我们将人在其禀赋和资质决定下所做的事情或他运用该禀赋和资质的方式，与他本来应当和能够做的事或运用其禀赋和资质的方式加以比较。只有这种东西才能作为"功劳"归功于人，或者作为"责任"对其进行**谴责**。

责任非难的前提条件在于：行为人形成了违法的行为决意，但他本来能够更为正确地、合乎规范地去形成行为决意；而且，这并不是从抽象的意义出发，认为**随便一个**处在行为人位置上的人本来能够合乎规范地形成其意志决定，而是从完全具体的角度出发，认为**处在这种情形下的这个人**本来能够合乎规范地形成其意志决定。这一问题向来被划分为以下两个子问题：

1. 能够正确地而非错误地去形成意志，这种可能性从理论上来讲究竟是否存在？（意志自由的问题）

2. 若肯定上述可能性的存在，则**具体的**行为人是否具有正确形成意志的能力呢？（归责能力或者——更确切地说——具体责任能力的问题）

一、意志自由的问题

意志自由这一难题，包含三种不同的视角：人类学、性格学和范畴论的角度。

1. 人类学的（anthropologisch）视角

对此，参见 Scheler, Die Stellung des Menschen im Kosmos, 1929; Gehlen, Der Mensch, 5. Aufl., 1950; Rothacker, Die Schichten der Persönlichkeit, 5. Aufl., 1952; Lorenz, Zeitschrift für Tierpsychologie V, S. 361ff.; Storch, Österr. Z. f. Öff. Recht 3 (1951), S. 358。

与达尔文（Darwin）联系在一起的进化论，在19世纪的后半叶取得了统治性的地位，该学说——与之相对应的是这一时期的机械论思考方法——把人深深地嵌入生物学的世界当中。人仅仅是最新一代的灵长类动物而已，其智力只是动物本能中更高级、更为细致的一种分类，因此，从动物的本能到人的智力经历了一个直线发展的路程。[这让人想起，弗兰茨·冯·李斯特于1882年提出了关于目的刑的马尔堡计划，该计划完全建立在上述学说的基础之上，更不用说意大利实证学派的龙勃罗梭（Lombrosos）、加罗法洛（Garofalos）和菲利（Ferris）与这种自然主义学说的紧密联系了。]这些观点未被证明是站得住脚的。不仅哲学家，而且动物学家和动物心理学家们[施托希（Storch）、洛伦茨（Lorenz）]也都强调，构成"自由理解活动之前提条件的"，并不是对动物本能的更高级分类，"恰恰相反，是先天举动的持续退化"（Lorenz, a. a. O., S. 362.）。人的特点在于，其先天和本能的举动方式——那种对动物的活动进行准确引导的生物钟——不断走向衰退。由于人持续地

第六章 责任非难的存在前提：意志自由与归责能力

"与本能相脱离"，故他也是一种特别受到威胁的生物体。"对于其他所有动物来说，单个的欲望、本能的运动……以及先天的模式都共存于一种平衡状态之中"，如果这种状态的丧失"不通过一种特殊的成果来加以弥补，而从该成果的本质来看，它和遗传举动方式的错乱性（Gestörtheit）一样，对于我们这一物种具有根本的意义"，那么上述平衡状态的缺位就会对人这一物种的存在产生致命性的影响。"这一成果指的是：经过理性和范畴整理后的思维，特别是该思维在绝对性问题中的运用。这种对思维的运用证明，人的行为已经脱离了那些用于引导本能举动的先天'游戏规则'的束缚，而人需要为这种行为负责"（Lorenz, a. a. O., S. 370f.）。

人与动物存在根本的区别。从**消极的**方面来看，人的特点在于他持续脱离了先天和本能的举动方式；从**积极的**方面来看，人的特点则在于他具有一种能力和任务，即通过理性的行动**自行**去发现、去创造其行为之正确性的能力和任务。人所拥有的决定性的**积极**要素在于，其精神必须遵循现实、意义和价值的标准；人应当以该标准为依据，通过实施负责任的行动去自行操纵其行为。精神受到该标准的约束，这一点说明人"存在性地远离和摆脱了有机物质"（Scheler）。人是一种**负责任的**生物体，或者（更确切地说）是一种意在自我答责的生物体：这一决定性的标准不只是从规范上（作为理性的人），而且已经从存在的角度（作为现象的人）出发把人排除在了整个动物世界之外。从生物学的角度来看，动物的存在形态秩序是与动物相伴而生的，但与此不同的是，人的存在形态秩序却并非与人同时出现；该秩序是一种具有义务约束力的生活意义体，人只有通过负责任的方式才能获得它的存在。"建立在遗传基础上的典型行动系统，固有地附属于动物。然而，每一单个的人却只有在一个教育时期内，通过对那些只是普遍存在但从具体执行规定的角度来看又颇为空洞的人类资质加以补充，才能掌握其——基本上是个体和特殊的——行动系统。动物生来就拥有某种行动系统，而人为了能生存下去，却必须为他自己去习得某种行动系统。"（Storch, a. a. O., S. 366.）。这样一来，哲学人类学（与现代比较心理学一道）就回到了

57

旧哲学的观点之上，席勒（Schiller）曾在《秀美与尊严》（Anmut und Würde）一书中对该观点有经典的表述："对于动物和植物来说，自然不仅给出了规定，而且还单独执行了这一规定。然而，对于人来说，自然仅仅给予了他规定，但却交由他自行去履行该规定……在所有生命体当中，只有人作为人格体（Person）才享有一种优先权，即借助其意志踏进必然性的领域，并在其自身的范围内开启一系列崭新的现象。但对于纯粹的自然生命体来说，这一必然性的领域是坚不可摧的。"

2. 性格学（charakterologisch）的视角

参见 Rothacker, a. a. O.；Lersch, Der Aufbau der Person；Welzel, Z 60, S. 428f. 。

本能之举动方式的衰退，和负责任之自我中心（Ichzentrum）的建立，使得人的内心结构具有**多层次性**。"深层次"包含了从本能的联合体中脱离出来的、支撑物种存活和自我存在的生命动力、情绪、愿望、"更高级的"心理追求、倾向、兴趣等等，这些东西刺激、把握、攫取、吸引着我，并尝试着驱使我去实施行为，从而使我也成了驱动力的消极受害者。作为驱动力的调节中心，"自我"（Selbst）超越了这种深层次的驱动力，它根据意义和价值去操纵驱动力：以物本逻辑为基础的思维活动，和以意义与价值为导向的意志活动。这里所指的并不是对**外部**因果事件的操纵——不是指此前意义上的目的性，而是对**心理**驱动力的操纵！

在此，我们遇到了**更为狭义**的第二种意志概念。到目前为止，我们都是在**较为宽泛**的意义上去使用意志的概念，这一概念涵盖了所有以实现目标为其指向的驱动力，包括所谓欲望、情绪和追求。所以，我们此前分析过的目的性操纵，涉及的仅仅是在外部事件中以特殊方式**实现**驱动性目标的过程（**行为操纵**）。在此，至于引起行为决意产生的究竟是何种驱动力，这一点无关紧要：即便是"直接由驱动力引起的"冲动行为或情绪行为，也处在所预期之目标的操纵之下；**任何一个行为均**"以某个预期的流程模式和结果模式作为其基础"（Lersch）。

但现在，驱动力本身也受到了操纵，这种操纵以驱动力的意义和价

第六章 责任非难的存在前提：意志自由与归责能力

值内容为根据，其目标是形成某种并非转瞬即逝的生活形态。**这种**目的性操纵的对象，并非外部的因果事件——至少并非直接地是外部因果事件，而是要求实现的**驱动力**（**驱动力操纵**）。指引这一操纵的方向标，并不是手段对于实现目标来说所具有的适当性，而是驱动目标的意义和价值内容。与之相关的心理机能，就是这里所说的**更为狭义的**意志。

由于未能把**行为操纵**和**驱动力**操纵这两者区别开来，亨克尔（Henkel）(Der Mensch im Recht, Studium Generale Bd. 13, S. 238) 对目的行为论的理解显得过于狭隘。

所有的驱动力都具有一种双重特性：它具有某种特定的驱动力或欲望力，同时它又具有某种特定的意义内容。我们可以把这两方面分离开来：可能欲望力较大，而意义内容较小，或者相反。只要驱动力在"感情的"（pathisch）经历状态中，即单纯只在深层次中运行，那么当驱动力之间产生冲突时，唯有欲望力，也就是战胜并抑制了其他力量的最强者，才起着决定性的作用（所谓多个冲动之间的斗争）。于是，行为决意仅仅是取得了支配地位的冲动所带来的结果。然而，一旦自我中心（思维和受到意义引导之愿望）的合乎意义的操纵行动介入进来，那么驱动力就不再仅仅存在于其感情的欲望中，而是存在于其对正确生活形态所具有的意义内容和价值意义之中；同时，与该意义内容相对应，驱动力也转化成了动机，因为意志决定是建立在这种驱动力，即建立在其实质性的（逻辑或者符合价值的）根据基础之上的。（"自己的"）我之机能所产生的活动是以意义，而不是以因果力作为媒介得以展开的：思维动机和意志动机，是思维活动和意志活动赖以合乎意义地展开的实质性根据，即非因果性的根据。富有价值的驱动力被容许进入该过程之中，而违反价值的欲望内容则逐渐被清除了出去。同时，在此过程中，对于合乎意义的操纵行动来说，深层次的驱动力也是一个实质性的前提条件。所有内容方面的目标都来自——不管是好还是坏——深层次，它们是冲动、追求、兴趣等等所指向的目标。只有某种冲动、追求、兴趣刺激和吸引我们去做的事情，才能成为一个行为决意的目标，不论该决意是冲动的还是合乎意义的。但是，受意义引导之意志的操纵机能却拥有不可替代的意义，该意义在于，它根据正确性、意义以及价值打开了通往人类生活之崭新方向的大门，并由此使人类能够调节其驱动力，人正是在其生物性的本能逐渐消退之后，以负责任的方式获得了这种调节能力。

3. 范畴论（kategorial）的角度

参见 Hartmann, Ethik; Welzel, Z 60, S. 428f.。

根据我们对意志自由问题的存在所进行的限定，现在涉及的已经不再是"有无"的问题，而是"如何"的问题了：人如何才能借助受意义引导的操纵去塑造因果强制力，从而通过这一操纵能够为他没有作出正确的而是作出了错误的决定**负责**呢？

沿着传统非决定论的老路是无法为这个问题找到答案的，因为该理论恰恰使负责任的主体归于毁灭：如果人的意志活动不受任何因素的决定，那么后来发生的意志活动就既无法直接，也无法通过同一的主体，与先前出现的意志活动产生关联，因为否则的话，它就已经受到某种因素的决定了。于是，主体后来所处的状态，不能与产生了先前决意的早先状态有任何关系。但这样一来，非决定论就破坏了能够为其行为负责的同一主体，因为该行为的后一实施者与该行为的前一实施者之间不存在任何关联。非决定论将意志活动变成了一个由行为当时的各个动作所组成的序列，该序列中的各个动作之间绝对没有任何关联。

只有当我们认识到，多种决定形式之间其实存在着重叠之处时，才能逐渐接近解决问题的途径。传统决定论的错误在于，它认为只存在着唯一的一种决定形式，而人们自近代之初就一直习惯于认为这种决定形式存在于因果关系，即因果**一元论**（Kausalmonismus）之中。从因果一元论出发，我们当然无法谴责说，这人没有作出正确的而是作出了错误的决定，因为任何一个决定——不论对错——必然从一开始就已经被注定了。

早在外部的行为事件领域中，我们就已经认识到，目的性关联可以对因果性关联加以重塑。现在，我们必须考察一下，对人**心理驱动力**进行合乎意义的操纵，是否可能。这里所涉及的不是行为自由，而是意

第六章 责任非难的存在前提：意志自由与归责能力

志自由。我们可以通过一个例子来说明此处出现的问题。

众所周知，当我们经过长期写作后，或未能集中注意力时，往往会出现典型的书写错误。我们总是以同一种方式写错同一个词。如果我们更专心一点，并且在写这个词的时候别那么不加思考，那就能察觉到内心有重犯旧错的倾向：笔尖正在踏上通往旧有错误的道路。此时，这种错误的事件还完全是运行在因果的轨道之上：在盲目的事件进程中，某种特定的联想关系引起了后果的发生。先前的原因已经确定了**何种事物**将会出现。如果我注意到持续出现的错误，并对自己尽力加以控制，那么只要这个词一出现，我就会立刻察觉到旧有的联想倾向，但我通过实施某种受意识操纵的行动克服了这一倾向，并"正确地"书写了这个词。在此，出现了一种新的决定形式：结果不再是由先前的联想倾向所引起的盲目的后果；事实上，是预期的意义内容，即萦绕于头脑中的目标，决定着行动的实施。这种决定类型普遍适用于认识活动：对某个对象的内在关系有所了解，这并不是先前的联想关系或者其他因果因素引起的结果，它是由萦绕于头脑中的对象自身所决定的。对象的诸要素及其相互之间的实质性关系，是思维活动的具体步骤所赖以存在的理性根据。在联想关系中，是盲目的原因决定了思维的步骤；但在这里，思维取决于它所面对之事实情况在物本逻辑方面的内容。因此，思维活动的执行方式能够最为清楚地说明目的性活动的基本实施形式：对于因果关系来说，它所产生的影响是刚才存在的原因要素所引起的盲目（没有意义差别）的后果；但对于目的性来说，目标决定了朝着该目标方向发展的各个步骤。但这并不是说，目标自身又把各活动步骤盲目地引向了自身（就像天命注定的一样，都是由引力产生的因果性），而是说，它拥有一种理性的根据，思维以该根据为基础就能自行开辟出一条通往该目标的道路来。

我并没有说，思维的执行可以独立于各种原因。因为，思维的执行同样坐落于因果的基座（Unterbau）之上。以下事实就能证明这一点：在疲劳状态下，思维会变得困难，甚至完全陷于停顿。但是，这些因果的先决条件仅仅是"基座"而已，换言之，它们是思维活动**存在**的前提条件，但并不是思维活动执行**方式**的前提条件：思维是**如何**进行的，并不取决于盲目的原因，而是取决于理性的根据。

不过，不仅仅是思维的步骤，思维的驱动力同样不能只由先前的原因所决定。可以确定的是，来自深层次的驱动力（对于认知的兴趣）作为一种实质性的条件，是——和所有的意志活动一样——认知愿望的前提；但是，它与其他抑制性的驱动力之间的关系，却并不决定于认知过程中单纯的欲望强度，而是决定于它作为实质性任务的意义内容：只有当主体正确地理解了摆在他面前之任务的意义，并能够将认知看作是对这一任务的实现，进而以负责任的方式采用它时，该认知才有存在的可能。换句话说：要使认知成为可能，那么认知的主体就不能仅仅是其驱动力的傀儡，他必须有能力将认知的驱动力理解为富有意义的、不受其他分散性驱动力动摇的任务，即有能力为认知活动承担**责任**。认知的前提条件是，不仅认知的各个步骤不是因果地（即它们并不是盲目地为早前的先决条件所决定）运行着，而且事实上，主体也能够把获取认知作为一项富有意义的任务，从而自行为其承担责任。但是，由于我们不能**从原则上**否定认知的可能性——因为否定本身就是以某种认知作为其前提的——因而我们也无法以合理的方式对那些使认知成为可能的必备条件加以否定：认知的理由对于意志自由这一问题所具有的意义也就在于此。

意志自由，是合乎意义地对自己加以决定的能力。它摆脱了盲目的、无涉意义的因果强制的束缚，获得了以符合意义的方式去实现自我决定的自由。它并不是——像非决定论所认为的那样——指能够实施**其他**（包括更糟或违背意义的）行为的自由，而是指实施**符合意义**之行为的自由。因此，自由并不是指在意义和反意义、价值和无价值之间进行任意选择的可能性（Hartmann, Ethik, S. 714 就是这样认为的）；如果我们赞同这种毫无根据的选择自由，那就会再度误入非决定论的迷途，并且使答责的主体毁于一旦。只要是反价值的东西决定着人，只要自由的活动还没有开始，那么反价值的东西就以因果强制力（表现为激愤、妒忌、贪婪、忌恨、占有欲、性欲，等等）的形式支配着人。邪恶的意

第六章 责任非难的存在前提：意志自由与归责能力

志在因果上依赖于反价值的驱动力，就这一点来说，它是一种并不自由的意志。自由不是一种状态，而是一种活动：从驱动力的因果强制中解放出来，并转向合乎意义的自我决定的活动。之所以会出现责任这一现象，就是因为该活动出现了缺陷；责任是指，主体具有决定意义的能力，但他并未合乎意义地去实现自我决定。责任并不是指，因为主体为了实现坏事而作出了合乎意义的决定，而是指他坚持紧紧地附着和依赖于反价值的驱动力，并且听任自己受该驱动力的摆布。

这样一来，我们对自由问题的分析就已经到达极限了。人**如何**才能摆脱因果强制力的束缚，进而合乎意义地决定自我，并将之作为合理的任务承担下来？这个问题和关于原因究竟是如何产生影响的问题一样，都难以给予回答。在这里，该问题本身并无意义。

上述对自由问题的分析，使刑法学与犯罪学之间的关系变得清晰起来。这两个学科的思想内容似乎处在一种奇怪的紧张关系，甚至是冲突关系之中。二者对同一对象的处理，不仅在方法论上存在差异，而且从实质上来看，就好像二者面对的是不同的对象一样。如果说在刑法中，犯罪是指行为人对自由的滥用，法律就此对行为人发出谴责，要求其承担责任，并报以刑罚处罚的话，那么在犯罪学中，无论从哪个方面来说，犯罪都是天性和环境的因果产物。因此，这两种思想似乎是彼此矛盾、相互排斥的。

关于自由的分析在这里却表明，其实两者之间并不存在矛盾。责任所指的并不是主体"自由地"作出了去干坏事的决定，而是主体虽然具有合乎意义地实现自我决定的能力，但却依附于驱动力的因果强制。因此，从事实的角度来看，犯罪完全是因果要素的产物，故除天性和环境之外，"自由的行为人意志"对于犯罪的产生究竟占有多大比重（Sauer, Kriminologie, S. 59ff.）？关于这个问题的看法，甚至是数学百分比的统计，都只是一种怪诞的把戏而已。即便是刑法，也并非从非决定论的观点出发，认为犯罪的决意完全或部分来自自由的意志，它与天性及环境的综合作用无关；实际上，刑法主张的是人类学的观点，即认为从存在的角度来看，人作为被确定是自我答责的生物体，他有能力目的性地（合乎意义地）去重塑自身对于驱动力的因果依附性。责任并不是指自由地实现自我决定的某种活动，而恰恰是指某个自我答责的主体没有对意义加以决定。

二、归责能力（责任能力）

参见 K. Schneider，Die Beurteilung der Zurechnungsfähigkeit，3. Aufl.，1956，Mezger，I，S. 141ff.；Seelig，Mezger-Festschr.，S. 213ff.；de Boor，Über motivisch unklare Delikte，1959。

1. 认定归责能力时存在的问题

作为被确定是自我答责的生物体，人具有符合意义地进行自我决定的能力。基于这一认识，以及基于对此种决定模式之范畴论结构的了解，我们可以一般性地确定人及其自由的本质；但与此同时，我们还不能认定，**这个人**在**具体的**情境中真的具有符合意义地实现自我决定的能力。这一认定并不是对本质的一般性判断，而是一种涉及存在性的判断，它是关于个体现实性的说明。但我们从一般的概念出发，无法弄清某事是否真的存在，这只有通过实践和经验的方法才能得知。这种经验上的获知恰好在此制造出了一些特别的困难：这里所涉及的"客体"，即具体的责任能力，并不是感觉的对象，尤其不是他人感觉的对象；甚至**本人**认为自己具有责任能力的意识，也并不是认定责任能力存在的标准，因为毫无疑问，严重的精神病人往往会固执地坚称自己具有归责能力。一个人的具体责任能力根本不是理论认知的**对象**，所以，富有责任心的精神病科医生有理由拒绝"从科学上"去回答这个问题。精神病科医生完全可以认定某种异常精神状态，例如精神疾病的存在；但在该状态存在的情况下排除责任能力，这就已经超出了其——所有——科学判断的范围。在此，任何一种科学知识都受到了限制，因为能够成为这些科学知识之客体的，不可能是原则上已经从客观化中被抽取掉了的东西，即不可能是主体的主观性。人从可感知的客体世界提升为自我答责的主体，他在此过程中所需要进行的活动不可能被客观化。该活动完全是非客观的，除非破坏它自身的存在，否则我们根本不可能使其成为客体。因此,某个人在某种特定情境下具有责任能力这个判断不是一种理论性的活动,而是一种纯粹存在性的,或曰"交往性的"(kommunikativ)活动:该判断承认其他的人是你,他们和我本人一样,也是能够作出合理决定,并因而同样承担责任的主体。所以,从消极的方面去作出该判断,要比从积极的方面容易一些:所有那些还没有能力,或者不再有能力作出同样富有意义之自我决定的人,即因为年幼(以及聋哑)或者因为精神上的异常状况而欠缺责任能力者,都被该判断排除了出去。

2. 归责能力的法律定义

《刑法》第51条最初的文本将责任能力模糊地定义为"自由的意志决定",而新的文本[根据1933年11月24日颁布的《惯犯法》(Gewohnheitsverbrechergesetz),该法与1923年颁布的《少年法庭法》(JGG)第3条的规定是一致的]则将责任能力与符合意义地实现自我决定的要素联系在一起,正是该要素才对"自由的意志决定"这一模糊的概念进行了积极补充。据此,责任能力(归责能力)是指行为人所拥有的:(1)理解行为的不法,以及(2)根据该理解决定意志的能力。参见《少年法庭法》第3条,《刑法》第51、55条。

责任能力包含了符合于认知的(**智识性的**)要素,和符合于意志的(**意愿性的**)要素:**理解**不法的能力,以及合乎意义地**决定**意志的能力。这两个要素综合在一起才构成了责任能力(参见 RG 73, S. 122),只要其中某个要素由于年幼或者异常精神状态的原因而被否定,那么行为人就不具有责任能力。

关于具体的法律规定,参见 Lehrbuch, S. 133ff.。

第七章　责任与人格

参见 Welzel，Z 60，S. 428ff.；Gehlen, Der Mensch, 4. Aufl.；Rothacker, Die Schichten der Persönlichkeit，5. Aufl.，1952。

责任是指没有合乎意义地实现自我决定；在实施某种违法行为的过程中，人格体基于这种自我决定，本来是能够根据他所处的法律存在秩序去操纵其行为的。这种缺陷，可能是人格体（Person）负责任的自我中心出现的一次失灵，但也可能是由某种持续存在的人格层所引起。在这个地方，我们必须对上文所谈到的性格学观察方法（第六章第一部分的第二点）进行补充。上文表明，人的心理结构具有多层次性。自我中心（自我运行或者自我控制）作为控制或者调节的部件，叠加在了深层的驱动力之上；这种部件根据人所处的生活的价值秩序对该驱动力进行着操纵。但是，如果人格（Persönlichkeit）只是用这种自我中心去逐一地对抗深层次的感情冲动，我们就不可能按照意义有序地安排人的生活。如果自我中心必须时时保持警觉地将全部的"感情"刺激都消灭殆尽，那么人的行为就会归于瘫痪。同样，如果要求人格必须将其作出的所有基本决定都逐一重新付诸实现，那么人的行为也会归于瘫痪。自我中心始终只能对少量的、**实时**决定的任务发挥作用，而所有其他的任务则必须预先由半意识或下意识去决定。作出这种临时性的决定，是处在深层次和自我中心之间的"人格层"（Persönlichkeitsschicht）所具有的功能。该决定——从自我中心的角度来看——是早前已经得到执行之决定的储存器（Resevoir），这些决定已经内化成了下意识的态度以及人格的立场。该决定是人格的一种内部构造，这种构造——从深层次的角度来看——早在下意识中就通过压制一部分而容许另一部分进入的方式，对"感情"刺激进行了控制。在有意识的自我当中，有一种特殊种类的内心存在，即"回忆起在不假思索的状态下作出的基本决定，能力的水平，培养起来的选择和避免本能，为实现关乎我们主要利益之事的急切愿望，不愿意和放任不管的感觉。那些被容许进入到意识之内，并且在意识中得到整理加工的东西，必须受到上述回忆的操纵"（Gehlen, S. 405）。这种"指导性规则和态度的秩序"，被早前得到执行的决定以及行为吞并，并且进入了下意识当中；它被人们称为获得的性格，这指的是一种人格层，在该层面上，"天生的、人所特有的语言、智力、艺术、宗教禀赋和能力，受到了多种多样的训练"（Rothacker, S. 87）。这种意义上的性格既是早前行为的结果，又是未来行为的决定论基础。

　　人通过教育和自身的经验、通过消极的接纳以及积极的作为融入社会生活当中去，从而在其自身中建立起了无意识的态度结构。在此，进入其中的关于社会举动的基本决定、主要的利益指向以及反感情绪、对情绪的培养或压抑、完成任务和避免危险的急迫愿望，所有这些早在下意识的层面就对人的行为进行了广泛的操纵。所以，在建构人格层的过程中存在缺陷或者错误，是单个违法行为的决定论基础，这一点就已经足以成为责任产生的根源了。惯犯（Gewohnheitsverbrecher）的情况就是如此：就惯犯来说，犯罪人并没有充分地使自己融入社会的行为规范之中，或者他由于其错误的生活方式而又脱离了该规范。又如，就激情行为人（Affekttäter）来说，他任由其内心的情绪逐渐变强，或者没有发展出抑制该情绪的反对力量。再如，就疏忽和轻率的犯罪人来说，他们并没有通过充分的训练，使自己能够下意识地对危险产生紧张心理。

在所有这些情形中，单个行为的责任都植根于一个持续存在的要素之中，即存在于以错误的方式建构人格层这一点，存在于可谴责的性格错误（所谓"行为人责任"）之中。

无认识的过失责任也在上述之列。对于这个问题，学界长期以来都纷争不断。为了说明无认识的过失犯的责任内容，以下这两种理论曾经进行了最为重要的尝试：

1. 早期的意志说（Engelmann，Köhler，Mezger，Lb.，S. 354ff.），将无认识的过失归咎于某个**有意识**地违反义务的具体行动，这大多处在侵害行为发生**之前**的时间点。如果一名妇女在使用完一瓶腐蚀性液体后，忘记把它重新收藏起来，从而导致她的孩子受伤，那么意志说对该名妇女进行的谴责是："在她还记得起注意义务的时候，她并没有**预先**充分地集中其注意力，从而使自己不至于忘记去关心他人"（Mezger，Lb.，S. 356）。事实上，该妇女的责任确实**可能**存在于此。但是，如果这名妇女过于轻率，以至于她在把这个瓶子放过去的时候压根儿就没想到后来可能发生的结果，那结论又将如何呢？

2. 感觉说（Exner，Wesen der Fahrlässigkeit，1910；Engisch，Untersuchungen über Vorsatz und Fahrlässigkeit，1930）则认为，"没有想到"的原因，要么在于行为人针对法益［按照埃克斯纳（Exner）的观点］缺少感觉或兴趣，要么在于他针对避免法益侵害（按照恩吉施的观点）缺少感觉或兴趣。该说虽然能够对忘却的情形加以解释，但却无法说明，为什么我们能根据行为人缺乏感觉或兴趣这一点对他加以谴责并使其承担责任。

感觉说正确地认识到：在轻率和疏忽的这些情形中，在侵害行为实施之时或实施之前，我们无法证明存在着某种**有意识**违反义务的行动；故该类情形中存在的不仅仅是现实的意志错误，我们还必须追溯至某种性格上的错误态度。然而，这种错误态度却并不是指单纯缺乏感觉——因为仅凭缺乏感觉这一点还不足以成立责任。

整个的社会生活，尤其是职业活动，包含着各种对法益造成威胁的危险源。人学会根据危险来调节自己的行为，学会应对这些危险，从而

第七章 责任与人格

使自己融入社会生活当中。例如，若某人学习驾驶汽车，则他必须熟悉方向、开关以及制动装置，必须练习在驾驶和控制的过程中必要的操作和脚部运动，必须牢记交通规则和交通标志，特别是必须学会使自己的驾驶方式适应不断增长的交通流量。为此，每一个必要的操作，以及适应和应对危险的措施，他都必须通过有计划、受操控的意志行动去加以实施。通过经常的复习，它们就变成了下意识的（自动的）行为愿望和"决定倾向"，这种愿望和倾向一旦遭遇某种现实刺激（例如某个危险情境），就会"自动地"运行起来。这是一种对习得和练就的行为愿望加以储藏的容器，它减轻了人的负担，使其在驾驶车辆时不再需要总是为无数必要的操作技巧一个个地去集中注意力；它也赋予了人以空间，使其得以把注意力放在观察交通状况上。如果没有这样一个容器储存了经过自动化的行为愿望，那么现代的高速交通运输就不可能出现。

本文借助汽车驾驶的例子所阐明的原理，可以适用于整个人类生活。只要是我们自身行为愿望所包含的东西，我们都必须先通过单个的行动辛劳地去练习和获取它。这种自动化之行为愿望的储存器，是在半意识或下意识的状态中发挥作用的；对于进一步确立的、更为广泛的目标来说，它为我们提供了行为的空间。于是，如果而且只要目的性的行为操纵在其执行的过程中，能够以一定的行为愿望为基础，这种行为愿望早先是有意识地形成的，但当下却在半意识和下意识中发挥着作用，那么目的性的行为操纵就能够成为重点。另外，该操纵还必须考虑到，在其执行的过程中所嵌入的行为愿望，其功能是存在界限的，或者——换句话说——该操纵必须在受意识操纵的行为执行与其自动化的组成部分之间建立起一种平衡。例如，汽车司机必须使其驾驶的速度，与他对技术操作的掌握以及他为反应所做准备的水平相适应。即便我们行为合理性的很大一部分并非源于个案中有意识的行为操纵，而是源于先前获得的、经过自动化的行为愿望，但如果行为人本来能够认识到该情形包含着危险，认识到他自动的行为愿望在功能上存在着局限，却在实施目的行为的过程中对此置若罔闻，那么我们就可以因为行为欠缺合理性而对行为人加以谴责，并使其承担责任。参见 Welzel, Z 60 468ff. 。

— 69

第八章 可谴责性的要素

责任产生的原因可能在于，符合意义的意志操纵一下出现了失灵，或者行为人所形成的性格中存在着错误的态度，责任总是作为个人的可谴责性而进入刑法视野的，这种可谴责性针对的是单个的违法行为，或者——在少数例外情形中，如娼妓的皮条客——针对的是某种违法的生活方式。责任是单个违法行为（或者某种违法生活方式）的可谴责性。行为人就单个的行为（或者某种生活方式）违法地形成了意志，这就是谴责所指向的对象。

可谴责性的存在前提是，行为人能够自由地即符合意义地决定自我：他具有责任或归责能力。在具体的情形中，不论行为人究竟是否实施了行为，不论其行为是合法的还是违法的，这种责任能力一般都是存在的（或者是不存在的）。但是，可谴责性本身所涉及的却是一种现实的违法行为。正如我们所看到的，可谴责性是一种特殊的关系，即行为的意志与法秩序之间的关系。这一关系说明，尽管行为的意志本来能够与规范相符，但它实际上并未如应当的那样符合于规范。因此，具有责任能力的行为人就具体行为而言本来能够不形成违法的行为意志，而形成合法的行为意志，为说明这一点所必要的全部因素，就是可谴责性的

第八章 可谴责性的要素

基本要素。由于个人的责任无非就是从单个行为出发对责任能力的具体化，故可谴责性是由同一类经过具体化的要素所决定的，这些要素的普遍存在构成了责任能力；也就是说，行为人必须对其行为的违法性有所认识，或者至少有认识的可能性，而且他必须**能够**借助于这种对违法性（现实或可能）的认识去决定实施合法的举动。具体的责任（可谴责性）（与一般的责任能力相类似）既包含智识性的（intellektuell）要素，也包含意愿性的（voluntativ）要素。

第一节　可谴责性的智识性要素

只有当个体的行为人对某一行为的构成要件属性，以及它违反法律的属性均有正确的认识，或者他对此能够加以正确认识时，该行为才具有可谴责性。在此，对前者有所认识，是对后者有所认识的基础：只有当行为人对行为符合于构成要件的状态有正确的认识，或对此能够形成正确认识时，他才可能对行为的违法性具有正确的认识。

一、作为可谴责性要素的对构成要件实现的认识以及认识可能性

故意和**非故意**地实现构成要件这两者之间的基本差异，已经从根本上对这两种犯罪类型的构成要件符合性和不法进行了区分；此种差异现在又在犯罪概念的更高阶层即责任中继续存在。根据对构成要件的实现究竟是出于故意还是出于非故意的违反注意，各种可谴责性的要素之间也有着根本的区别。

1. 在**故意犯**中，故意是主观构成要件的一个要素，因此，当我们在考察某个故意行为的构成要件符合性时，就可以对该要素加以认定。在责任的框架里，我们将从**人的可谴责性**的程度出发，对故意和其余主观的构成要件要素（如目的之类）加以考察：我们应当在多大程度上就构成要件的故意，对行为人个人进行谴责？但是，这个问题绝不仅限于由法定构成要件所描述的某个行为的主观要素，它还包含了所有的这些事实情况,该事实情况对于行为人在此情形中作出行为的决意产生了作用,即它们指的是**在具体时点上引发具体决意的全部外在和内心的事实情况**。

如果某个出纳将他人钱箱中的现金据为己有,那么他这样做,究竟是为了和他的女友去旅游一趟,还是为了能让其患有肺病的妻子做一次疗养,这对于该行为之故意的可谴责性来说,具有重大的差别。

一旦我们认识到,并不是故意本身,而是故意的**可谴责性**才引出了责任中的关键性问题,那么我们就能正确地把握责任中关键性要点的范围和数量。相反,如果我们像因果行为论的支持者那样,把故意解释成"那种"主观的责任要素,那么犯罪论体系中的教义学意义上的责任概念,与量刑中的责任概念之间就势必会出现一道空隙:教义学上的责任概念仅仅限定在构成要件故意之上,但在量刑中,却突然涌现出构成要件故意以外的责任要素(正如上述案件中附随的行为事实情况)!

关于传统学说中的这个漏洞,参见 Nagler, LK (1944) I, S. 53:"当传统理论提出'刑罚的唯一根据是责任的程度'这一原理时,它是从广义的角度来使用'负担责任'一词的,即并没有将其限定在那些与客观构成要件相对应的责任要素之上。"(反对这一说法的有 Nowakowski, Schweiz Z 65 322)由于目的主义把可谴责性视为责任的本质,并将该观点付诸实践,它不仅考察故意,而且考察所有对于**犯罪决意**来说具有重要性的内、外事实情况的可谴责性,因而那种认为目的主义"弱化了"责任概念(Mezger, LK I, S. 500)的说法,是对事实的歪曲。

2. 在**过失**犯中,我们需要加以区别的是,个体的行为人是已经认识到有可能出现符合构成要件的法益侵害或者法益侵害危险(**有认识的过失**),还是本来能够认识到这一点(**无认识的过失**)。

(1) 对于**有认识的过失**来说,责任非难的根据在于,个体的行为人自己认为结果有可能出现,但他又**相信**该结果是可以避免的,尽管他所认识到的事实情况,并不**允许**他相信这一点。

有认识的过失与间接故意之间的区别存在于意志举动之中(即前者

是在相信结果不会发生的情况下去实施行为，而后者则是在估计到结果会出现的情况下去实施行为），对此，参见 Lehrbuch §13 I 2bß。

（2）对于**无认识的过失**而言，责任非难的根据在于，行为人在实施行为的过程中，并没有认识到可能出现符合构成要件的结果，尽管他原本能够认识到这一点。

关于无意识过失在责任方面的特点，参见上文第七章。

某个理性人对结果的**客观**预见可能性（行为当时的相当性判断），是疏忽行为之**不法**（行为无价值）的一个要素，但**个人的**预见可能性（对客观相当性判断的主观理解）则是这种客观注意违反之可谴责性的一个基本要素。对于处在社会领域内的行为，法普遍性地要求其必须尽到客观的——对于一名理性和谨慎的行为人来说可能的——注意，并且将没有尽到该注意的行为看成是违法的（这一点在民法中，以及对于《刑法》第42b条、第330a条和第53条中的不法侵害概念来说，具有特别重要的意义）；但是，只有当**个体的**行为人根据**他的**认识能力能够预见到结果时，我们才能对该违反客观注意义务的行为加以**责任**非难（RG 67 20；74 198）。因此，关键在于行为人个人拥有的（RG 73 262）或者根据其社会地位应该拥有的智识性的文化水平。

二、对违法性的认识可能性

参见 Dohna, Aufbau, S. 44f.；Weiz, Die Arten des Irrtums. Strafr. Abhandl. 286；Welzel, SJZ 1948, S. 368；MDR 1951, S. 65；Maurach, AT, S. 361ff.；W. Holtfort, Irrtümer über die Rechtswidrigkeit；ungedr. Göttinger Diss., 1952。

行为人认识到，或者能够认识到某一行为具有符合构成要件的存在属性，仅凭这一点，还不足以肯定该行为具有可谴责性；只有当行为人同时也认识到，或者能够认识到该行为具有**违法性**时，才能认定该行为是可谴责的。除关于构成要件实现的认识以及认识可能性以外，还必须存在关于违法性的认识以及认识可能性。

例如：在某个外国人的祖国，单纯的同性恋行为是不受处罚的（比如在瑞士），结果他在德国实施了同性恋的行为。* 医生和护士参与杀害了精神病人，因为他们以为希特勒颁布的"安乐死"公告是有效的法律（OGH 2 129；BGH NJW 53 513）。一名年轻而未受教育的农业工人，与一名自愿性交但因患有精神病而被实施了绝育手术的妇女发生了性关系，他虽然对该妇女所处的状态有所认识，但却对《刑法》第 176 条第 2 项（LM Nr. 3 zu § 176 Ziff. 2）的禁止规范一无所知。** 某人将别人家顽皮的小男孩关入他的煤窖之中达两小时，因为他以为自己对别人家的小孩也享有管教的权利。父母允许女儿与（出于真意的）订婚人发生性关系，因为他们确信这种容忍行为是得到允许的（《刑法》第 181 条，BGH 6 46）。监护人（根据《民法》第 1707 条）与他的被监护人发生了性关系（《刑法》第 174 条第 1 项），他在此过程中以为，监护的义务仅限定在对财产的照管之上（RG 58 10，61）。一名垂钓者发现附近有人遇险，但他拒绝用自己的汽车将对方送至医院（《刑法》第 330c 条），因为他以为自己对此并不负有义务（BGH 2 297）。

只有当行为人能够认识到其行为的违法性时，我们才可以对他予以责任非难——行为人本来可以合法地，而不是违法地形成其行为意志——这是一个简单的真理。但就是这样一个简单的真理，它的贯彻却耗费了人们漫长的时间和巨大的努力，而且即便在今天对其也并非毫无争议。罗马法中"不知法者不免责"（error juris nocet）的格言具有权威性，加之有一种毫无根据的担忧，认为上述论断会帮助违法者找到一种颇为便利的托词，并由此不当地免除其责任。所有这些，都使得责任原则在逻辑上必然得出的结论直到今天还无法得到承认。出于这种原

---

* 根据德国 1871 年《刑法》第 175 条的规定，男性之间的同性淫乱为可罚行为。1969 年 7 月 25 日颁布、同年 9 月 1 日生效的《刑法第一改革法》（1. StRG）废除了对男性间同性行为一律处罚的条文，只对以下几种特殊的同性行为加以惩处：与不满 21 周岁的男性实施同性淫乱；同性卖淫；利用职务、工作、上下级形成的依赖关系，与男性实施同性淫乱等。1994 年 3 月 10 日通过、同年 7 月 11 日生效的《刑法第 29 修正法》（29. StRÄndG）彻底废除了《刑法》第 175 条。——译者注

** 按照韦尔策尔写作本书时德国《刑法》第 176 条第 2 项的规定，行为人利用妇女处于无意识或精神病状态，而与之发生婚外性行为的，成立犯罪。——译者注

因，帝国法院直到其存在的末期，都一直坚定地支持违法性认识的欠缺不能免刑的原则（RG 2 269）。

即便行为人对自己欠缺违法性认识毫无责任，帝国法院也还是对行为人加以处罚，这样一来，它就在无责任的情况下判处了刑罚，进而从根本上违反了责任原则：当行为人对违法性完全没有认识的可能性时，我们绝不可就违法的行为决意对他进行谴责。

因此，理论界长期以来都在努力试图将责任原则也贯彻于禁止错误之中，而实务界自1945年以来也越来越多地开始摆脱帝国法院所确立之原则的束缚。但是，通说想要找到合理的解决方案，必然困难重重，因为它把故意理解为责任的一个组成部分，而不是像目的行为论那样，把故意视为可谴责性的**对象**，并将之归入行为以及不法之中。因此，通说倾向于把违法性的意识看成是故意的一个部分，由此就产生了"故意说"。

1. **故意说——故意说和责任说的社会道德评价原则**

参见 Mezger, I 182；LK §59；Schönke, §59 V, Ⅵ；Olshausen, vor §51, 6e；Nagler, LK (1944), vor §51 Ⅳ A I, §59 Ⅱ；Schröder, MDR 50 646；Z 65 178；Lang-Hinrichsen, JR 52 184；JZ 53 362；zur Kritik Welzel, SJZ 48 368；MDR 51 65；NJW 51 577；MDR 52 584；Aktuelle Strafrechtsprobleme, 1953；Welzel, Z 67 196ff.；Maurach, AT 365ff.。

对于故意说而言，故意是一种责任要素，其内容——与帝国法院的观点不同——不仅包括对构成要件要素的意识，而且包括对违法性的意识。于是，违法性的意识就归属于犯罪故意，如果行为人欠缺这种意识，那么即便他在行为时对构成要件有完整的认知，也应当否定故意的成立。和《刑法》第59条规定的构成要件错误一样，对违法性的认识错误同样排除故意的存在。

故意说的命题无法真正得到贯彻。故意要求行为人在行为当时必须对构成要件要素具有真实和当前的意识（感觉或想象）。但是，行为人很少会对违法性也有这样的意识；在严重的激情犯罪或瞬间犯罪中，行为人则完全缺乏此种意识。在大多数情况下，行为人"知道"其行为是不法行为，这正如即便他在当时并未现实地想起加减法运算规则以及其他许多事情，但他对这些事情总归还是知晓的。不过，对于故意的认识类型来说，光有这种并非现实而只是可以现实化的"认知"是不够的，它要求必须存在某种**真实、当前和现实的**意识。但如果我们要求行为人在实施行为当时，必须对行为的违法性具有这种**现实的**想象，那么该意义上的故意行为根本就无法存在。实际上，故意说只能认为，只要存在非现实的、随时可以现实化的"认知"，就足以认定存在违法性"认识"了；但在这种情况下，该说又必须清楚一点，即这种认知对于构成要件故意的认识类型来说是不够的。事实上，故意和违法性认识都要求在心理上存在两个不同的认识类型：一个要求在行为当时必须具有**现实的**想象或感知，而另一个则只满足于某种非现实的"认知"。

故意说存在着明显的漏洞，这就迫使其捍卫者们对该说进行扩充。有关的尝试是沿着以下两条路径展开的。

（1）创立"**法律过失罪**"（RechtsFahrlässigkeit）这一替补性的构成要件。持这一观点的有 Schröder, Z 65 199，根据 1936 年草案（Gürtner I 63f., 69f.）：只要行为人因过失而对禁止规范缺乏认知，同时这种情况下的过失行为又不受其他已有条文的处罚，那就应当以"法律过失罪"论处，最高可判处行为人 2 年有期徒刑。这种过失犯罪是从具体构成要件中脱离出来的，它单纯地处罚行为人对法律缺乏了解的行为。这一犯罪缺少与具体犯罪行为的关联，同时它也没有考虑到禁止错误在责任方面有着明显的层级之分。该构成要件还忽略了一点，即答责道义上的责任并不局限于行为人对法律缺乏了解这一点，它实际上是根据行为人对行为之不法的具体理解能力来加以判断的。（对此，参见 Welzel, Z 67 207。）

（2）认为"**对法视而不见的**"（rechtsblind）[或"**对法抱有敌视态度的**"（rechtsfeindlich）]**举动并不重要**。这是 1936 年草案提出的第二种建议（Gürtner I 64f., 71）。梅茨格尔（Probleme, 183f.）创立了该观点，他对草案的建议给予了坚定的支持：如果行为人之所以会出现认识错误,是因为他在关于法与不法的问题上抱有一种与健全的国民观念(或曰健全的观点)不相一致的态度,那么该认识错误并不重要。参见 Probleme, 184; I 184; LK §59, II 17b.。这个建议把健全的国民感觉套用到了责任理论当中,导致责任理论因为这一概念缺乏明确性——这一概念又是为动用刑罚提供根据的——而饱受困扰;基于法治国的理由,对其不明确性表示坚决反对的有 Hafter, Schweiz Z 62(1947)491。

这一建议所提出的公式首先违背了责任原则。因为,它通过把行为人的认识错误假定为不可阻却责任,而且认为该假定不容反证,从而断绝了行为人成立责任阻却事由的可能。这种学说不仅对于外国人,而且在某些犯罪中也会普遍地得出不当的结论。例如,按照 BGH 6 46ff.,即便是已经郑重订婚的二人发生了性关系,这从"健全的观点"来看也属于淫乱行为,而对其加以许可的行为则成立介绍淫乱罪(Kuppelei)。在此,行为人根本无法援引禁止错误来免除自己的责任,因为他的错误认识违反了有关法和不法的健全观点。这一公式为权威主义的法律观打开了方便之门,它宣布关于法律问题的某一特定的世界观具有约束力,并认为一切与之不相符的事实,包括对该事实的错误认识都不可反证地需要受到谴责,且不允许阻却责任(对此,参见 Welzel, Z 67 202ff.)。此外,这一观点还会在教义学上引发一些无法克服的困境。"对法抱有敌视态度的"行为不应当是故意的行为(LK,§59 II 17b);然而,对于在实施行为时抱有法敌对态度(即非故意态度)的行为人,却应当以**故意**犯罪论处。这是一种虚构,也是对没有法律就没有刑罚这一宪法原则的违背。因为,当法律只处罚故意的行为时,在没有法律授权的情况下,法官就不能把某个非故意的行为"当作"故意的行为去处罚;BGH 2 206f. 正确地指出了这一点。

同样的反对意见也可以用于批判诺瓦科夫斯基(Nowakowsiki)的观点,他主张"不正确的价值感"并不重要(Z 66 379ff.)。"正确的价值感"这一概念丝毫不比"健全的国民感觉"更明确。它同样忽视了主观的能力要素,从而赋予了一般的应为规范以独断权(S. 388)。诺瓦科夫斯基试图把(阻却责任的)**认识性**错误,与(不阻却责任的)**评价性**

— 77

错误（S. 387）区分开来。这种尝试只能归于失败，因为我们根本无法将社会领域的对象物拆分成认识性和评价性这两个组成部分。

故意说没有认识到，故意并不是责任非难的**组成部分**，而是它的**对象**，因此，故意本来就属于行为和不法构成要件，而违法性的认识则仅仅是可谴责性的组成部分。违法性认识并不是针对行为人所发出之谴责的**对象**，而是说明**为何**要就违法的故意对行为人加以谴责。因为行为人能够认识到违法性，并据此不去做违法的行为决意，所以我们可以就该决意对行为人进行谴责。由此可以得出结论，不法认识并非故意的要素，它仅仅是可谴责性的要素。行为人在多大程度上能够使违法性认识得以现实化，并形成用以决定意义的对抗动机，这是我们就违法的故意对行为人进行谴责的根据所在。

故意说未能认识到，人是根据其社会理解能力的程度，去为自己所作之决定的正确性承担责任的。因此，并非只有当行为人认识到其意志形成具有违法性时，才能就这种违法的意志形成对他加以谴责；实际上，只要他能够认识到这一点，就可以对他加以谴责。"人……每时每刻都受到召唤，要求他作出负责任的决定，即要求他作为法共同体的成员合法地去行事，并且避免实现不法。如果他只是没有去做在他看来明显属于不法的事情，那还不能认为他履行了该义务。事实上，每当他想要去做一件事的时候，他都必须使自己认识到，这件事究竟是否符合法律的应为规范。"〔BGH 2，S. 192（201）.〕

故意说缩小了责任的概念：只要行为人主观上认为其行为是合法的，那他就应当免于承担任何责任（只要过失犯罪行为不受到处罚）。

责任说的基础在于**答责原则**（Verantwortungsprinzip），根据该原则，人对其行为决意之合法性所承担的责任，以其在社会道德方面的理解能力为限。而故意说的基础则在于**认识原则**（Kenntnisprinzip），根据该原则，只有当人**认识到**违法性的时候，我们才能就其决定的违法内容对他加以谴责。只有在极少的情形中，由于刑法也处罚过失犯罪，因而当行为人在实施行为时缺乏违法性的认识，而且他对此负有责任的时候，故意说才会对其以过失犯罪（！）论处。

第八章 可谴责性的要素

当行为人在无违法性认识的情况下故意地实现了构成要件，而且他欠缺违法性认识的状态是可谴责的时候，将该故意犯罪转而解释成过失犯罪的做法在实质上是错误的，它会制造出令人无法忍受的可罚性漏洞。所有同时也是禁止错误的涵摄错误（Subsumtionsirrtum）都能说明这一点（见下文第92页）；此外，当行为人误认为成立正当化事由，而且他对这种误认负有责任时，特别是在对超法规的紧急避险存在误认的情况下，该种错误也能说明这一点。如果行为人因为疏忽而误认为存在紧急避险的情境，进而实施了堕胎行为，那么由于过失堕胎不受处罚，故该行为只能无罪（参见Welzel, JZ 55 S.142）。同样，如果行为人辩解说，他之所以会实施背叛当事人的行为（《刑法》第356条），是因为他对"利益冲突"或"案件同一性"的概念作出了错误的解释，那么该行为也只能无罪［BGH 7，S.17（23）；Welzel, JZ 54 S.279；55 S.455］。对于刑法典所规定的大多数其他只能由故意构成的犯罪来说，也会出现同样的情况，不管是谋反和叛国罪（JZ 55 S.144）还是胁迫公职人员罪，不管是破坏住宅安宁罪、破坏保管罪、破坏羁束罪（Verstrickungsbruch）和破坏印章罪还是胁迫罪和非法拘禁罪，抑或是侵犯职业秘密罪等诸多其他犯罪。为了避免得出这种不可接受的结论，故意说的（部分）支持者提出建议，主张不论对于何种犯罪，一旦运用故意说必然会出现令人无法忍受的漏洞，那就应当对过失犯罪［即过失堕胎罪、过失胁迫罪、过失非法拘禁罪、过失破坏住宅安宁罪、过失侵犯秘密罪、过失背叛当事人罪（！），等等］加以处罚［参见耶舍克（Jescheck）的报告, in GA 1955, S.100；Arthur Kaufmann, JZ 56 S.393］。与故意说的原有弊端相反，这个建议会极大地**扩张**可罚性的范围，因为如此一来，即便行为人因过失而没能正确地认识行为状况（例如，受行为人过失伤害的妇女是一名孕妇），也会受到刑罚的惩处（参见Welzel, JZ 55 S.456）。

该建议没有认识到，有责的禁止错误与过失犯罪之间存在着根本性和原则性的区别。在过失犯罪中，行为决意（实现意志）的**内容**对于可罚性来说无足轻重；而且在绝大多数的情形中，该决意所指向的并不是受到禁止的结果,它甚至时常会指向颇受欢迎的结果;只不过,行为人执行该决意的**方式**是错误的,因为他在执行决意的过程中没有尽到交往中必要的注意;行为人本来应当对他实现意志以外、受到禁止的其他后果给予关注,并在此基础上对其行为加以安排。然而,对有责之禁止错误的谴责,却涉及行为决意的**内容**,该决意指向某种受到法律禁止的(违法的)事情,故此种谴责就是对某种有责之违法**决定**的谴责。当法秩序把某种特定的故意行为(堕胎、胁迫、拘禁、背叛当事人等等)解释成社会无法忍受的(违法的)事情时,它认为:法共同体成员基本上也都能够(通过扪心自问、思考或调查了解)共同贯彻这种社会道德的评价,当他因误以为存在某种正当化的例外情形,而实施了故意行为时,他会切实弄清,事实是否果真如此。"若医生出于令人信服的医学理由终止了妊娠,则他应当清楚,他杀害了一个胎儿;士兵也应当认识到,他杀死了某人。这两个主体都应当意识到,这是令人悲痛的事件,它们需要具备特殊的正当化根据。"(Mayer, S. 107)因此,如果行为人误以为某一行为是合法的,进而故意实施了该行为,那么只有当他的这种错误是不可谴责的时候,才能阻却其责任。

过失犯罪的情况则有所不同:在此,行为人之决意所指向的,并不是某个不受欢迎的、符合于构成要件的结果(法益侵害),而(原则上)是某个法律上不重要的,甚至经常是受社会欢迎的结果。因此,法秩序只能责成行为者在**执行**该决意的时候,必须对可能发生的危险予以关注。不过,由于世间包含着不计其数的危险源,因而法秩序必须对这些危险中的绝大部分加以容忍,只有当特定的重要法益(例如身体和生命)面临危险时,它才能对行为人课以特殊的注意义务。在此,法秩序也遵从着答责原则:只有当法秩序(特别是刑法)对可能之危险所带来的风险作出适可而止的应对时,一个人才能切实地承担起人世间的责任(对此,参见 Binding, Normen Ⅳ, S. 200)。出于这个原因,法律只对极少数的过失行为加以处罚。

于是,一方面,答责原则使法共同体成员负担了保证其行为决意的内容不违法的责任(只要行为人根据其社会道德方面的理解能力,能够

第八章　可谴责性的要素

认识到这种违法性）；另一方面，虽然该原则要求法共同体成员有责任小心谨慎地去执行法律上不重要的行为决意，但它同时又对这种责任作出了限定，其内容仅限于对特别重要的法益所面临的危险给予关注。这样一来，责任说就从积极和消极两个方面为人所承担的社会道德责任明确划定了边界，而故意说的认识原则是无法做到这一点的。

参见 Welzel，Über die ethischen Grundlagen der sozialen Ordnung，SJZ 47 S. 400ff.；Aktuelle Strafrechtsprobleme，1953，S. 15ff.；Z 67 S. 199。

2. 责任说

参见 Dohna，a. a. O.；Maurach，AT 375ff.；von Weber，Gr. 122；Hartung und Warda，JR 50 545f.；NJW 51 209；Welzel，SJZ 48 368，MDR 51 65，NJW 51 577；Gutachten，S. 46ff.；Z 67 196 ff.；Niese，Finalität，Vorsatz und Fahrlässigkeit，33ff.；H. J. Hirsch，Die Lehre von den negativen Tatbestandsmerkmalen，Bonn，1960；OLG Stuttgart，DRZ 49 164；Oldenburg，MDR 50 690；BGH（großer Senat）vom 18. 3. 1952，2 194（＝JZ 52 335）；BGH 4 1。

以下文献在很大程度上已经承认了责任说：M. E. Mayer 262，Paul Merkel，Gdr. Des Strafr. I，1927；Frank §59 Ⅲ 2；v. Hippel Ⅱ 349；Kohrausch-L. §59 Ⅱ 2h；OGH 2 129，3 6。责任说在实定法上也获得了认可：§6 WiStG（hierzu Eb. Schmidt，SJZ 48 574，50 837）；§12 OwiG und für das künftige Recht vorgeschlagen（§21 E 1960）。参见 Art. 31 Griech. StGB.；dazu Philippides，Poinika Chronika 1954，S. 325 und schon Chorafas，Über den Begriff des Vorsatzes（Athen 1922）Ⅰ 205ff.。

关于民法和劳动法中的责任说，参见 BAG（15. 9. 1954）1 69ff.（79）；Enn.-Nipperdey，S. 1317ff.；Nipperdey，Der Begriff des Verschuldens bei schadenersatzpflichtigen Handlungen，Festschr. f. Alex Meyer，1954，S. 95ff.；dazu Niese，JZ 56 457。

责任非难的对象是违法的行为意志。行为人在多大程度上能够意识到其行为的违法性,并形成用以决定意义的对抗动机,是我们就违法的故意对行为人进行谴责的根据所在。当行为人积极地认识到了违法性的时候,不论他是在实施行为时已经现实地认识到了违法性,还是能够立即实现对违法性的认识,他都是最容易形成合乎意义之自我决定的。所以,这种情形下责任非难的程度是最高的。当行为人对违法性缺少认识,但他如果给予更多的注意就能够认识的时候,行为人获得违法性认识的难度就会更高一些。假如他通过更强烈地唤起良知、通过反思或者询问之类的行为,就能够认识到其行为的违法性,那么他同样应当受到谴责,即便与第一种情形相比,这里的谴责在程度上要轻缓一些。可避免的禁止错误减轻了可谴责性,并相应地根据其免责可能性减轻了刑罚。对此,我们可以结合《刑法》第44条,从《刑法》第51条第2款的规定中得出一个一般性的减轻处罚情节。根据第51条第2款的规定,如果实施合法行为的**一般**能力遇到了障碍,那么可谴责性和刑罚都会得到减轻。所以,如果行为人对禁止规范的无知导致他实施合法行为的**具体**可能性遇到了障碍,而这种无知又是可以避免的,那么也应当适用相同的原则〔BGH 2 194（＝JZ 52 335）；BGH 3 123〕。假如行为人之所以对禁止规范欠缺认识,是基于可以阻却责任的理由,那就应当全盘取消可谴责性及刑罚。

有一种观点认为:责任说是一种"统一的责任学说",它没有认识到责任在内容上是存在层次划分的,而我们通过对《刑法》第59条第1款和第2款加以对比就能认识到这种层次划分的存在（参见 Mezger, LK §59 Ⅱ 17）。这一观点是不正确的。和通说一样,责任说也是统一地把责任界定为**可谴责性**（而不是"可避免性"）;在责任的范围之内,责任说同样要根据可谴责性所涉及的究竟是某个故意还是非故意的构成要件行为,对可谴责性加以区分（参见本章第一节第一部分的内容）。目的主义把故意成立与否的区分前移到了构成要件之中,并使得这种区分对于不法的成立产生了重要意义。通过这种方式,目的主义并未在责任中"抹杀"这两者的区分,反而是在责任中深化了它！因为,处在犯罪概念某个较低阶层中的犯罪区别点,将——只会以更加重要的方

第八章 可谴责性的要素

式——**重新回归到更高的阶层当中来**！除此之外，目的主义也会根据行为人究竟是已经认识到了违法性，还是本来能够认识到违法性，对故意犯的可谴责性加以区分。（只有在后一种情形中，可谴责性的根据才在于，行为人对禁止规范的无知具有"可避免性"！）

还有人指责说，责任说在展开其论述的过程中，把故意和过失混合在了一起。这一指责同样也毫无根据。《刑法》第59条第1款精确地界定了故意的内容，它并**不**包含对违法性的意识（Mezger, LK §59I 4也持同样的看法）。只有当行为人对某种**行为状况**产生错误认识时，才能成立过失犯！行为人欠缺违法性的意识，这丝毫无损于构成要件故意的成立，也不可能成立过失犯。

所谓故意与过失的混合则完全是另一码事，它指的是，由修订后的《刑法》第56条所创制的故意犯与过失犯相结合的情况，例如《刑法》第226条——它把故意伤害罪与过失致人死亡罪结合在了一起。

从教义学和实践的角度来看，Schwarz, NJW 55 526将禁止错误看作刑罚排除事由的观点也是站不住脚的；Vianden-Grüter, NJW 55 1057; Hartung, JZ 55 663对此展开了具有说服力的批判。

综合上文对禁止错误的分析，我们可以得出以下结论：那种认为一旦承认禁止错误，就可能会为行为人提供便利的托词，由此不当地免除其责任的观点，是杞人之忧。因为只有**可免责的**禁止错误，才不受刑罚的处罚。

根据该原理，我们需要对排除故意的**构成要件错误**，与排除责任的**禁止错误**加以区分：

构成要件错误，是指行为人对法定构成要件之客观事实状况的错误认识，它排除了实现构成要件之故意（构成要件故意）的存在。如果刑法处罚过失行为，那么可以对行为人以过失犯罪论处（《刑法》第59条）。

禁止错误，是指行为人在对构成要件的实现具有完整认识（即具有完整的构成要件故意）的情况下，对行为的违法性产生了错误认识。"行为人知道他在做什么，但却误以为这是受到容许的"（BGH 2 197），他要么对法规范一无所知，要么对法规范产生了误解（对法规范作了错误的解释），要么误以为存在某种正当化事由。上述任何一种错误，只要它可以阻却责任，均排除可谴责性的存在。如果行为人对其负有责任，则可根据《刑法》第 51 条第 2 款以及第 44 条的规定减轻可谴责性。

把构成要件错误与禁止错误区分开来，在某些情况下是存在困难的，而这种困难的形成有其历史原因。因为，人们总是把这种区分与《学说汇纂》（Digesten）中一对不确切的概念堆放在一起，即事实错误（erro facti）与法律错误（erro iuris）。构成要件错误是对属于**构成要件**的某个**客观**行为状况的错误认识，而不论该状况是事实性（描述性）的还是规范性的。因此，构成要件错误不仅仅指对诸如物、身体、因果关系之类的"事实"的错误认识，而且指对物的"他人性"、"没收"（在《刑法》第 137 条中）、"文书"、"公务员"的错误认识。对于后者来说，只要行为人具有平行评价意义上的认知就够了（BGH 4 352；Welzel, JZ 54 278，55 455）。

"事实错误"（Tatsachenirrtum）这个表述是完全错误的。这两种错误类型之间的关键区别，并不在于事实概念与法律概念之间的对立，而是在于构成要件与违法性之间的区分。如果某人取走了他人的一件财物，因为他误以为该财物是自己的，那么此人就陷入了构成要件错误之中（他并不知道自己取走的是**他人的**财物）。但如果某人误认为自己享有取走他人财物的自助权（例如，他作为债权人，针对有支付能力的债务人享有自助权），那他就对其行为的违法性产生了错误认识。若某人不知道在自己藏匿的财物之上设定有质权，他就对行为状况产生了错误认识；如果他知道这一点，但误以为自己享有解除羁束（Entstrickung）的权利，那他就陷入了禁止错误。

一面是事实错误和法律错误，另一面是构成要件错误和禁止错误，这两对概念是截然不同的。有的法律错误属于构成要件错误，例如，针对诸如财物的他人性之类的规范构成要件要素的错误；有的事实错误则属于禁止错误，如针对某一正当化事由之客观要件的错误（见下文第 86 页）。

第八章　可谴责性的要素

和事实错误的表述一样,"实情错误"(Sachverhaltsirrtum)的表述同样容易引起误解。这一表述掩盖了一点,即故意的关键性客体(根据《刑法》第 59 条)是法定构成要件所规定的行为状况,而不是随便某种有别于"法律性"的"事实性"("符合于实情")的东西。参见 Welzel, Aktuelle Strafrechtsprobleme, S. 22; JZ 54 278。

不过,"禁止错误"这个首先由多纳在刑法中加以使用的表述,也会令人产生误解,因为该表述仿佛是说,这种错误仅仅指对于**禁止规范**即对于"**行为之一般规则**"的认识错误。但实际上,禁止错误是一种简称,它指的是对现实行为之**违法性**的错误认识。该错误使行为人无法认识到,其符合构成要件的行为侵犯了法秩序。

(1) 具体问题。

1) 法律有时会提及违法性——这种规定大多是多余的(例如《刑法》第 123 条第 4 款、第 239 条、第 240 条、第 246 条、第 303 条等等),这种规定并不会使违法性变成行为状况,它依然是对构成要件的评价。这同样适用于违法性在语言上的其他别称,例如"无权地"(《刑法》第 277 条)、"未获得此项权限地"(《刑法》第 341 条)。

《刑法》第 240 条第 2 款以及第 253 条第 2 款所包含的并非构成要件要素,而是关于违法性的规定。对它们的错误认识属于禁止错误。

2) 不作为犯和过失犯中的法义务,属于一种违法性的要素。因此,在不真正不作为犯中(在对保证人地位有认识的情况下)对保证人义务发生的错误认识,(在对犯罪计划或不幸事故**有认识**的情况下)对《刑法》第 138、330c 条中的告发或救助义务的认识错误,以及在过失犯中对符合交往之注意的认识错误,都属于禁止错误;在职务犯罪中,对职责的认识错误同样如此。

3) 同样,以下要素也不是构成要件要素,而是特殊的违法要素:"有法律效力地"(《刑法》第 110 条)、"合法地"(《刑法》第 113 条)、"主管性地"(《刑法》第 137、153 条以下,及其他条文)、"无资格地"(《刑法》第 132 条及其他条文)、"未经行政或公安部门许可"(《刑法》第 284 条及其他条文)、"未经同意"(《刑法》第 145a 条)。对这些违法性要素的错误认识，都属于禁止错误。

参见 Welzel，JZ 52 19，133，53 119；Z 67 5；Kaufmann, Normentheorie, S. 101，257，286；OLG Köln, JMBl NRW 56 164（für § 367 Ziff. 8）；a. A. BGH 3 253，4 161。也参见 Hirsch, Die Lehre von den neg. Tatbestandsmerkmalen, S. 299。

4）空白的罪刑条文（Blankettstrafgesetz），即罪刑条文只规定了刑罚威吓，至于构成要件的内容则指示参考其他规范（例如《刑法》第366条第1款），对此适用以下这个普遍性的规则：对于（起填补作用之）构成要件所规定的某种行为状况的错误，属于构成要件错误；对于起填补作用之规范本身的错误，则属于对受到禁止这一属性的认识错误。

参见 Warda, JR 50 511；ders., Abgrenzung von Tatbestands-und Verbotsirrtum bei Blankettsstrafgesetzen, 1955；Welzel, MDR 52 586；JZ 56 238，57 130；不同的观点有 Lange, JZ 56 73ff.，519，57 233。

5）误认为存在某种正当化事由。这是禁止错误的一种情况。不论行为人是对某个正当化事由的客观条件或法律界限产生了误判，还是错误地以为法律上存在某个正当化事由，但实际上该事由并不为法律所认可，在所有这些情形中，行为人都对其故意实现构成要件之行为的违法性产生了错误认识。如果某人因为幻想自己遭到了他人的袭击（假想防卫），或者因为他以为自己只要是出于暂时拘捕某人的目的，就有权对之施加身体伤害（对拘捕权的界限产生了错误），或者因为他认为自己可以对一名诽谤者进行体罚，从而对他人实施了身体上的伤害，那么在所有这些情形中，行为人都是在以为自己有权伤害他人的情况下，故意实施了身体伤害的行为。他在实施该行为的时候，并非对构成要件欠缺认知，而只是出现了禁止错误。就上述后两种情形来说，该观点已获得了通说的普遍认可；但就第一种情形而言，却存在极大的争议，多数观点主张，当行为人误以为某种正当化事由的客观要件已具备时，应当排除故意的成立。

恩吉施（Z 70 599）认为，对行为人以故意犯论处是"不适当的"，因为构成要件的故意会使行为人产生反思其行为合法与否的冲动,而当行为人误以为某个正当化的事实情况存在时,这种冲动就会戛然而止。这种见解忽视了一点,即——存在着的——构成要件的故意首先会使行为人产生冲动,促使他去检查某种正当化的事实情况是否确实存在。责任说提出,构成要件的故意会推动行为人去反思其行为的合法性和违法性。如果我们接受了这一命题,那么当某人对于刑法的禁止规范并无任何不清楚之处,但他以为由于存在某种正当化的事实情况,故可以去实现禁止性的构成要件时,我们就更有理由要求他去检查正当化事由的事实性条件是否已经具备!对此,参见 Hirsch, a. a. O., S. 314ff.。

帝国法院和联邦最高法院在实践中的做法并不统一,而且陷入了自相矛盾的境地之中。对于行为人误认为某种正当化事由的客观要件已具备的情形,法院原则上认为应当排除故意的成立,但在(仅次于正当防卫的)最重要的正当化事由即超法规的紧急避险中又承认有例外:如果行为人误以为正当化之紧急避险的条件已经具备,那么只有当他履行了对事实情况的审查义务,但仍产生了该错误的时候,才能阻却其责任;反之,如果他没有履行审查义务,那么对他仍然——尽管他认为紧急避险的客观要件已具备——应以故意犯罪论处(RG 62 139;BGH 3 7)。于是,审判实践在(超法规的)假想避险的情形中,运用了责任说,但在其他假想的正当化事由中,却又运用了故意说;BGH 3 7 试图消除这一严重的矛盾,但以失败告终。

通说提出了与此相左的见解,该见解受到了两个错误观点的影响:首先是(已经被上文否定了的)法律错误与事实错误的方案,该方案是错的。其次是"消极构成要件要素"的理论。该理论认为,正当化事由是消极的构成要件要素,它的存在排除了**构成要件**的成立。从这个错误的命题出发,人们得出了以下错误的结论:若行为人误认为成立正当防卫,则排除构成要件故意(例如,身体伤害的故意)的存在。但是,由于正当化事由所排除的并不是构成要件符合性,而只是违法性,故关于存在某种正当化事由的错误,不能否定构成要件故意,而只能否定违法性认识的存在。由此可以得出结论,涉及行为人误认为存在某种正当化事由的三种情形，全都属于禁止错误：当错误是不可避免的时候，排除责任；当错误是可避免的时候，则应根据阻却责任的可能性减轻责任，应当根据《刑法》第51条和第44条的规定减轻刑罚。

如果行为人对错误的产生负有责任，那么（减轻）处罚也应当在判决（判决主义）中明确表达出来："被告人因犯有堕胎罪（非法拘禁罪、故意伤害身体罪、故意杀人罪等），同时误认为存在紧急避险权（自助权、管教权、正当防卫权等等），且他对该错误认识负有责任，故判处……"如果我们注意到这一点，那就可以消除因为在该类情形中以故意犯论处而出现的感觉上的顾虑。

参见总结性的文献 Welzel, Z 67 196（此处有其他较早的文献）；JZ 55 142ff.；此外 Bockelmann, NJW 50 830；Hartung, NJW 51 209；52 761；JZ 55 663；Welzel, NJW 52 564, JZ 52 342, 596；MDR 52 584；Neues Bild 54，Aktuelle Strafrechtsprobleme，1953；Heitzer, NJW 53 210；Niese, DriZ 53 20；JZ 55 323；Armin Kaufmann, JZ 55 37；Maurach, AT 379ff.；Fukuda, JZ 1958 143；a. A. Schaffstein, MDR 51 196；v. Weber, JZ 51 260；Mezger-Festschr. 183ff.；Lange, JZ 53 9；Schröder, Z 65 178；Mezger, LK §59，Ⅱ 11；Arthur Kaufmann, JZ 54 653ff.，56 353，393；Engisch, Z 70 566。目前关于学说的整体情况，参见 H. J. Hirsch, Die Lehre von den negativen Tatbestandsmerkmalen, Bonn, 1960。

大刑法委员会（die Große Strafrechtskommission）以多数通过了一个决议，该决议原则上认为，对于某个正当化事由之前提要件的错误，并**不属于排除故意的构成要件错误**，但在法律后果上应当"**如同**"构成要件错误那样处理（1927年《刑法》草案的第17条第2款就已经采取了同样的做法）。但是，对于正当化之紧急避险的错误，大刑法委员会又作出了例外规定：对这种错误应当按纯粹的禁止错误来处理，并且由于已经排除了监禁刑（Zuchthausstrafe）的适用，故其刑罚会得到大幅减轻（1960年《刑法》草案第40条第2款）。这种妥协试图为目前在实践中得到实施的法律状态提供合法性的根据。它在理论上和实践中都不令人满意,对此,参见 Welzel, Z 67 196 (123); JZ 55 142。不过,排除适用监禁刑(这与恩吉施的建议相符),这是一个进步。

6) 禁止错误还有一个变种,即对刑法规范之有效性的错误认识[即**有效性错误**(Gültigkeitsirrtum),它与前文分析过的内容错误不同]。行为人知道禁止规范,但认为它是无效的,因为在他看来,该禁止规范要么与某个更高级别的实定法规范例如宪法相冲突,要么与超实定法的原则相冲突。在此,同样适用禁止错误的规则。若错误可以阻却责任,则该行为无罪;若错误不可阻却责任,则该行为依然可罚(BGH 4 1)。特别是当某个较低级别法院所作的判决不当地否定了某一规定的有效性,而行为人又对该判决的正确性深信不疑时,有效性错误就可以阻却责任。但如果某人因自身的判断能力不足而误以为某一禁止规范无效,并认为自己的行为可以违抗该规范,那么他的责任并不在于他的判断结论出了错,而是在于他进行了这样的判断。在此,适用一条答责道德上的原则,即如果某人承担了他无法胜任的——他能够认识到这一点——事情,那他就需要负担责任。此外,当行为人认为某个法规范是无效的,进而有意识地违反了该规范时,他就必须估计到,这可能与他的看法相反,其行为是受到禁止的。由于行为人在此已经估计到行为有可能是违法的,但仍执意要实施该行为,故他在实施行为时具备不法意识,而并未出现可阻却责任的禁止错误。关于部分存在困难的问题,参见 Welzel, JZ 53 266。

(2) 禁止错误之可谴责性的具体根据与范围。

不法意识和禁止错误的对象,是(被计划之)行为的违法性。行为人必须能够意识到,其行为与共同体秩序之间存在冲突,该冲突是刑法上禁止规范赖以建立的基础,而且禁止规范将该行为明确表达了出来。但我们并不要求行为人必须对法律条文本身(即刑法),甚至刑罚威吓有所认识或能够有所认识。相反,如果行为人只是能够认识到其行为纯粹是不道德的,那还不够。若单纯的同性恋行为在某个外国人的祖国并不违法,则这个外国人虽然知道其同性恋的行为不道德,但却不知道,在德国,人们认为该行为令人无法容忍地违反了共同体的秩序,因此,他陷入了禁止错误之中（参见 BGH 10 41，12 266）。

不过，对于刑法典中大量的规范来说，正是因为这些规范所描述的行为令人不可容忍地违反了道德秩序，所以我们才认为它是违法的。在此，对共同体秩序的违反与对道德秩序的违反是相互重叠的，所以，一旦行为人对后者具有认识可能性，则必然同时意味着他对前者也具有认识可能性。

只有当行为人对违法性具有认识的可能时，违法的行为决意对于行为人来说才是可谴责的，而且这种可谴责性的范围也取决于行为人违法性认识可能性的程度。如果在同一行为之上汇集了多个不法角度，那么认识可能性就必须涉及每个不同的不法角度。一名外国人（例如瑞士人）在德国与其儿媳发生了性关系，他虽然能认识到该行为具有通奸的不法内容，但却并不必然能认识到它具有乱伦的不法内容，因为在瑞士，乱伦仅限于血亲的范围之内。参见 BGH 10 35；Warda, NJW 53 1052；Zimmermann, NJW 54 908；a. A. BGH 3 342, NJW 53 471。

只要刑法将某个在道德秩序看来**值得**处罚的行为解释为可罚的行为，那么当行为人欠缺不法认识的状态具有可谴责性时，可谴责性的根据就在于他**未能充分地"唤起良知"**（Gewissensanspannung）。只要行为人能够**回想起**他所处之共同体生活的基本社会道德价值，进而确定其举动的违法性，那么他关于违法性的认识错误就是可谴责的。

只要他作为外国人，不曾充分地接触到德国**特殊**的社会道德观念，那么他的禁止错误就可以阻却责任（例如，在上述单纯同性恋的案件中）。另外，如果行为人有机会去了解德国的法律规定，比如我们应当期待来自外国的机动车驾驶者去了解德国的交通法规，那么其禁止错误也可能具有可谴责性。对此，应适用以下原则：

在刑法典中有大量的规定，它们并不是将那些从道德秩序看来**值得**处罚的举动解释为可罚的行为；在这些规定中，国家的行政、处理、保障活动形成了一种独立的保护客体，并受到刑罚的维护。是否容许人们去除某个公务印章（《刑法》第 136 条），或者藏匿某个已被没收的财物（《刑法》第 137 条），这不是道德违反的问题（故也不是自身良心决定的问题），它本质上是一个法律评价的问题。在此，违法性的认识可能性也提出了一些问题，它们与在有效性错误中出现的问题相似。如果某人因事先缺少法律知识，而无法判断印章或没收的法律效力，那么他在作出阻碍官方措施的行为之前，就必须到法律咨询机构去查清法律的状况。若他误以为阻碍官方措施的举动是受到允许的，则该错误之所以具有可谴责性，就不是因为他未能唤起良心或缺乏独立的思考，而是因为**他没有去咨询了解**。但是，"当需要对某个特定行为是合法还是违法作出判断时"，专业法律人士"应当动用他全部的精神认知力，以及全部的道德评价观念"（BGH 4 5）；对于他，"我们应当认为，他根据其已有的专业知识及职业活动，至少原则上能够对法律上的命令和禁止性规范有所认识"（BGH 4 86）。

此外，在有些刑法规定中，单纯的秩序属性具有强势或绝对的统治地位——在秩序刑法（Ordnungsstrafrecht）中就存在后一种情况；对于这些规定来说，**如果具体的事实情况为行为人提供了咨询、了解法律的机会，那么产生有责之禁止错误的根据仅在于，他没有或没有充分地去咨询、了解**。因此，若某人想要从事出售葡萄酒的活动，他就必须了解法律规定，特别是1930年7月25日颁布的《葡萄酒法》。BayObLG 4 16；BGH 9 172；5 StR 219/56。

（3）特别是涵摄错误（Subsumtionsirrtum）。

涵摄错误是指行为人在具备完整的构成要件故意，即对刑法规定之全部行为状况有完整认识的情况下，对刑法产生了错误认识。例如，行为人把一匹马弄得瘙痒难忍（RG 37 411），或者把胶水灌入时钟里（RG 20 183），他认为自己并不会因此而受到《刑法》第303条的处罚，因为第303条中"物"的概念不包括生命体，或者"损坏"的概念要求行为必须造成物质性的损伤。然而，由于行为人对第303条所提出之行为状况的**实体性**内容有正确的理解——他知道马是一种有体性的对象，以及胶水会导致时钟报废，故对于第303条来说，他已经具备了充分的构成要件故意。（这正如，一名木工接到了生产一把梯子的订单，即便他不能对梯子的**概念**作出正确的**界定**，但他对自己将要制作的对象是知晓的!)对于**构成要件故意**来说,只要行为人对行为状况的实体性内容有所认识就足够了。对于法定**概念**(法律上的定义)之范围的错误认识,并不影响构成要件故意的成立。它属于一种"**涵摄错误**"。

在刑法中,涵摄错误(或者对于刑法的错误)可以从两种意义上来展开:

1)如果这种错误仅仅涉及行为的**可罚性**,而行为人已经认识或能够认识到该行为的违法性,那么该错误就完全**不重要**。上文所引用的那两个关于毁坏财物的例子就是这种情况,因为行为人至少对于其行为在民法上不受允许这一点,不可能缺乏了解。

2)相反,如果这种错误不仅涉及**可罚性**,而且涉及行为**受禁止的性质**(Verbotensein),从而导致行为人未能认识到其行为具有**违法性**,那就属于**禁止错误**。尤其是对于那些含有复杂的规范构成要件要素的禁止规范来说,可能出现这种错误。

根据《刑法》第356条,律师不能在"同一诉讼案件"中同时为对立的双方当事人服务。在判断诉讼案件的"同一性"时,我们应当考虑到整个被代理的实质法律关系,而不是只考虑单个的请求权。如果律师认识到了实质性法律关系的整体,那么对于《刑法》第356条来说,他就具备了完整的构成要件故意。如果他认为,第356条中"同一诉讼"这一概念指的仅仅是单个的请求权,而他通过其他方式〔例如从《联邦律师规则》(BRechtsanwaltsordn.)第45条第1款第2项中〕本来能够认识到其行为是违法的,那他就不只是对其举动的可罚性发生了误解,而且还对其行为受到禁止的性质产生了错误认识。也就是说,他不仅对《刑法》条文(第356条),甚至对作为《刑法》条文之基础的**禁止规范**(《联邦律师规则》第45条第1款第2项)产生了错误。参见BGH 5 284, 7 17; Welzel, JZ 54 276, 55 455。同样的,某个经营所谓滚雪球式生意(Schneeballsgeschäft)的企业主,虽然他在经营的过程中知道该生意带有碰运气的特点(故具有《刑法》第286条的构成要件故意),但却从主管的内务部长那里得知,其经营活动不需要经过许可,因为它不属于第286条意义上的博彩。在此,行为人不仅对行为的可罚性,而且对该行为受到禁止的属性产生了错误认识（关于对"信贷业务"以及《葡萄酒法》中"葡萄酒"的概念的错误认识，参见 BGH 4 352，13 135）。

构成要件错误与涵摄错误之间的区别，并不在于一个是对某个"事实"的误认，另一个则是"从该事实中推导出来的"错误"结论"，而帝国法院就曾采取了这种错误的做法。两者之间的区别其实在于，一个是对某种**行为状况**的误认，另一个则是对某个**法律概念**的误解。帝国法院（特别是在规范构成要件要素的场合）曾将构成要件故意的范围限定得过窄，而对涵摄错误的范围又放得过宽，它还认为涵摄错误一律是不重要的。就规范行为状况的故意而言，光有对事实基础的认识尚不够，它还要求行为人对该行为状况的实体内容具有与法律判断相平行的认识。如果行为人没有认识到行为状况在社会生活中所具有的**实体**意义内容，那他就缺少构成要件的故意。唯有当行为人的认知超脱了上述这种认识时，才可能出现涵摄错误（参见 Welzel, JZ 54 276ff., 55 455; BGH 4 325, 7 17）。

（4）将可罚性限定在对禁止规范有认识的情况之上。

立法者当然可以规定，只有当行为人认识到禁止规范时，才能对某个（故意的）行为加以处罚，这样一来，他就把所有的禁止错误（包括有责的禁止错误）全都排除在了可罚性之外。例如，立法者在《刑法》第 327 条和第 328 条中就做到了这一点，因为他规定，唯有"有意识地"违反隔离规则或者进口禁令的行为才受到刑罚的处罚。

在秩序刑法中，受禁止性是否属于构成要件，以及故意是否相应地必须包含受禁止性，关于该问题的整个争论实际上涉及一个问题，即在特定的规定中，立法者是否想把可罚性限制在对禁止规范有认识的行为之上。因为，持肯定立场的方案——把禁止规范归入构成要件——很容易就会归于失败，原因在于，**禁止实现某个构成要件的命令，不可能恰好又是该构成要件的一个组成部分**！例如，若立法者对有意识地违反"禁止通行"这一规范的行为处以秩序刑罚，那么当某人使用了该通道（行为人只能是故意地实施了该行为）时，构成要件就得到了满足；如果没有正当化事由站在他一边，那么该行为就具有违法性——这两者都与行为人是否认识到禁止规范无关。对禁止规范的认识，只涉及符合构成要件且违法的故意行为的可谴责性；刑法所惩罚的仅仅是这种可谴责性，而不包括行为人对禁止规范的有责的无知状态。参见 Beling bei Engisch, JT-Festschr. 1 407。

目前，实务界对故意与违法性认识之间的实质关系——"违法性认识是一个与故意相分离的独立责任要素"（BGH 2 208）——已经有了正确的认识。接下来，立法者在对其制定的罪刑规定进行表述时，也应当从中吸取一些必要的教训：如果某个条文只是把可罚性限定在行为人对**禁止规范有认识**的情形之上，那么立法者不允许在此使用"故意地"这个词（而应当使用诸如"有意识地违反禁令"之类的表述方式）。

第二节　可谴责性的意愿性要素：服从法律的期待可能性

仅有对不法的认识，还不足以完全证明意志形成的过程具有可谴责性。只有当行为人在作出决定的具体情境中，确实能够根据他对不法的理解去**决定**自己的意志时，才能认定可谴责性的成立。这里根本不涉及符合意义地形成意志的**一般**能力，即不涉及独立于行为所处之情形的归责能力，而是涉及有责任能力的行为人在现实地作出意志决定时，能够借助他对不法的理解而实现自我决定的**具体**可能性。行为人符合意义地自我决定去实施合法的行为，这种具体的可能性是可谴责性中最为重要的要素，智识性的要素与其相比仅处于次要的地位。因为可谴责性的内容恰恰在于，行为人应该，也能够合法地，而不是**违法**地决定自己的意志。一般来说，如果一名有归责能力的行为人能够认识到其意志形成过程是违法的，那么法律就期待他根据这种可能的理解，去**决定**自己的意志。然而，在行为人作出决定的某些情境中，即便具备归责能力的行为人对不法有完整的认识，法律也无法期待他实施合法的行为。当然，为了保证规范的效力，法律必须对这种情形的范围作出严格的限定（对此，参见 Henkel, Mezger-Festschr., 249ff.）。

毛拉赫（Maurach）的"行为答责"（Tatverantwortung）理论，将期待可能性定位为处在违法性与责任之间的独立犯罪阶层。对此，参见 Armin Kaufmann, Unterlassungsdelikte, S. 159ff.。

一、过失犯中的期待可能性

对于非故意的违法行为，法律最为广泛地运用了责任阻却原理。

1. 在此，法律考虑到存在某些不可归咎于行为人的疲劳状态或激愤状态，这些状态使得具有理解能力的行为人遵守客观注意的难度有所上升，或者使其完全无法遵守该注意；当行为人在惊慌、恐惧、害怕、恍惚、劳累过度之类的状态下，不假思索地实施了行为时，法律不会因为行为人未尽到客观要求的注意而对他加以谴责。

例如，一名汽车司机由于不可归咎于他自己的原因而面临突发的危险，这一危险要求他迅速采取措施，但他因为害怕或迷惑而没有采取正确的方法去阻止危险。参见 BGH VRS 5 368, 6 451, 10 213；也参见 RG 58 30。关于在驾驶汽车时睡着了的情况下行为人的责任，参见 OLG Hamm, NJW 53 1077。

2. 此外，如果法益危险的距离非常远，以至于我们无法期待行为人不去实施疏忽的举动，因为不实施该行为将会给行为人带来巨大的不利后果，那么法律也不会因为他在有认识或认识可能性的情况下违反了注意义务，而对他加以谴责〔RG 30 65；癖马案（Leinenfängerfall）：受雇于一名农夫的雇工不得不按照雇主的指示驾驭一匹容易受惊脱缰的马出行，因为如果他拒绝这么做的话，就会失去自己的职位；同样的，参见 RG 74 195〕。法能否期待行为人遵守客观的注意义务？在回答这个问题的时候，我们必须考虑到，若行为人不实施疏忽的行为，则他可能会遭受某种损害，那么行为导致的危险与该损害的严重性之间的距离究竟有多远：危险越是急迫和严重，行为人面临的不利后果越是轻微，那么在有认识可能性的情况下违反注意义务的行为，就越不可能被阻却责任。在这里，起关键作用的绝不在于行为人一方对动机所作的个人评

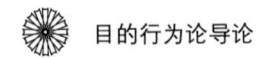

价,而始终都在于法秩序一方对动机所作的客观评价!

二、故意犯中的期待可能性

在故意犯中,法律对有归责能力的行为人提出的期待更高,它期待后者在自己的能力范围内去了解不法,进而促使自己去实施合法的举动。

1. 法律会对情绪状态所带来的影响加以考虑,但这种状态至多只能减轻责任。在此有一个例外,即防卫过当中存在的"使人虚弱的"(athenisch)情绪(惊慌、恐惧、害怕):这些情绪可以完全排除责任(《刑法》第53条第3款)。

2. 因为保护值得赞同的利益而缺少实施合法行为的期待可能性。法律在**故意犯**中并没有承认这是一种**一般性**的责任阻却事由(RG 66 397),它把责任阻却仅限定在身体和生命处于紧急状态的情形之上(见下文第3点)。只有在个别的犯罪中,较小的危险也足以阻却责任,例如包庇罪(RG 60 10)、宣誓的紧急状态(《刑法》第157条)以及撮合已经郑重订婚的双方淫乱(参见BGH 6 57)。不过,不作为犯是一个**一般性的例外**。在此,即便是故意的不作为,如果不能期待行为人通过作为去损害值得赞同的利益,那么该不作为可以被阻却责任。(就这一点而言,不作为犯与过失犯有很大的相似性。)

3. 刑法上的紧急避险(《刑法》第54条和第52条)。

(尽管行为人具备归责能力和违法性认识,但)不能期待行为人实施合法行为,这一原理最重要的应用,体现在第54条和第52条所规定的刑法上的紧急避险之中。如果行为人或其亲属的身体和生命因不可归咎于行为人的原因而陷入危险之中,行为人只有通过侵害刑法保护的另一利益才能保护它们,但根据一般的法律原则,即为了实现被认可的目的而使用适当的方法,该行为又不能**获得正当化**,那就成立上述紧急避险。这里涉及对一种法益的侵害,尤其是对他人人身的严重侵犯(对无责任之第三人的身体或生命的侵害),我们绝不允许把这种法益仅仅作为手段来加以使用,即便这么做是为了拯救身体和生命。我们绝不能把他人仅仅作为物，而必须把他人也作为目的自身（Selbstzweck）来对待［康德（Kant）］。因此，对于为了拯救生命而把第三人当作手段，进而严重侵犯其身体或生命的这种行为，法律不能予以正当化，而只能阻却其责任，因为考虑到人性的弱点，我们无法期待处在紧急状况下的行为人去实施合法的行为。《刑法》第54、52条规定的阻却责任的紧急避险，就建立在对人性弱点给予谅解这一思想的基础之上。在此，第54条是更具普遍性的规定。关于具体的规则，见我的 Lehrbuch S. 160ff.。

4. 超法规的阻却责任的紧急避险。

（1）第52、54条规定了刑法上的紧急避险，其思想基础在于：当身体和生命处在紧急状态之中时，绝对地服从法律对于行为人来说已经成为一种巨大的牺牲，所以考虑到他的自保本能，原则上已无法期待他去实施合法的举动。出于这种原因，第52、54条将责任的排除限定在行为人自己或近亲属的身体和生命处于紧急状态的情形。不过，也存在这样一种情境，在该情境中，行为人或某个亲属并未因其身体或生命处于紧急状态之中而陷入绝境。在此，他人身体或生命所处的紧急状态使行为人陷入义务冲突（良心的矛盾）之中，如果他不承担一定程度的道德责任，那就无法避开该冲突。历史上曾经出现过这种冲突，即希特勒发布所谓的"安乐死"命令，向大量的精神病院医师发出建议，让他们杀死精神病患者。如果医生想要救助那些被托付到自己手上并且为秘密法令所涉及的病人，那就只能牺牲其中一定数量者，将之杀害，从而拯救大部分的病人；但如果医生完全拒绝参与，那他们就会被唯命是从的医生取代，而后者将杀害所有相关的病人。参见 OGH1 321；2 17；另一个案件，参见 Welzel, Z 63 51。

在此，行为人无法回避，他必须作出决断。如果他任由事情自然发展，那么其行为就与所有或大部分病人的死亡存在因果关系，故行为人需要承担道德责任；若他参与杀人，并通过这种参与至少能拯救一部分的病人，则他也需要承担道德责任，但前一种情形的责任要比后一种情形下的更重。因此，从伦理上来看，后一种决定是正确的。然而，即便是这一决定也会使行为人陷入不法和道德责任的泥潭，因为他为了拯救其他人，把无辜的人当成了纯粹的手段来使用。但法秩序不能因为行为人为制止更严重的不法实施了较轻的不法，而在法共同体面前对他发出责任非难。**法律责任**是行为所具有的**社会的**可谴责性，而此处就缺少这种责任，因为任何一名其他的法共同体成员，如果他处在行为人的位置上，也必然有理由像行为人那样行事。

法律责任是广阔的道德责任领域当中的一小部分。意志形成过程中的可谴责性，在它成为法律责任，成为法共同体面前的责任之前，首先必须具有一定程度的社会重要性。至少，行为人怀有的顾虑必须低于社会义务所要求的程度，而任何一名处在行为人位置上的其他共同体成员，原则上都应当和能够给予此种程度的顾虑。但如果法官自己也不可能实施有别于行为人的行为，那么法律责任作为行为所具有的社会可谴责性，就不能成立。

超法规的责任阻却事由的前提条件有：1）行为人的行为是制止更大灾难发生的唯一手段；2）行为人事实上选择了更小的恶害；而且，3）他在主观上是以救助为目的的。

（2）如果行为人无法制止更大灾难的出现，其介入行为只是将危险从一个人转移到另一个人身上，或从一群人转移到另一群人身上，而且两者所遭受的危险又基本相等，那就并不存在上述冲突情形。例如，在船舶沉没时，X把仅存的一个救生圈从A处夺走，想把它抛给B。在此，行为人并非处在一个无法回避的道德决定情境中，他实际上是以一种不被允许的方式擅自操纵着"命运"。因此，其行为依然是违法和有责的。这一原理同样适用于对紧急避险行为的**共同参与**（Teilnahme）行为，在B试图从A手上把救生圈抢过来的时候，X想帮B一把。即便B自己根据《刑法》第54条的规定被阻却了责任，但对于X而言，其行为既不成立正当化事由，又不成立责任阻却事由。不过，假如X不介入其中的话，两人都会毙命，而他的帮助行为至少可以救起其中一人，那么判断的结论就会不同。同样的情况还有：A在爬山时摔落，处于下方的B也一同坠落，两人被一根绳子连接着，这时X递给A一把刀，这样他就可以砍断系着B的绳子。在不砍断绳子的情况下，两名登

第八章 可谴责性的要素

山者都会丧命,那么可以根据**超法规的**紧急避险阻却 X 的责任,而 A 的行为本身就符合第 54 条的规定。

参见 Eb. Schmidt,SJZ 49 570;Hartung,NJW 50 155;Welzel,MDR 49 371;Z 63 47;Schwur-G Köln,NJW 52 358;Gallas,Mezger-Festschr.,S. 311ff.;不同的观点有 Peters,JR 49 496 und OGH,a. a. O.;BGH NJW 53 513。

5. 假想避险。

如果行为人错误地以为阻却责任的紧急避险的前提条件(根据上文第 3 或第 4 点所述)都已具备,那么他和认识正确的情况一样,都处于相同的内心冲突之中。由于在紧急避险中,之所以欠缺合法决定意志的期待可能性,其根据存在于行为人的**心理**状况之中,故无论是在认识错误还是认识正确的情形下,都应当排除可谴责性——除非行为人的错误本身就具有可谴责性;但在这种情况下,违法行为的可谴责性会有所降低,降低的幅度取决于行为人关于紧急状况的错误在多大程度上能阻却责任,同时刑罚也会根据第 51 条第 2 款和第 44 条的规定相应得到减轻。

Liszt-Sch. 289;Grünhut,Z 52 130;Welzel,Z 67 222;Maurach,AT 382;BGH 5 StR 532/55;a. A. Mezger,321;BGH 5 374:这一判例认为应以过失犯论处。

若某人误以为他处在紧急状态之中,进而实施了伪证行为,则应以过失作虚假宣誓罪论处(BGH 5 374)。该判例把一个故意行为转换成了过失行为,这种做法荒谬之极:如果真的存在紧急状态,那么行为人实施的是一种故意违背宣誓的行为(伪证罪),但它因为成立紧急避险而被阻却责任(参见 RG 64 31)。然而,当紧急避险的前提要件客观上不存在,但行为人误以为存在时,难道他就只实现了过失作虚假宣誓罪这一较为轻微的不法?!这种做法轻率地套用了消极行为状况的理论,而该理论本来就是错误的。

大刑法委员会赞同本书所持的观点,参见 §41 Abs. 2 E. 60。

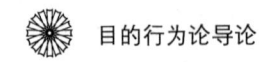

第三节　作为刑罚前提条件的可谴责性

如果智识性和意愿性的责任要素均已具备，那么违法的行为就具有可谴责性，原则上也就具有可罚性——除非刑法还要求具备客观的处罚条件，或者要求不存在人的刑罚排除事由。《刑法》第 44 条所包含的减轻处罚规则，涉及以直接或类推的方式适用第 51 条第 2 款；我们通过引入该规则，就能够在裁量刑罚时对可谴责性较轻的程度（例如在减轻的归责能力，或有责的禁止错误的情形中）加以适当的考虑。

但原则上来说，无论责任程度如何，都会引起可罚性。只有在极少数的刑法规定中，可罚性才仅仅存在于**较严重的**责任程度之上，而较轻微的责任程度不可罚。在**过失犯**中，这种情况表现为，刑法要求某个行为必须出于"轻率"（即重过失），即《刑法》第 164 条第 5 款；在**故意**犯中，此种情况则表现为，刑法将**"肆无忌惮"**规定为犯罪成立的前提，如《刑法》第 170e、d 条，1938 年 4 月 30 日颁布的《少年保护法》第 24 条第 2 款。"肆无忌惮"是可谴责性的一种较严重的程度，它表明行为人特别欠缺责任心，不论这是因为他具有某种法敌对的思想态度，还是因为他具有严重自私自利的冷漠心态。由于肆无忌惮也可能是基于严重自私自利的冷漠心态，故即便是在出现了禁止错误的情况下，也可能存在这一情节！

刑法体系研究[*]

[德] 汉斯·韦尔策尔

第一部分：社会行为的基本构造

行为理论已经远离我们而去了。这正是传统教义学的主要缺陷所在。早前，黑格尔主义者乃至宾丁（Binding）都一度认为，行为是一个统一体；可是，现在这个统一体被分割和裂解成了干瘪的因果关系理论和心理的责任要素，前者主要吸收了行为的"客观"方面，后者则包含了行为的"主观"要素。然而，在被分解成因果要素和心理要素这两大部分**之前**，行为究竟是个什么东西？人们又是如何阐明其法学上的含义的？在被自然科学和法学进行分割**之前**，行为原先究竟是怎样的一个**统一体**？在**现实的**社会生活当中又是怎样一个**实在且富有意义的整体**？对于这些问题，自从因果关系教义（Kausalitätsdogmas）兴起——自然

---

[*] 本文发表在《整体刑法学杂志》第 58 卷（1939 年）上（491～566 页），德文标题为"Studien zum System des Strafrechts"。本文的翻译和发表已经获得授权，翻译工作得到国家"万人计划"青年拔尖人才项目以及北京市社会科学基金青年学术带头人项目"渎职犯罪的结果归责研究"（21DTR014）的支持。

主义大举进犯刑法领域——之后，特别是自拉德布鲁赫（Radbruch）提出了"行为概念"之后，已无人问津。

当行为被分解成各部分之后，倘若这些部分组合在一起确实能够形成真实的行为，那么缺少一个统一的行为概念还不至于如此有害。然而，这里恰恰就是主要的错误所在：从行为分解出来的**各部分**不合实际，不是正确的部分，分解所采取的方法也是错误的。之所以说这种方法错误，并不是因为它对行为进行了"分割"。因为，假如我们不在思维上对实体要素进行区分——不论把这些实体要素称作"方面"、"要素"还是"因素"都是可以的，称谓完全无关紧要——如果不进行这种思维上的区分，那么人类在从事推理式的（diskursiv）认知活动时，就根本不可能获得关于对象的知识（Gegenstandserkenntnis）。

这种错误究竟起源于何处呢？晚近数十年的研究已经清晰地表明，正是极端的"自然主义——因果式"的思维造成了障碍，使我们无法接触到真实的行为。对此，可以参见我本人早先的著作。① 最近，赫尔穆特·迈尔（Hellmuth Mayer）对教义学史所作的考察说明，内容极其宽泛的因果关系理论是如何发轫于杀人犯罪这个细小的问题，如何从这里出发占领了整个犯罪论，又是如何将一切犯罪的存在面（Seinsseite）都转变成了结果引起事件的。② 因果问题演变成了因果**教义**（Kausaldogma）。然而，仅仅对于极少数的犯罪，而且仅仅对于这极少数犯罪中的**极端**情况来说，因果问题才可能成为亟待解决的**难题**。赫尔穆特·迈尔特别提到了杀人罪、伤害罪以及放火罪的构成要件。③ 对于绝大多数的其他犯罪来说，因果要素根本就不成为**问题**。只要想想伪证罪中的宣誓行为或者盗窃罪中的取得行为④，我们就能看到，因果理论对于这些犯罪是何等的百无一用。

---

① Welzel，ZStW. 51 S. 703 ff.；Naturalismus und Wertphilosophie im Strafrecht S. 77 ff.。

② Hellmuth Mayer，Das Strafrecht des deutschen Volkes，1936，bes. S. 163 ff. （Im Folgenden zit. Als "Lehrbuch".）.

③ 参见 Mayer，Lehrbuch S. 208；亦可参见 v. Cramer，Gleichschaltung von Täterschaft und Teilnahme. S. 60ff. und die dort S. 64 Nr. 68 Zitierten.。

④ 参见 Mayer，Lehrbuch S. 168.

一个仅仅对于少数极端情形才具有迫切性的问题，竟然能够占据刑法体系的中心，它吸收了犯罪行为的全部（客观的）存在面，并且以枯燥乏味的因果线段（Kausalstränge）取而代之。然而，一种成熟的行为理论本来应该能够将犯罪行为的存在面完整地呈现出来。因果教义的存在基础（Seinsgrundlage）本身就是错误的，这导致建立在它之上的整个刑法教义学构造都发生了错位和颠倒。因果教义使所有的犯罪事件都成了引起结果发生的过程。法学理论将其理解为法益侵害事件，由此片面地突出了结果侧面所具有的地位。可是，对于引起结果发生的方式和方法，也就是那些客观以及**主观的行为**要素，人们不闻不问，至少忽视了它们所具有的特殊属性。⑤⑥此外，将犯罪理解为（外部的）法益侵害事件的观点，也为纯客观的违法性理论奠定了坚实的基础。一是因果关系从行为统一体中跳脱而出，二是违法性与"外部的"法益侵害事件相联系，这两点结合起来又共同催生了建立在心理存在基础之上的责任理论。这种责任论认为，正是由于因果事实和心理存在完全分离，所以责任**独立**于外部的法益侵害事实。由此，不仅会出现主观不法要素和客观责任要素那样的难题，而且还会出现"自然"故意这种无法与当今犯罪论体系相融通的思想。⑦

对于所有这些事物之间的内在关联，我们随后还会展开具体的分析，并最终加以厘清。因此，笔者这里只略作阐释，旨在表明，正确地把握存在基础，这对于刑法体系是何等的至关重要！

刑法上的体系问题并不是如"纯粹的"实证主义者⑧所认为的那

---

⑤ 借助结果概念的相对性，人们将"客观的"行为要素转化成了结果的构成要件。对此，参见下文第119页。——虽然主观行为要素的引入会引起体系性的冲突，但主观违法要素理论却以该要素具有例外性为由，主张这种冲突无伤大雅。

⑥ 法益侵害理论具有严重的片面性，现如今这已经是再清楚不过的事实了。对这一点的澄清，不仅应当归功于所谓"基尔学派"（总结性的论述有 Schaffstein, DStR. 1937 S. 335ff.；Dahm, ZStW. 57 S. 230ff.）的论述，而且也应当归功于 Mayer, Lehrbuch, es. S. 198ff., 204ff. 以及 DStR. 1938 S. 73ff.。

⑦ 这种故意该放在何处呢？责任论，不行；因果关系，也不行；违法性，还是不行！

⑧ 当然，这样纯粹的实证主义者在现实中是不存在的。"实证主义""自然主义"等等总不过是历史的理想类型而已。

样，仅仅产生于法律条文。同样，价值判断并非如"评价法学家"（Wertungsjurist）所期望的那样，能够最大限度地取代关于存在的"认知性"判断。行为的构造作为一个"有关存在的问题"，是备受冷落的；可是，在刑法体系之内，我们随处都能感受到它的分量，即便我们还不清楚，这种重力究竟从何而来。

最能展现这一点的，莫过于共犯理论。M. E. 迈尔（M. E. Mayer）（Allgemeiner Teil S. 388）认为，共犯理论"彻头彻尾地是一件法律的创造物"。的确，在一定范围之内，立法者针对共犯问题享有作出不同规定的自由。但是，他的行动空间也有其边界——这个空间甚至没那么宽广——一旦逾越了该边界，立法者必将受到惩罚。近年来关于共犯立法的研讨，已经足够令人印象深刻地说明了这一点。而且，官方的刑法委员会所提交的报告，对此也说得直截了当！这一报告通过"对事物的本质进行分析性的考察"，正确地摒弃了所有从因果关系和等价性角度出发提出的论据，那么，这种考察究竟所指为何？又体现在何处呢？（Z. Aufl. S. 110）报告指出，意志行动并不是"因果力量"，而是"**生活的现实表现形式**"（S. 111）。这一说法是极富启发意义的！在朗格（Lange）的著作《现代正犯概念与德国刑法典草案》（Der moderne Täterbegriff und der deutsche Strafgesetzentwurf）中，我们能够更加清楚地看到问题的真正核心所在。这部著作是近几十年内写得最好的一本关于共犯的书。在这部著作里，针对某一实定法规范及其评价，作者无所顾忌地使用了"真正的"正犯和"真正的"共犯这样的说法（例如 S. 70）。他在这里说道，有的法律规定"毫无根据地将真正的正犯形式降格成了非独立的共犯形式"（S. 75），或者说，某些成立要件"并不符合正犯的**本质**"（S. 71）。他最后提出了一个极具普遍性的论断："我们应当摆脱实定法上共犯条款的约束，独立地去建构正犯概念"（S. 67）。如果我们仔细观察一下，朗格究竟想以什么为根据推导出其所谓"真正的"正犯概念，这时就会发现，他在断然否定了因果教义之后（S. 20ff.；38ff.），清楚地将一种富有意义的行为概念确定为理论的起点：在行为和行为人之间，必须存在某种**人格性**的纽带（ein persönliches Band），从而使得行为能够成为行为人自身创作的作品（S. 34）。要产生这种纽带，前提是必须存在"某种具有意义内涵的行为意志,这种行为意志是行为人实现其他目标的手段"(S. 59,60,64)。[9]朗格这部著作唯一美中不足的地方在于,他没能将这些思想的萌芽进一步发展为一个行为理论!

  传统刑法教义学所遭遇的危机清楚地告诉我们,必须首先对行为理论拨乱反正。正如我们已经看到的,要实现这一点,关键在于找到正确的存在基点(Seins-Ansatz)。为了能找到它,我们可以联系上文曾经引述过的刑法委员会报告中的一句话:意志行动不是"抽象的因果力量",而是"生活的现实表现形式"。这句话——至少是从消极意义上——所影射的,就是那种自然主义的观念。这一观念有意无意、或明或暗地对不久以前的主流刑法理论产生了决定性的影响,甚至还有一部分对当今的通说也发挥着决定性的作用。接下来,我想坚决破除一种观念:自然主义盛行的时代漫长而富有成果,它使得人们产生了一种几近成为潜意识的信念,即总的来说,自然科学的存在彻底摆脱了人类主观错误赖以产生的根源,所以只有它才能确保我们认识到原本的、真实的客观现实。明白了这一点,就很好理解,为什么只要在刑法中谈到存在性要素,便不禁令人旋即想到自然科学的范畴。这也就可以解释,为什么因果教义能够无可争议地占据着统治地位。当然,人们并不认为这些自然主义的要素已经完整地囊括了刑法的规制对象。尤其是在最近,有学者对评价性的要素(Wertmomente)给予了特别的强调,有时这种强调甚至有些过头了,他们认为只有这种要素才能建构起刑法的完整对象。然而,这种观点丝毫没有动摇自然主义的存在性基点。现实似乎仍然是由自然科学"预先证明了的"(vorbelegt);从这一点出发,人们认为刑法学的任务基本上只在于,将自然科学的研究成果纳入刑法领域当中。梅茨格尔(Mezger)下面的这句话正是以该思想为其基础的,他说:我们的"特殊使命"在于,"将自然主义时代经验科学所获得的研究成果,有机地融入一个崭新的评价性的刑法学之中"(Lehrbuch 2. Aufl. S. X)。这句话就它本身而言是完全正确的。运用自然科学的知识去推动刑法的

---

  [9] 持相同见解的还有 Kohlrausch,Hdwb. d. RW.,2. Erg. Bd.,S. 365;Eb. Schmidt, Die militärische Straftat und ihr Täter, S. 8ff.。

发展，这一点在今天恰恰有着以往任何时候都无可比拟的重要性。但是，如果说"经验性的"存在在刑法中有一席之地（这一点是世所公认的），那么刑法学必须**完全自主地**在此之外另寻基点，而不能交由任何其他科学代劳。没有任何一门科学（更不要说自然科学）能够像刑法学那样强烈地将行为视作一种**富有意义的**、具有社会伦理价值的现象来加以研究。一旦我们把行为看作"（**社会**）生活的真实表现"，行为在刑法中就变得现实起来，刑法学应该不带任何偏见地对行为的构造展开研究。没有任何一门自然科学能够代替刑法学去完成这项任务。一切自然科学可绝不只是摆脱了人类主观错误赖以产生的根源，它们还大幅度窄化了存在的内容，使其只剩下了那些能够以**定量**方式呈现出来的结构。进入到自然科学知识之中的，始终都只是存在当中的一小部分；而且，随着自然科学研究方式愈发精确化（数字化），这部分存在还会变得越来越狭小。没有任何理由认为，被自然科学忽略掉的那部分存在，其现实性会不及其他部分。为法奠定基础的现实，是借由实际行为而产生出来的社会生活现实。的确，从自然科学的立场出发，可以认为社会生活的现实包含了某些主观性的配料（subjektive Zutaten）。（例如一些次要的属性：颜色、声音等等，但即便这些属性本身也绝不是**纯**主观的！）但另一方面，社会生活的现实也显示出了另外一些结构，它们虽然无法进入定量的自然科学领域之中，却和定量因素一样具有现实性。这主要包括以下事实：以富有意义的方式对有意识的人类生活加以安排，能够以富有意义的方式自行操控其行为。正是这些事实的存在，才使我们终于踏进了法律现实的生活空间，而所有关于因果关系的讨论至多具有"预判"（präjudiziell）的性质。

上文已经多次强调了这样一种思想，即法律现实是实际生活的现实。现在我们总该把这一思想付诸实践了。实际的生活现实远远比自然科学中的存在要丰富。它拥有那些根本无法进入到自然科学概念世界中的结构，但这些结构也同样具有现实性，而且正是它们对于**法**有着至关重要的意义！假如我们受到自然主义时代余音的影响，进而认为，最先存在的是纯粹"自然的"（即自然主义的）现实，我们是站在某种特定的评价视角从中挑选出了法律的现实；如果是这样，那我们从一开始就忽视了最为关键的存在性结构。⑩

即便是心理学——再提一下这最后一种可能——也无法代替我们去完成刑法学所独有的任务。过去自然主义的要素心理学（联想主义心理学）⑪做不到这一点，因为它根本就没有延伸到**富有意义**的行为这一领域，而对于我们来说该领域才是重要的。"理解"心理学或许可以带给我们一些启发，但它所涉及的也主要不是刑法的特殊规制对象，也就是以客观化的方式将意志表达于外的行为。⑫

这样一来，我们就为一项客观中立的研究开辟了空间，这一研究完全不受自然主义偏见的影响，它的对象被传统刑法理论笼统抽象地称为"实际社会生活的世界"。但遗憾的是，传统刑法理论并没有深入其特殊的结构当中去展开研究。既然如此，笔者想先将讨论的范围限制在该研究对象的一部分之上，它在犯罪论中自然居于核心地位，那就是作为社会现象的行为。我们先来看看行为的**基本构造**。当行为理论**发展成熟**时，它本身就是"犯罪"论⑬（即具有社会伦理意义的行为，以**法律存在**的方式呈现出来）。这就反映出笔者的立场与自然主义行为论之间的另一个区别点：自然主义行为论认为，行为（即因果事件）只不过是与

---

⑩ 此前，我曾经在援引了梅茨格尔的论述之后，紧接着说了以下这段话："井然有序的现实绝不是单纯的'自然'现实本身，而是根据某种评价视角'遴选出的'特定现实。"（ZAkDR. 1937 S. 418）本文所倡导的思想在多大程度上能够支持上述引文，我不敢妄下断语。这里的关键并不在于，要为一段随意挑选的引文找到确切的含义，倒不如说它更具体地证实了一个获得普遍认同的信念：引文的本意在个别情况下可能是不明确的，但人们对它的**理解**却往往是明确的。

⑪ 李斯特的观点［参见拙著《刑法中的自然主义与价值哲学》(Naturalismus und Wertphilosophie im Strafrecht) 第 23 页以下］，尤其是奇特尔曼（Zitekmann）的行为理论就是以该心理学为基础的。——关于这两"类"心理学，参见 Spranger, Lebensformen, S. 3ff., Jaspers, Psychopathologie。

⑫ 据我看来，目前只有在**伦理学**领域当中，才典型性地发展出了真正的行为理论：参见哈特曼的《伦理学》(Ethik)［亦见其所著《精神之存在的问题》(Problem des geistigen Seins)］。然而，它也还是远远无法涵盖法学问题的全部内容，比如，哈特曼的行为理论不仅缺少共犯、未遂等法学问题，特别是它甚至还缺少整个的过失问题！

⑬ 犯罪理论不仅包含违法的行为，而且还包含合法的行为！关于最为重要的扩充，见下文第 125～126 页。

存在相适应的"基座"（Unterbau），性质完全相异的法律评价世界则[作为"上层建筑"（Überbau）]建立在该基座之上。这种行为论还态度鲜明地强调，上层建筑是独立于基座的。⑭ 在我们看来，犯罪论同时也是行为理论的延续[因为，我们从一开始就把行为理解成共同体定在（Gemeinschaftsdasein）的现象]，因为犯罪论根据行为的特殊结构和要素，对行为的具体表现形式进行了区分，并且按照其在共同体中的（法律）意义对其加以理解。

不过，在对行为的基本结构进行这种区分之前，我想先插入一些有关教义学方面的过渡性论述（Zwischenbemerkung）。一是为了展示当今刑法教义学中关于目的行为概念的既有构想，二是为了证实，目的行为概念对于教义学来说是不可或缺的。

众所周知，自然主义行为概念赖以建立的方法论基础在于，将意志的指向（"意志的内容"）与意志的实现这两者区分开来。对于意志的实现，该行为概念完全是根据其产生的因果作用力来加以考察的：作为因果要素的意志，它所引起的一切东西都为行为所包含（行为＝意志的实现）。只是，这种将"纯粹"主观的意志**内容**与客观的意志**实现**相分离的做法，有可能导致行为完全处在机械因果关系的支配之下。于是，意志"内容"所具有的目的性决定功能，就基本上被自然主义行为概念抹杀掉了。然而，正是因为有了这一功能，行为才具备了自身的特质，从而得以从盲目机械性的自然事件中脱颖而出。⑮

自然主义是从极端的因果机械视角出发去诠释世界的，其行为概念正是这种诠释的应有之义。但是，在刑法领域中，它也契合了**教义学方面**的一个需要：既然对于一切的意志实现，人们都完全是按照因果作用力（即单纯的效果）的标准来对其加以观察，那么故意和过失（以及意外）事件就有了一个统一而且相同的客观基础（即外部世界发生的改变）。这就意味着，故意和过失的客观前提（即：客观的构成要件）是

---

⑭ 特别是在共犯理论当中：凡是在存在方面（因果方面）相同者，都没有必要置于价值的视角之下。

⑮ 对此亦参见 meinen „Naturalismus" S. 65f.，77ff. 以及后文第 113 页以下。

一致的，故意和过失仅仅是行为人的两种不同主观态度。一方面，客观构成要件对于故意和过失来说是相同的具体客观行为事件；另一方面，故意和过失是行为人意志与行为之间主观联系的两种表现形式。把犯罪的这两个方面分割开来，这就是迄今为止犯罪论体系的基础所在。于是，自然主义的行为理论似乎确保我们拥有了一个简单明了的体系构造；而且直到今天，除某些例外情形（主观的不法要素和客观的责任要素）之外，该行为理论总的来说也为该体系提供了足够的支撑。

可是，如果这种教义学上的努力是完全错误的话，那该怎么办呢？如果故意行为和过失行为在"客观"构成要件方面就存在差异，那又该怎么办呢？事实上，正是基于这一点，自然主义的行为理论不久以前就已经开始土崩瓦解了。以教义学为视角，我们可以从三个方面考察一下自然主义行为论瓦解的过程。

首先，赫尔穆特·冯·韦伯（H. v. Weber）曾经指出，对于大量的犯罪构成要件来说，我们只有结合"内心的"意志指向（Willensrichtung）才能理解客观行为，这种意志指向为客观行为奠定了基础，它促使行为人将引起某种结果的发生作为自己追求的目标。最典型的构成要件就是偷猎犯罪（Wildereidelikte）：只有主观上以毙击野生动物为目标的行为，才能说得上是"猎杀"或者"追踪野生动物"。在此，作为基础的意志指向（故意）从一开始就指明了客观犯罪行为的目标。说行为人有可能在无目标指向（过失）的情况下实施了"猎杀"或者"追踪"行为，那是荒谬可笑的。根据这一点，赫尔穆特·冯·韦伯早已得出结论：应当将故意归入违法性（不法构成要件），而不是放在责任当中！⑯

促使我们对该问题作进一步拓展的动力，还来自另一个方面。在限制正犯概念和扩张正犯概念展开论战的过程中，人们⑰发现，通常情况下，法律已经在用语上对故意犯和与其相对应之过失犯的客观构成要件进行了明确的区分。故意犯规定的是"杀害"，与之相对应的过失构成

---

⑯ 参见 v. Weber, Zum Aufbau des Strafrechtssystems, 1934；也可参见其门生的著作 Käpernick, Akzessorietät der Teilnahme und die sog. mittelbare Täterschaft。

⑰ Bruns, Kritik der Lehre vom Tatbestand, S. 68ff.；Zimmerl, Aufbau, S. 141.

要件规定的则是"致人死亡"。在身体伤害、放火等犯罪中，情况也同样如此。用语上的这种区别，难道不是根源于实质上的区别吗？"杀害"难道不是包含了某种比单纯"致人死亡"更为丰富的特殊意义吗？对于这个问题，赫尔穆特·迈尔曾进行过探讨，并且斩钉截铁地给出了肯定性的回答。在他看来，结果引起型犯罪（Verursachungsdelikt）[18]的构成要件，在涵盖范围上宽于故意犯的构成要件（Lehrbuch S. 219），不但如此，行为概念不仅仅是指单纯引起结果的事实，它"从一开始就具有目的的性质，是一种超越了事件中个别要素的至关重要的意义统一体（Sinneinheit）。只有和行为人的意志关联起来，才可能存在这种意义统一体"（S. 233）。这样一来，故意犯和过失犯在"客观"构成要件方面原则上具有的结构性差异就显现了出来，这已经超出了赫尔穆特·冯·韦伯所考察的那些情形，故具有普遍性的意义。不过，赫尔穆特·迈尔并没有从中推导出关键性的、触及刑法体系的结论，甚至连赫尔穆特·冯·韦伯先前已经得出的结论都没能推导出来。

第三个推动早先自然主义行为概念走向瓦解的教义学思想（至少从根基上来说），出现在共犯理论的最新发展阶段。朗格（Der moderne Täterbegriff und der deutsche Strafgesetzentwurf S. 20ff）首先从反面指出，如果一种犯罪论认为客观的不法构成要件就是指（单纯地）引起某种违法结果，并且（顺理成章地）以此为标准去建构正犯概念，那么该犯罪论必将在共犯论中遭遇失败，特别是对于亲手犯、身份犯和目的犯（S. 27ff.，29ff.）来说，尤其如此。[19] 但更为重要的是，朗格还**从正面**指出了用以判断"真正"正犯的关键性标准（第43页以下）：行为和正犯者之间的"人格性"纽带，使得行为成为正犯者"自身的"作品；在他看来，该纽带赖以建立的基础是一种富含意义的意愿，是将行为视作自己的行为去加以实施的意志（S. 59ff.）。只要这种意志包含了行为，而

---

[18] 赫尔穆特·迈尔认为，结果引起型犯罪除过失犯之外，还包括结果加重犯，但就我们研究的内容来看，后者完全不存在问题，所以没有必要对其加以讨论（参见 H. Mayer, Lehrbuch S. 217）。

[19] 例如，非国家工作人员怂恿国家工作人员去实施纯粹的职务犯罪，按照这种犯罪论就必然能够成立正犯。（正犯＝引起某种违法结果的人！）

行为又是实现进一步目的的**手段**,那么该意志就属于一种主观的不法要素。[20]——在朗格以上最后的一段论述中,意志(这种意志超越了抽象的故意,后者只是行为人与行为之间"纯粹"主观和心理上的关系)的**目的性**功能已昭然若揭。从来不存在那种"自在"(an sich)的(目的性的)正犯意志(Täterwille),而只存在与某个特定犯罪相关联的正犯意志。只有当我们考虑到了这一点,整个关系的意义才豁然明朗起来。不光是"正犯意志",而且整个具体的犯罪意志都应当属于"客观的"不法构成要件。因为自始至终,犯罪意志(故意)要么表现为正犯意志,要么表现为共犯意志,二者必居其一;反之,正犯或者共犯意志也只能是具体的犯罪意志。如果说正犯意志是不法构成要件的要素,那么具体的犯罪意志(故意)同样也必须属于不法构成要件要素,因为犯罪故意始终只可能是正犯(或者共犯)意志!

赫尔穆特·冯·韦伯和赫尔穆特·迈尔从刑法分则出发提出,**故意犯**的构成要件不仅包括因果关系,而且还包括目的性的结构。上文已经从刑法总论的角度证实了这一命题。教义学中存在着一种对自然主义迁就迎合的趋向,即有学者认为,故意犯和过失犯在客观的构成要件基础方面是完全相同的(并且是纯粹因果性的)。但教义学理论已经多次证明,这种观点是错误的!相比于过失犯的结果引起型构成要件来说,故意犯在客观构成要件上具有目的性的特点。假以时日,这一特点终将不可阻挡地展现出来!

顺带一提,假如从更为简单的一个思想出发,共犯理论原本也能够发现故意犯和过失犯在客观构成要件方面存在着上述差异。本来,应当引起我们注意的一点是,共犯关系仅仅存在于故意(目的性)行为之间,而所有的过失参与行为都被包含在了过失正犯的概念之下。同样地,这并不是一个纯粹由立法者创造的产物!朗格早已指出了这一点,当然他只是附带地提了一下(S.5),而没有从中推导出体系性的结论。在犯罪参与的问题上之所以会产生这种差异,原因同样在于,过失行为

---

[20] Lange,S.59;这一点同样适用于帮助犯的意志,参见该书 S.60.。

从客观上来说是纯粹的结果引起型构成要件，故它们在客观上都是"等价的"。因此，过失正犯不过就是（任何一种）过失地引起了结果的行为（见下文第 147 页）。然而，故意行为却具有目的性的结构。也就是说，故意行为的客观内容取决于积极追求实现目的的**意志**。客观的事件要么直接作为行为人**自己**的目标设定，要么间接地通过他人的目标设定从而隶属于这种意志。

我们在教义学方面所作的过渡性论述，可以就此打住了。它从一开始就证明了一点，即明确地提出目的的行为概念，这在教义学上势在必行；当今学界的理论发展，也已经在很大程度上考虑到了这一行为概念。这不仅包括上文提到的那些论著（包括我本人早先所作的研究）[21]，而且从埃里克·沃尔夫（Erik Wolf）、贝格斯（Berges）、达姆（Dahm）、埃布哈特·施密特（Eberhart Schmidt）、沙夫施泰因（Schaffstein）等人[22]的论述来看，有的人明确一些，有的人则隐晦一些，但他们都表态拥护目的行为概念，至少倾向于肯定这一行为概念。

我们现在言归正传，回到行为的构造上来。最狭义和最广义的行为是指人的目的性活动。实现目的，也就是将外部世界的原因要素当作以实现某种结果为目标的手段——这就是人类行为最为本质的特征，它使得行为从一切"单纯的"因果流程中脱颖而出。特殊意义上的因果关系，是一种"盲目的"范畴；它是盲目、漫无目的地向前推撞（Vorwärtsstoßen）的过程：其结果是，现有的原因要素"盲目地"聚合在了一起。不过，恰恰因为因果关系是漫无目的的，所以它可以被用于实施目的性活动（Zwecktätigkeit）：我们只需要把按照规律将会引起某一特定结果的原因要素都汇集起来，然后这种因果关联（Kausalnexus）——抽象地来说，它本身是"盲目的"——就会产生出预期的结果。

为此，唯一的必要条件是：我们拥有一种原因要素，它能够"注视

---

[21] ZStW 51 S. 703 ff.；Naturalismus S. 70 ff.

[22] Wolf, v. Wesen d. Täters S. 25；Krisis u. Neubau S. 36 ff.；ZAkDR 1936 S. 326f.；Berges, DStR 1934 S. 240；Dahm, Verbrechen u. Tatbestand S. 91；Eb. Schmidt, militärische Straftat S. 8ff.；Schaffstein, ZStW 57 S. 312；最新的观点尤其可以参考 Ramm, ZStW 58 S. 397 ff.。

着"对其产生原因力的过程并进行调控，这就是人的意志。在一定的有限范围内，意志能够对其产生因果作用力的过程加以预见，进而根据目的对是否以及如何介入这一过程进行调控。意志不单是一种对现实进行**改变**的因素，它首先是一种对现实**有意识地**加以塑造的因素。这不仅仅是意志的"主观"属性，而且是一种客观的功能：从其**客观的**形象来看，行为发生的过程并非纯粹盲目地由因果关系所决定，这是被人有目的地加以选择并且指向一定目标的过程；也就是说，不论因果流程如何，行为发生的过程是由人有目的地（注视着）预先支配或者凌驾支配（vor-oder überdeterminieren）的过程。所有义化的、社会的以及法律的定在，都建立在意志所拥有的这种"客观—目的性"的功能之上。一种法秩序，如果它追求的目的始终在于，维护某种当前具有价值的状态，或者推动未来形成某种具有价值的状态，那么，只有当我们拥有一种因果要素，它能够有意识、有目的地去塑造未来时，这种法秩序才能成为现实。

当然，意志的这种"客观—目的性"的功能是有限的，所以，可能会产生一种假象，仿佛意志完全是"主观性的"东西。只有在以下这种情况中，意志才能发挥"客观—目的性"的功能，即：意志正确地预见到了该结果，并且由此确实目的性地预先支配了引起结果发生的过程。一切结果，只要不是以"使用手段去实现目的"的方式而产生，不管它完全不可预见（纯粹的意外事件）还是具有预见和避免可能性，都属于盲目因果力的聚合（Resultanten）。从两者的客观（本体论）过程来看，完全不可预见的事件和可预见、可避免的事件没什么两样：它们都是单纯引起结果发生的事件。确实，对二者加以区分也可能具有法律上的意义；特别是，只有可避免的结果引起事件才会进入刑法的考察范围。然而，在（存在论的）结构上，两者都与目的性的行为过程不同；在法律和社会的生活空间当中，这种（存在论）结构上的差异就使得两者与目的行为截然分离开来。因为，设定目的的意志为目的行为过程塑造了客观的形象，这种意志以富于意义的方式为实现目的设置了手段，从而用目的赋予了手段以某种意义。所以，整个行为，不论在哪一发展阶段，都是设定目的之意志支配下的现实的**意义统一体**，简单地说，都是实现

_113

意志的过程，也就是实现由意志所设定之行为意义的过程。所有这些，都是单纯引起结果的事件所缺乏的，包括可避免的事件在内。但是，既然刑法规制的对象是作为**社会**现象的行为，那么这就很清楚了：一个是作为意义表达的行为，另一个是作为单纯可避免的引起结果之事件的"行为"，两者的区别在法律上也具有极大的意义，即我们绝不能认为，目的行为和可避免的引起结果之事件在客观构造上是相同的。把目的行为的基本构造与过失引起结果的事件（广义上的行为）相混合的做法——即使只是在所谓"客观的"构成要件上把两者相混合——必然会在基础理论问题上犯下错误。因为，这种做法迁就于单纯引起结果的事件，却抹杀了目的（故意）行为所具有的关键特征，目的行为是目的性意志现实地表达意义的过程。刑法教义学首要的起点，是目的（故意）行为。

接下来，我们需要对目的行为的这一特征展开进一步的研究。此前，我们从目的**实现**的角度对目的性（Zwecktätigkeit）进行了考察。这指的就是，行为人以富有意义的方式去选择手段（根据意志对于可能之因果流程的认知），手段得以付诸实施并最终实现了目的。所有这些都涉及特殊意义上之行为的目的侧面，涉及对行为决意（Handlungsentschluss）的**贯彻执行**。人是根据价值观念来作出行为决意的。一个人之所以实施行为，仅仅是因为他认为，自己想要做的事情是有价值的。这样一来，我们就触及了行为的一个要素，该要素在行为人有目的地实施行为之前，就已经"预先（至少是和该行为同时）被决定了下来"，它指的就是推动行为人去实施行为的积极的（价值）抉择。由于行为的这个部分涉及价值抉择，所以笔者想称之为行为的"情感"（emotional）侧面。责任非难的对象，就存在于行为的这一侧面之中。对于目的行为来说，责任要素涉及的就是意志所作的一种抉择，它表明行为人决定取低级别的价值（无价值）而舍高级别的价值。或者用更严格的法律术语来说：责任非难所针对的是，行为人作出了倾向于不法行为的价值抉择，并根据该抉择实施了不法行为。㉓

㉓ 这句话的最后一部分有双重含义：第一，它表明，在**法律**领域当中，绝不可能出现**纯粹的**意志（思想）责任。第二，它也说明，行为必然以那样的价值抉择为其根据。

以上，我们通过纯粹原则性（社会道德）的考量，对责任的概念进行了界定。从内容上来看，这一概念无异于将实定法为责任能力所下的定义具体运用到了**目的**行为之上。在教义学上，令人吃惊的一点是，人们在探求责任的本质时，并没有严格地以责任能力的积极内容为依据。责任能力概念的内容是：对**不法**有所认知并**按照**该认知去实施行为的能力。如果我们把这一概念运用到故意行为之上，就会清楚地发现，这一概念只是在一定程度上说明了，行为人是根据何种价值抉择去实施行为的。行为赖以存在的基础只能是，行为人以富有意义的方式作出了倾向于不法的抉择；但这绝不意味着，故意本身也必然属于责任的内容。完全相反！即便是精神病患者也能够实施故意（目的）行为（只要他还没有沦落到只能实施单纯反射性举动的地步），这一点是绝对不可置疑的。他能够以富有意义的方式对可能的因果进程、对为实现目的所必要的手段加以选择。（我们只需想一下，在现实中，精神病患者以异常狡诈的方式实施犯行的情况比比皆是！）对于精神病患者来说，这种智识性和目的性的能力完全可能毫发无损。（而且，《刑法》第 51 条也并不要求精神病人欠缺这种能力。）他所缺少的，是作出**富有意义**之价值抉择的能力。促使精神病人作出行为**决意**的评价——他随后就是根据该评价以高度目的性的方式去**实施**行为的——是纯粹的本能冲动，而不是以**富含意义**的不法认知为基础的价值抉择。

责任非难的真正对象与故意之间的关系，以及故意和行为之间的关系，可以简单归纳如下：故意的目的（不法）行为，既可能是有责的，也可能是无责的；这取决于，促使行为人实施行为的评价，究竟是建立在富含意义的价值认知还是建立在纯粹本能冲动的基础之上。故意不属于责任，而是属于行为的组成部分。早前的观点认为，客观因果的法益侵害是完全独立的，我们在它之外又"添加"了另一个**现实的**要素[24]，即主观心理的方面。然而，"责任"并没有为行为添加任何**现实的**要素，比如"评价"要素；事实上，**任何一个**行为都是基于某种评价而得以实

---

[24] 该要素也可能出现缺失。

施的。责任非难只是根源于某种特殊类型的评价。它所涉及的，是基于富含意义之价值抉择而实施的行为。因此，任何一个行为都是由目的要素和情感要素结合而成的不可分割的整体，无论是有责的行为还是无责的行为，概莫能外。有责行为区别于无责行为的地方在于，行为人将其价值抉择付诸实行的过程是包含意义的，而这种意义正是有责行为具备特定之道德无价值的根据所在。㉕ 由此可见，所谓"自然"故意的现象并没有给我们造成任何困难，因为一般来说，故意就属于行为，而不属于责任。

第二部分：故意犯

一、不法

在这部分，我们遇到的第一个问题是：将不法行为和有责的不法行为区分开来，或者用教义学的术语来说，承认违法性具有独立于责任的意义，这究竟是否合适呢？我们已经看到，责任指的是行为人以具有意义的方式选择无价值而舍弃价值、选择不法而舍弃法。由此可以得出结论：对行为的价值持赞同还是反对的态度，这是由意志来加以抉择的，故行为的价值必然先于行为人作出价值抉择的行动而存在。在这种行为的无价值之外，又另行出现了责任的无价值。责任无价值包含着一种非难，非难的原因在于：意志以**具有意义的**方式选择了这种行为无价值。当行为人以**富含意义的**方式选择实施不法行为时，这种抉择就具有了一种特殊的无价值，这种无价值就是责任无价值。（纯粹的本能行为，就缺少这种特殊的无价值。）

这是一个浅显易懂的价值论事实，它在现实的社会存在中随处可见，因为，我们随时都可以抛开行为人是有责还是无责这一点，独立地将行为评价为"合法"或者"违法"的行为。从教义学来说，这就是对

㉕ 从这一点来看，我们也可以说，责任的出现，在行为无价值（违法性）之外又增添了另一种无价值。但这一无价值绝不是什么新的**现实**要素。对此，见下文第 117 页。

违法性和责任加以区分的内在根据。即便这种区分在法学上得不出任何结论，这一内在根据也依然足以支撑它的成立。㉖但在事实上，即使从法学实践的角度来看，这种区分也具有重大的意义，特别是正如我们将会看到的那样，它对于正犯概念以及共犯理论至关重要。

将行为无价值和责任无价值（即违法性和责任）区分开来的做法，看似简单，但真正的问题其实才刚刚浮出水面。在此，我们有必要记住一点，那就是：当今这种将客观不法和责任相分离的做法，是由民法学界率先践行的，也就是出现在耶林关于罗马私法之责任要素的文章（1867年）之中。㉗刑法中的违法性，也一同从这一元祖那里继承了某种遗产。民法观察事物的出发点始终都是结果，是已经出现的财产转移、财产损失、财产妨害；民法正是致力于对这些结果进行抵偿。在民法当中，作为举动的行为（相对于刑法来说）却极其无足轻重。这样一来我们就很容易理解，为什么人们首先是从结果事实出发去审视违法性的：违法性就是导致（引起）某种不被容许之结果的事实。在刑法当中，违法性也以同样的表现形式得到了广泛认可；不仅如此，在违法性趋向客观化的背景下，以因果教义学为基础的法益侵害说还为这种违法性提供了理论根据、起到了强化作用。梅茨格尔所著的《主观的不法要素》（Die subjektiven Unrechtselemente）（GerS. 89，S. 206ff.）一文，是刑法教义学晚近以来最为重要的论文之一。这篇文章以一针见血的笔调，阐述了这种从结果事实出发考察违法性（所谓的"客观的"违法性）的观点。他认为，不法"指的是改变某种为法律所容许的状态，或者引起某种不被法律所允许的状态，而不是以法律上不被允许的方式去改变某种状态。犯罪之所以违法，是因为它产生了违法性"（S. 246）。这段话再

㉖ 就此而言，承认违法性具有独立地位会在教义学上产生何种后果，这从**价值论的角度**来看只是个次要的问题。不过，如果我们从实践性教义学的角度去加以审视，那么教义学上的后果就会成为人们关注的中心。只是，即便在教义学的层面上，我们也不可忽视这种基础性的研究，不能把违法性和责任的区分仅仅看成是涉及后果的技术性问题。可是最近，Schwinge-Zimmel，Wesensschau 正是这么做的。对此持反对观点的还有 Engisch, MonKrim-Bi. 29 S. 140 和 Mayer, DStR. 1938 S. 106。

㉗ 参见 H. A. Fischer, Rechtswidrigkeit S. 120f.；Mezger, GerS. 89 S. 211ff.。

清楚不过地说明了违法性与纯粹结果事实之间的关系！梅茨格尔的这段论述，把极端客观违法性论推向了顶点。这篇论文的第三部分专门讨论了主观的不法要素（S. 259ff.），梅茨格尔在这部分又对违法性作了一番完全不同的考察（也就是从行为的角度出发）。这两种立场同时出现在一篇文章之中，是前后矛盾的。无独有偶，主观的不法要素恰恰最先出现在民法学研究（即 H. A. Fischers „Rechtswidrigkeit"）当中，民法学中的主观不法要素理论同样也是自相矛盾的！

违法性的这两种不同的基点，怎样才能长久地实现共存呢？当时，人们还可以将这个问题搁置不议。不论如何，"结果概念的相对性"是个祸害不浅的关键词，它所带来的倒退是令人惋惜的。因为，它不仅使得违法性与纯粹结果事实之间紧密的关联归于消失，更重要的是，它把引起结果的方式曲解成了某种（因果的）结果事实。在上文援引过的梅茨格尔的那篇基础性论文当中，梅氏最迫切的愿望就是想要证明，行为，也就是引起不被容许之结果的特殊方式，对于违法性来说是无足轻重的。的确，像他那样普遍化的说法是错误的，但是错误的清晰性往往比模糊的"正确性"要来得"更正确一些"。违法性与纯粹结果事实之间具有清晰的关联，它至少能够说明，确实存在着这样一类情形，即引起结果的方式对于违法性来说是微不足道的。这主要指的是民法领域（例如《民法典》第1004条），或者违法性的首要特征体现为某种结果事实的情况，例如"违法的财产性利益"！另外，原本也应该很清楚的一点是，通常来说，纵使不法还包括了纯粹结果事实（"不被容许的结果"）以外的其他内容，但结果事实至少还是不法的一个**组成部分**。基于这一点，我们本该认识到，根本就不存在统一的"不法"，违法性的内容（对象）可以是多种多样的。我们可以用最粗略的线条勾勒出最重要的几种不法类型：第一是纯粹的结果事实；第二（通常）是行为的方式**以及**不被容许的结果；第三是不被容许的行为，但没有任何结果事实（结果＝独立于行动的状态）。这最后一类就包括未遂（民法的特点就在于不承认未遂）、纯粹的行为犯，特别是刑法对不道德的思想态度加以处罚的情形（例如兽奸）。

因此，至关重要的是要确定一点，即并不存在统一和同类的违法性，违法性的内容是形形色色的，有的简单一些，有的则复杂一些，违法性中较为简单的形式（不被容许的结果）往往是较复杂形式的组成部分。这样一来，我们就能很清楚地看到，学界关于违法性究竟是否纯"客观"的争论，完全偏离了正道：现实中既存在着纯粹客观的违法性，同样也存在着极其依赖于主观要素才能实现的违法性——其依赖的程度和普遍性远比此前学说认为的要高，因为此前的学说总是在原则上坚持以结果事实为导向。

接下来要讨论的另一个问题是：在纯粹结果事实之外"多出来的部分"（Mehr）是所谓刑事不法的组成内容，那么这"多出来的部分"究竟是什么呢？"结果概念的相对性"这个祸害不浅的关键词，必然从一开始就会把我们作答的思路扯到一个特定的方向上去，因为，如果认为结果就是因果作用力，那么行为就成了"相对的结果"，它同样属于法定构成要件所要求的"客观"因果关系的中间环节。这样一来，行为就被曲解成了某种因果作用的序列。于是，不法的纯粹客观属性，就凭借着这些中间环节而得以维系。

至于这种观点给教义学带来了何种后果，我们最好透过法益侵害说来作一番考察。法益侵害说不外乎就是因果教义在违法性领域的具体反映。如果我们更深入地考察一下法益论的最新发展，就会产生某种强烈而挥之不去的不适感。法益成了一个完全捉摸不定的普罗透斯*，就在我们自认为已经确定了其内容的时候，它很快就摇身一变而成了另一个东西。我们决不能因此而去怪罪"法-益"（Rechts-Gut）这个词，它本来是一个很好的德语词汇。因为"法益"让我们想到的是某种清晰的确定之物，是外在的财（Güter）。远比这个更危险的，是德语当中那个极端空洞模糊的外来词："利益"（Interesse）。大多数人都用这个词来表述法益，甚至还经常有人宣扬说，利益这个词比法益更为准确。"利益"一词就算从语言上来说，也是一个糟糕透顶的普罗透斯。没有任何一个词

---

* 普罗透斯（Πρωτεύς/ Proteus）是希腊神话中的一个早期海神。他有预测未来的神通，但只向能逮住他的人透露预言；为了避免被人逮住，他拥有随意改变自己形状的神力。因此，"普罗透斯"常被用来比喻变化多端、反复无常的人。——译者注

像它那样，能够从概念上给世间万物盖上朦胧的面纱；尤其是，这个词又不是完全的含糊不清，它看似能够对事物进行区分，这就更加提升了它的危险性。有什么东西是不关乎"利益"的呢？从法律上来说，"事关利益"的当然首先是**事实情状的价值**（Sachverhaltswert）：生命、健康、财产、自由等等；也就是法律上之"财"最初所指的意思：受到法律保护的"状态"（或者随便人们想怎么称呼它都可以）。不过，对于法来说，事关"利益"的当然还有：其一，当某种行为、活动或发展过程包含或者促进了法所保护的这种状态时，促使其出现；其二，当某种行为、举动或者发展过程损害了这种状态时，避免其出现。这样一来，国家的财产完好无损，就是关乎国家利益的事情，所以，负责管理国家财产的公务人员忠实地履行其义务，绝不违背职责，这也必然是关乎国家利益的。关乎国家"利益"的不仅只有**事实情状**的价值"，而且还包括与那些事实情状的价值具有积极或者消极关系的**行为以及不作为**。国家用以保护此种利益的手段，就是通过刑罚要求或者禁止人们实施这些行为或者不作为。对于这种由法共同体的举动体现出来的利益，我们在术语上也可以借用"法益"一词来称呼它。

从术语的角度，这种做法是完全可以考虑的一个选项。至于说它是不是恰当，那就是另一个问题了。这一问题来源于我们在选择这一术语时必须考虑到的后果。因为，人在进行思考时并不总是以对象本身为依据，它很容易会以其语言上的称谓为圭臬；一旦术语词不达意，那么思考就必然会误入歧途。举个例子：如果我们认为一切刑事不法的内容都是法益侵害，那么当一名教师容许未达到刑事责任年龄的男寄宿生们相互间实施淫乱时，就应当按照《刑法》第 175 条* 的规定对他定罪处罚。因为第 175 条意图保护的"法益"，是男性之间在身体上不发生违背性道德的举动。一旦教师违反其义务不加以干预，他就侵害到了这种"法益"。只要我们假设行为人不是男教师而是一名女教师，就能一目了然地看到，这一结论是站不住脚的［对于李斯特所举的那个著名的"汉堡鸨母案"

---

* 按照 1935 年修订后的德国《刑法》第 175 条的规定，男性之间实施性行为者构成犯罪。本条已于 1994 年被删除。——译者注

（Fall von der Hamburger Bordellwirtin）*，还真有人赞同应当对鸨母论以乱伦罪（Blutschande）］！事实上，正如赫尔穆特·迈尔（《刑法教科书》，第 330 页以下）所指出的那样，教师的行为只可能构成介绍淫乱罪（Kuppelei）。㉘ 同样地，诚如朗格（S.29）所言，当一名非国家工作人员怂恿一名无责任能力的国家工作人员去实施真正的公务犯罪时，从法益论的立场出发就会认为，对非国家工作人员应当以该公务犯罪的正犯论处。理由是，他侵害了罪刑规范所保护的法律上的利益（法益）。

法益侵害理论不能辩驳说：由于《刑法》第 175 条规定的是"亲手"犯，只有国家工作人员才能实施真正公务犯罪的正犯行为，所以法益侵害说并不会得出上述结论。因为，这种限定根本就不是法益侵害思想所包含的。当我们普遍性地将犯罪视作法益侵害时，就只能认为，只要某人有责地引起了法益侵害就够了，至于说"法益"是一种物质性的客体还是某种举动，则在所不问。如果某项原理适用于作为**物质性客体**的法益（即原则上来说，间接正犯也能够侵害该种法益），那它一般而言也必然适用于作为举动的"法益"。可是，一旦我们（主要是通过增添"亲手"这一要素）给**正犯**的举动赋予了某种特殊地位，那就等于承认，把该举动和保护客体置于同一个法益概念之下的做法是错误的。同样地，要想对正犯者之犯罪举动的特殊不法加以实体化、物质化，或者用字面上的词义来说，加以"客观化"，使之成为"法益"，那是不可能办到的，它必然会陷入致命性的错误之中。

然而，在现实当中，法益论者根本没有将其立场贯彻到底，该立场既没有在其结论中（除"汉堡鸨母案"之外）㉙，也没有在它推论的始点

＊ 所谓"汉堡鸨母案"，是在德国共犯领域经常被拿来讨论的一个教学案例。其案情是：汉堡市的一名鸨母知道妓女和某个海员之间是兄妹关系，却在两人并不知情的情况下，为了寻乐子撮合二人发生了性关系。现在的问题是：鸨母的行为无疑构成介绍淫乱罪，但是否同时还构成德国《刑法》第 173 条规定的乱伦罪呢？——译者注

㉘ 如果承认共犯的限制从属性，那么通常来说，教师的行为也成立第 175 条所规定之罪的**帮助犯**！

㉙ 最近，施温格（Schwinge）在他所著的军事刑法注释书第 99 页处甚至认为，平民也可以构成士兵临阵脱逃罪（Fahnenflucht）的间接正犯——就施温格所举的案例来说，即便存在处罚的需要，但背叛国家罪的规定通常来说也已经够用了。顺便一提，随着限制从属性原则的引入，这个问题已经迎刃而解了！

中得到贯彻。**事实上**，法益论者始终都是根据纯粹的结果事实来界定法益概念的。例如，梅茨格尔曾在《法庭杂志》第 89 卷上发表过一篇论文，从概念方面来说，该文对结果事实的表述是最无可挑剔的。[30] 施温格和齐默尔（Zimmerl）曾经合著过一篇论文，对法益理论进行了辩护，他们自己也持同样的观点。因为，两人试图通过以下这段论述消除法益理论最致命的一个弱点："人们指责法益理论的一个理由还在于，对于刑法解释来说，不仅法益侵害本身，而且引起法益侵害的方式也是十分重要的。对此，我们可以反驳说：对于大量的犯罪，比如对于谋杀、

---

[30] 当然，梅茨格尔最近（ZStW 57，S. 697）从理论上对法益概念进行了大幅度扩张，导致几乎所有的构成要件要素都被纳入了法益概念之下。即法益不仅包括保护客体，而且还包括实施行为的方式和方法、行为的手段、诸如"职务廉洁性"之类的"人的"关系，甚至还包括"所有受到禁止并且被处以刑罚的思想表达活动"！当然，这种做法把我们带入到了概念的黑夜，在这里，事物间的差别全都归于消失！

需要注意的是，赫尔穆特·迈尔在他的一篇旨在澄清犯罪概念的论文当中，也对法益概念作了过宽的理解（DStrR. 1938 S. 83）。当然，"法益"究竟是物质性的还是精神观念性的，这并不要紧：作为诽谤罪的对象，名誉也属于一种法益。但是，要说"每一条罪刑规范都保护着某种法益"，这在我看来是错误的。如果我们不假思索地把道德和诸如财产、名誉之类的保护客体置于同一层面之上，那么这不仅是不适当的，而且还会得出错误的结论。将纯粹的行动无价值（Aktunwert）客观化、使之变为对象无价值（Gegenstandsunwert）的做法，其错误在前文已有所揭示；因此，导致这一错误出现的原因，并不在于人们使用了一个不恰当的术语。

在我看来，人们之所以坚持不懈地对法益概念进行着如此大规模的扩张，根源就在于保护思想（Schutzgedanke），它是刑法的基石之一。梅茨格尔以下这句话再清楚不过地道出了这一点："只要承认保护思想是刑法的重要根基，那便意味着，我们必须同时肯定法益思想"（ZStW 57 S. 696）。——对此，我要说的是：不管奉行何种刑罚理论，**经验性**的刑罚（empirische Strafe）也发挥着某种保护功能，这一点是毋庸置疑的。即便我们从理念上将刑罚理解为赎罪的一种形式，作为经验性措施的刑罚也仍然保护着受道德规制的共同体生活免遭犯罪的侵犯，这一点也无可争议。可是，一旦我们以那种基础性的保护思想为根据推导出法益概念，并由此使法益成为一般保护思想的反映，那情况就完全不同了。这样一来，凡是由刑罚所保护的东西，都必然属于法益。于是，既然刑事制裁旨在确保规范能够得到遵守，那么全部的规范，乃至整个法秩序都属于法益。这样的法益概念把所有这一切统统混杂在了一起，它作为教义学上的一个具体要素是毫无用处的。它那儿残存仅剩的唯一内容，就是赤裸裸的保护思想。——有一条规范的内容是"不得偷盗"，尽管《刑法》第 242 条的确是借助刑事制裁来保障该规范得到人们遵守，但要说这条规范是《刑法》第 242 条所保护的法益，那毫无意义。同理，全体刑法规范的确是在保护着整个共同体秩序，但是要把共同体秩序说成是所有刑法规范保护的法益，那在教义学上毫无价值可言。相反，把共同体秩序看作个别罪刑规范，比如背叛国家罪所保护的法益，这在教义学上是有意义的。只有当我们不是把**刑罚**所保护的东西，而是将**规范**，即法律上的命令或者禁止性规范所保护的东西看作法益时，才能建立起一个有用的法益概念。《刑法》第 242 条的刑事制裁所保护的是"不得偷盗"这一规范，但第

杀人、身体伤害、诽谤等犯罪而言，侵害方式完全无足轻重。"（S. 70 Anm. 21）在这段论述中，结果事实，或者更准确地说保护客体十分明显地独立于行为人的举动，并且与后者形成了对立，这样一来它就作为

242条背后的那条规范，它所保护的只是财产，而不是与财产相关的举动：仅仅是为了保护财产，这一规范才禁止相关的举动。受到命令或者禁止的举动，它有其物质性或者精神性的行为客体，法益所指的仅仅是举动针对的这种行为客体，而不是举动本身。否则，我们就会坠入长夜，那时天下牛羊一般黑。所以，当某一构成要件处罚的是单纯有违社会伦理的举动时，它是缺少法益的。"不得偷窃"这一伦理规范保护的是财产。但是，"不得乱伦"这一伦理规范却并不保护伦理，它是受到刑事制裁保护的伦理规范。在此，刑法是在没有法益受到侵害的情况下，对不道德的举动本身加以禁止。如果我们把禁止介绍淫乱的规范拿来作个对比，就能看得更清楚。禁止介绍淫乱的规范，它不仅禁止行为人实施不道德的举动，而且还对**第三人**合乎道德的举动加以保护。也就是说，它试图使**第三人**免受不道德举动之害。后者，即第三人"合乎道德的品性"，或者更准确地说：第三人合乎道德的现实举动，才是该禁止性规范的保护客体。〔这里只需要注意一点："法益"无须是一种"静止的"——不论是物质性还是精神性的——客体，它也可能表现为第三人的某种（现实）举动，只要它不是单纯**行为人**自己的举动即可。行为人自身的举动受到规范的禁止，但它并不受规范的保护。〕从这个意义上来说，"职务行为的廉洁性"，或者更确切地说公务人员对其职责的忠诚，也能够成为保护客体，也就是成为《刑法》第333条规定之积极受贿罪的保护客体（RG 72 S. 175）：第333条背后的规范旨在保护国家工作人员对职责的忠诚免受第三人的侵犯。然而，我们一定会马上注意到，对于现实当中的职务犯罪来说，"职务廉洁性"在教义学上所具有的地位却与此截然不同。"不得侵吞公共资金"这一规范并非旨在**保护**国家工作人员对职责的忠诚态度，它是要求国家工作人员尽忠职守的一道命令规范，而该规范所**保护**的是公务领域中获得的财产（正如《刑法》第340条第1款所保护的是身体和自由一样）。**刑事制裁所保护的才是公务人员遵从尽忠职守要求的行为**，但是刑事制裁也用完全相同的方式保护着所有其他的规范，这些规范也都没有因此而变成法益。公务中的忠诚态度（"职务廉洁性"）是一种（得到刑罚保护的）特殊种类的社会道德义务（类似于性道德或者军事纪律），但它并不是一种**法益**。行为人不忠的态度，可能会同时对他受托照管的财（身体、自由、财产）造成侵害；但是，这种态度也可能表现为纯粹不忠的举动，而它并不侵害某种法益（例如《刑法》第331条等）。——一切罪刑规范都禁止人们实施不道德（违反社会伦理）的举动。即便是"不得偷盗"这一规范，也包含了禁止实施不道德举动的命令。（还没人会冒出这样的想法，认为第242条所保护的法益是合乎道德的品性！）**受到禁止的违反社会伦理的举动（而不是某种法益侵害），是所有规范都普遍具有的无价值内容**。不过，绝大多数规范所涉及的并不是纯粹的不道德举动，这正如绝大多数情况下，某个举动之所以不道德，并不是**单纯**因为**它本身**，而是因为该举动意图对某种独立于它而存在的（静止或者功能性的）状态施加影响。只有在后一种意义上，谈论法益才是有价值的；也只有在这种意义上，法益才能在一般性的保护思想之外，进一步对犯罪概念产生独特的教义学意义。如果我们正确地理解了法益概念，那么它的实践价值就主要体现在共犯理论当中。因为，如果犯罪行为只具有单纯的行动无价值，那么正犯者就必须自行完整地实施违反社会伦理的举动；但是，如果行动无价值与某种法益侵害相联系，那么对于该法益侵害来说就存在成立间接正犯的可能（见下文第156页以下）。正确地理解法益概念，这对于禁止错误有着根本性的重要意义。因为，职务的廉洁性、性道德以及军事纪律都不属于法益（至少原则上都不属于！），它们只是勾画了行为人所负特殊义务的范围，对于这些东西的错认识不是关于权利**客体**（Rechtsobjekt）的错误，而是关于行为人所负法律义务的错误，因此属于禁止错误！（H. Mayer, Lehrbuch S. 302 的观点并不确定。）

"真正的"法益脱颖而出。㉛ 该观点是有道理的，因为只有通过这种限制，法益才能在教义学中发挥积极的功能；而法益之所以具备这一功能，是因为它指明了保护的客体，犯罪行为正是针对着这种客体。当然，绝大多数构成要件所涉及的犯罪，都拥有某种独立于举动之外的结果事实。㉜ 从没有人否定过法益的这项功能。㉝ 出错的不是（作为静止或者功能性之保护客体的）法益概念，而是法益侵害说。就算法益侵害说像上文所述那样将法益概念限定在保护**客体**之上，但还是清除不了它在**根子**上的一个致命性错误。

法益侵害说的根本错误在于，它不是在现实的社会生活空间中，而是在一个死气沉沉、毫无功能的世界中去观察法益的。赫尔穆特·迈尔曾经试图通过以下这个绝妙的类比来说明这一点㉞：社会的价值世界仿佛是一间宽敞的物理教室，在这里，所有物件都完好地各居其位；犯罪人就是那不受欢迎的实验员，他忙于在这些物件中翻检倒腾——我曾在自己的讨论课上用了一个非常相似的类比，我认为这个类比更有启发性：在法益保护理论看来，法益就是博物馆里的一些展品，它们被小心翼翼地保存在陈列柜中以防破损，只有参观者的目光才允许从它们身上掠过。犯罪人侵入了这块安全的领地，粗暴地进犯其中。用一种不那么形象的说法，这意味着：那种认为犯罪就是法益侵害的观点，源自一个观念，即法益原本一直处在完好无损、免受侵害危险的安全状态之中，直到犯罪的出现，才给法益带来了损害。

然而，法律的社会现实却绝非如此：现实中只存在着发挥"功能"的法益，换言之，只存在着在社会生活中施加影响和接受影响的法益。

㉛ 对此亦可参考 Dahm ZStW. 57, S. 230ff. 。

㉜ 至于说侵害客体（Angriffsobjekt）和保护客体是否一致，这个争议问题更多是术语方面的：如果我们（错误地）完全从自然主义的角度，而不是从其法律和社会意义的角度去把握侵害对象，那么这两种对象就不会发生重叠。

㉝ 即便是与法益论者展开论战的沙夫施泰因，他在《作为义务违反的犯罪》（Das Verbrechen als Pflichtverletzung）（对此参见笔者的评论 ZStW. 56 S. 125）这篇论文中，也没有否定这一点。施温格和齐默尔（S. 60）警告说，法益本身处在危险之中，但这个说法是有偏差的。（至多可以说，沙夫施泰因为法益设定的空间过于狭小了。）施温格和齐默尔并没有切中针对法益论的关键争点，所以我们必须把以上所引的评论也纳入其中。

㉞ H. Mayer, Lehrbuch S. 205. ——当然，我无法确定，这段论述是不是确实指向上文提到的内容。

生命、健康、自由、财产等等，它们并不是简单地"待在那里"（da），其存在是一种发挥着功能的存在（In-Funktion-Sein），也就是在社会的紧密关系中既产生着影响，又接受着影响。而且，这些影响——即便在我们想象的天下无贼的"原初状态"中也——并不总是积极性的（提升性的、增加性的），同样有很多甚至更多是消极性的（损害性的、消耗性的）。一切社会生活都存在于对"法益"的投入和消耗之中，正如所有的生命归根结底也同样是对生命的消耗一样。因此，只有对个体的行动自由不断加以限制，才有可能形成社会的共同生活。——每一种艰辛的劳作都要求我们付出体力，这也意味着身体健康会遭受损害；更不要说现代大规模的交通运输，只有对人们的自由彼此加以限制，只有对身体造成一定的损害[35]，这种运输事业才能进行。我们只需要认真地想一下，在一天之中，人们会给法益造成多少的损害、危险和侵犯，与此同时自己的法益又会遭受多少的损害、危险和侵犯。我们在这里想到的还只是"平均的"社会共同生活。现在我们可以想象，这种社会生活越来越多地充斥着各种"危险"活动，该风险是人们制造出来或者必须经受的，它们会带来各种成本，直至付出生命。此外，我们还要考虑到，生活逐渐趋于习惯这些风险，它们最终将成为社会存在的日常组成部分，从而不再引起人们的关注。在这方面，以铁路为开端的现代交通运输事业的发展，就是最具启发意义的例证。[36]

我们在考虑了所有这些情况之后，就能非常清楚地看到：将犯罪定义为法益侵害（或者法益危险），这并没有点出问题的关键。假如法律真的想要对一切作为客观不法的法益侵害都加以禁止的话，那么所有的社会生活都必然会在顷刻间戛然而止。于是，我们所拥有的就是一个只用于参观的博物馆世界。法律的意义并不在于，将法益想象成完好无损之物，使之免受一切损害性的影响，而在于，从法益施加影响和遭受损害的无数功能中，挑选出那些对于道德规制下的共同体生存来说**不可容忍者**，并对之加以禁止。法律并非对**任何一种**法益损害都加以禁止（也

---

[35] 火车、有轨电车、公共汽车只在规定的站点停车，这是人们司空见惯的事实，但就是在这个事实当中，乘客的自由遭受了百万次的限制。按照法益侵害理论，只能认为该行为符合了非法拘禁罪的构成要件，然后再根据被害人承诺排除行为的违法性。

[36] 在1861年的时候，人们还认为经营铁路运输的活动"本身"是违法的。Mayer, Lehrbuch S. 246.

不能说法律"原则上"对所有法益损害都加以禁止），它自始只针对特定种类的影响施加保护。要想让有序的共同体生活在充满生机与活力的功能中得以展开，发生一定的损害是必不可少的；但是，如果某种影响过分提高了损害的程度，那它就属于法律所要禁止的对象。只有针对特定种类的法益损害，才会存在法益保护！因此，只有吸收考虑到了特定种类的损害之后，法律才可能对法益施加保护。由于民法首要关注的是对损失进行补偿，所以它规制的范围异常宽泛，只要存在引起结果的事实，即只要认定损害的发生可以归属于某人在法律上所拥有的势力范围（例如动物饲养者的责任），就够了。但刑法从一开始就把规制对象仅仅限定在人的目的活动之上；引起结果的事实，只有当它能够通过目的活动得到避免（成立广义上的行为）时，该事实才会进入刑法的视野。

这样，对于我们之前所提出的问题，就可以给出初步的回答了：为了能够建立起刑法特有的不法，我们必须在结果事实之外添加"多出来的部分"；而这"多出来的部分"首先就是指目的行为，在例外的情况下也包括**可避免的**结果引起事实。

不过，这一结论还有待进一步精确化：就"行为"（也就是目的行为）而言，如果我们不把它理解成具有社会意义的现象、理解成社会生活空间内的行为，那么它和"引起结果的事实"一样始终都还是一种抽象之物。但是，接下来，正如我们前面看到的那样，所有行为，只要它在功能上处于某一民族共同体生活之历史形成的秩序之内，就都应当被排除在不法的概念以外。用一个关键词来概括，这种行为就被称为"社会相当的"（sozialadäquat）行为。只要依照历史形成的共同体生活秩序，共同体的生活是凭借某种活动而得以展开的，那么该活动就属于社会相当的行为。搭乘火车是一种社会相当的活动；建议他人乘坐火车出行，这同样也是一种社会相当的行为。于是，那个颇为无聊的例子就可以迎刃而解了：侄儿意图使其叔父死于火车事故以便继承其遗产，于是劝说后者乘坐火车外出，而事故果然如期而至，本案中侄儿是否成立犯罪呢？㊲这个例子和因果关系以及故意均无关，它所涉及的是行为的社会意义，而我们把这种意义称为社会相当性（soziale Adäquanz）。这个例子和违

㊲　还有一个更无聊的例子，即行为人在森林里种植了一株颠茄，导致他人有可能因为误食颠茄而死亡。

法性也无关，因为只有在认定行为逾越了社会相当性之后，才有必要考虑违法性的问题。对于敲诈勒索罪来说，社会相当性的原理已经得到了普遍认可；当行为人以"合乎交往规则"（verkehrsmäßig）的恶害相威胁时，该行为自始就不符合敲诈勒索罪的构成要件。[38]（在这里，根本没有人会主张，社会相当性是一种不法排除事由！）

社会相当性的一种特殊情形，是被容许的风险（das erlaubte Risiko）。被容许的风险和其他社会相当之行为的唯一区别点在于，二者在法益侵害的危险程度上存在差异。（即便在其他社会相当的行为当中，法益侵害的危险程度也会因为活动的种类不同而有所区别，我们想一想体育竞赛就知道了！）当然，由于被容许风险的危险程度较高，所以它更为贴近不法排除事由的思想。对于这个问题如何作答，悉听尊便，因为它毫无实际意义。只有当某种行为逾越了社会相当性（或者被容许的

---

[38] 当然，"合乎交往规则性"——以及"交往"中必要的注意（见下文第167页以下）或者"交往伦理"（Verkehrssitte）之类的概念——的缺陷和疑问就在于，它基本上只是一个事实性的平均概念，或者至少让人们想到的是事实性的平均概念。"合乎交往规则性"这一概念，清晰地表达出了社会相当性的功能性侧面，也就是表达出了这样一种思想，即社会的共同体存在是一个**功能性**的世界，在此，所有的"法益"自始至终必然地处在作用和反作用的相互交流之中（也就是"交往之中"）。换言之，所有的"法益"都处在富有活力的功能之中，而只有通过这种功能，法益的存在才能成为社会生活的财富。但是，社会相当性的内容并不局限于此，它不只是一个功能性的秩序概念（funktionaler Ordnungsbegriff），而且还是一个**价值性的秩序概念**（werthafter Ordnungsbegriff）：用以支配功能性社会生活的形式，并不是单纯事实性的习惯，而是历史中的**秩序**。这种秩序形成于实际的生活状态（比如技术发展）与价值观念（Werterhaltung）之间的条件关联，也在这种条件关联中获得进一步的发展；共同体凭借这种价值观念，以评价和规制的方式对各种存在状态给予回应。只有吸纳了这种规范价值的侧面［即社会的"适当性"（Angemessenheit）］，社会相当性才能成为法律建构活动的一项内在原则。也就是说，社会相当性之所以是一项原则，不仅是因为法律有时会明确地提示我们去关注它——比如合乎交往规则性（Verkehrsmäßigkeit）这个概念（《民法典》第276、242条），或者像《刑法》第253条那样暗含了该原则——而且因为它是整个构成要件赖以建立的原则。社会相当性使我们认识到，一切以成文法律形式规定下来的法，都是迈入了一个历史上**业已形成**的世界之中。成文法律对该世界的秩序加以巩固，或者（通过历史上有意识的行动）对其作出改变，推动其向前发展；但是，成文法律不可能穷尽秩序的全部内容，它要么需要直接与秩序发生关联（比如借助合乎交往规则这一概念），要么成文法律的概念至少需要间接地从它与秩序的关联性中去获取其意义内涵（关于后者，参见下文，尤其是第135页以下）。

［笔者从沙夫施泰因在 ZStW 57 S.652 上发表的文献综述中得知，荷兰人 H.B. Vos (Leerboeck van Nederlandsch Strafrecht, 1936) 将"合乎交往规则性"视为违法性论的核心，他认为：刑法只是禁止异常的行为，所以合乎交往规则的行为，即便它在形式上符合某一犯罪的构成要件，也始终是合法的——很明显，这一观点至少正确地强调了社会相当性的功能侧面；但是，如果不吸纳价值和历史的秩序要素，它是不可能有所作为的。］

风险）时，它才可能被认定为违法行为。

现在，我们需要仔细地考察一下这种行为的构造。我们已经看到：只有在与特定种类的损害相关联的情况下，才谈得上法益保护。对于刑法来说——和民法不同——纯粹的结果引起事实（原则上）是不予考虑的。刑法规制的对象首先是以引起某种消极结果为目的指向的（目的性的）**行为**[39]；在例外的情况下，如果单纯的**结果引起事实**能够（借助目的性活动）得到避免，那么它在很小的范围内也可以成为刑法的对象。不过，一旦我们承认导致结果发生的方式对于不法构成要件是有意义的，那么最终就必须得出结论认为：目的行为和可避免的结果引起事实，并不能共享同一种不法构成要件，因为两者导致结果发生的方式完全不同。事实上，现实中存在的不法构成要件，**要么**是目的性不法的构成要件，**要么**是可避免的因果性不法的构成要件。假如我们让两者共用一个称谓，那就只会把目的性的构成要件曲解成纯粹因果性的构成要件，会抹杀目的性构成要件在引起结果发生的方式上具有的关键特点。这样一来，我们也会退回到古典法益侵害理论的老路上，在这一理论看来，导致结果发生的方式对于不法来说是无关紧要的。

我们可以将上文的结论简短概括如下：作为导致结果发生的一种特殊方式，目的性要素同属于刑事不法的一个重要组成部分。故意犯和过失犯在不法构成要件中就已经存在差别了。作为追求实现目标的目的性活动的要素，故意属于不法构成要件的内容。需要补充的是：如果法定构成要件没有对实施行为的特殊手段加以规定，那么原则上来说，任何手段都足以符合构成要件，唯一起决定作用的是追求实现目标的目的性活动，正是它将各种现实的条件朝着结果发生的方向加以引导。这里根本不要求外在事件必须具有某种特殊的典型性（Typizität），由于缺少其他的标准，所以人们只能根据生活用语去确定某一事件是否典型。例如，贝林（GerS. 101 S. 1ff.）试图根据生活用语去解释《刑法》第211条以下数条所规定的杀人概念；赫尔穆特·迈尔（Lehrbuch S. 212）虽

---

[39] 由于当前我们仍在与法益侵害说进行着论战，所以需要以结果犯为讨论的对象。法益侵害说将行为犯曲解为结果犯，关于它的这个错误，笔者在上文中已经揭示出来了。

然提出了一些疑虑和限制，但总体上仍赞同贝林的做法。尽管语言的意义（Sprachsinn）也可能对研究产生推进和启发作用，但是把生活用语奉为最终的决定性标准，这过于不确定，也过于模糊。这已经成为人们反对贝林观点时，经常使用的一个颇有信服力的理由。《刑法》第211条中的"杀害"和第222条中的"致人死亡"，这两者的区别不在于是否具有典型性，而在于是否具有目的性的犯行支配（finale Tatherrschaft）。在共犯理论中，目的性犯行支配的意义将清晰地展现在我们面前（见下文第147页以下）。如果我们试图要求构成要件行为必须具有特殊的典型性，那么当狡诈透顶的犯罪分子用假象掩饰其犯行，使之看似是一种毫无害处、具有社会相当性的行为时，我们就只能认定该行为无罪。就拿迈尔所举的例子来说，行为人明知某个患有肺病的女孩一旦怀孕就必死无疑，却以致其于死地的目的与该女孩发生性关系并使其受孕。⑩ 在笔者看来，对这名行为人没有理由不以谋杀罪论处。㊶ 我

---

⑩ Mayer，Lehrbuch，S. 212f. （S. 169ff.）和 DStrR. 1938 S. 103。

㊶ 迈尔在此之外还举了其他一些例子，其中绝大部分涉及的要么是真正具有社会相当性的活动，要么是被容许的风险。当行为人有意地突破被容许的风险时，笔者仍然认为，如果行为人确实存在故意，那就没有理由不认定其行为成立故意犯罪。在**现实**当中，只有极其狡诈的犯罪人才会以这种方式作案，他以看似社会相当的活动为幌子去实施犯罪。有意地突破被容许之风险的行为还有其他例子，它们基本上都只是理论上想象的产物，在这些例子中，人们喜欢用间接故意（dolus eventualis）去说明故意的内容；但实际上，行为人只具有过失！原因在于，在**现实**生活中，当行为人有意地突破被容许的风险时，通常来说只能认为他是出于过失；但也未**必**如此，事实上，在个案当中，行为人也可能以巧妙的方式掩盖其犯罪目的，进而突破被容许的风险。（例如，为了不动声色地把船员中令人讨厌的知情者干掉，派遣他乘坐一艘不适于航海的船只出海。见 Mayer，Lehrbuch S. 213 gegen S. 171 u. DStrR. 1938 S. 104）

突破社会相当性（被容许的风险）的行为是只能由过失构成，还是也可以由故意构成？对于这个问题，"确切地了解行为人的人格"（Mayer，DStrR. 1938 S. 104）通常是很重要的；但是，也只有在如何将故意或者过失构成要件具体地**适用于个别**的犯行这个问题上，了解行为人的人格才具有重要性，它不能成为犯罪构成要件本身的解释标准。最近，迈尔似乎试图抛弃此前一直使用的生活用语标准，转而将行为人的人格作为构成要件的解释标准。把不符合犯罪构成要件的法益侵害行为排除出去，其根据在于社会相当性；只有在某一行为逾越了社会相当性（被容许的风险）的情况下，对于行为究竟成立故意还是过失犯的问题，"行为人的形象"才有意义。在这里，（可避免的）结果引起事实使得过失犯的成立范围较宽，与此相反，目的性的犯行支配则使得故意犯构成要件的成立范围和过失犯相比更为狭窄（见下文第147页以下）。——根据这样的标准，可以对迈尔所举的案例（DStrR. 1938 S. 104）作出如下判断：当某个犯罪人举枪朝着追赶而来的公务人员一通乱射时，他至少具有间接故意；但是，如果行为人派遣对方乘坐不适宜航海的船只出行，那么该行为原则上来说至多只构成过失致人死亡罪（参见上文！）。（入室盗窃者没有取走原先打算盗窃的甲物，而是拿走了乙物，这个案件和此处讨论的问题风马牛不相及。）

们在共犯关系中将会看到,"杀害"概念中的目的性,使得该罪的构成要件不仅在结构上不同于因果性构成要件,而且在成立范围上也与后者有异。在共犯关系当中,无论是从教义学还是从实践的角度,我们都将极为清晰地看到目的性构成要件和因果性构成要件之间的区别。

首先,似乎有必要将我们的研究成果用于对符合构成要件的违法行为进行**概念性**的建构。这里预先作个说明:在组建构成要件的过程中,人们会对各种概念要素加以界定;在新近构成要件学说以及概念建构理论的影响下,这种概念界定活动的价值被大大高估了。[42] 在**概念**的领域当中,人们对不法构成要件和责任事实中的客观和主观要素、规范性和记述性要素进行了区分,却由此极大地忽视了对现实中社会道德行为的**物质性**(gegenständlich)结构展开调查。这样一来,将这些要素联结起来成为行为的那种内在关联性,就不再为人们所关注,而正是这种关联性才使得行为成为一种目的性的、具有意义的整体,与此同时,这种做法也加深了这些要素之间在概念上的鸿沟。我们针对目的行为所进行的研究已经清楚地表明:客观和主观之分是相对的;即便是外在的事件也受到了"主观"的指挥;一种最为客观的手段,它也只有在追求实现某种目标的目的性关联之中,才成其为"手段",反之,作为追求实现目标的目的性活动的要素,故意也具有极高的客观意义;等等。真正本质性的东西是内在的**实质**结构,而不是对松散的**概念**要素加以界定的活动。但不论怎么说,对概念要素加以界定也并非百无一用,因为它以简洁的形式表明,构成要件各具体要素的重心究竟何在。所以,与其说它的价值在于帮助我们获取更多的认知(Erkenntniswert),还不如说它的价值在于提高思维的经济性以及便于更好地开展教学。从这一点来看,对概念的界定应当简单明了,因为一旦概念性的区分过于精细,就

---

[42] 最新的观点,亦参见 Nagler, GerS. 111 S. 52 Anm. 97 a.。

必然会降低教学法方面的价值。我们将从这一视角出发,对不法构成要件的以下这种概念性构造加以审视。这种构造的起点在于,将"客观—主观"以及"行为人—行为"这两组概念结合在一起。前一组概念的相对性是必须特别加以强调的,但是对于后一组概念所作的概念性分解,却根本无须多虑。只有一点是值得注意的:客观和主观这种古老的二元区分,曾经一度趋近于不法和责任的区分;但是在笔者看来,这种二元区分仅仅存在于不法构成要件的内部。

1. 客观的不法构成要件

(1) 客观的行为要素:

1) 具有结果事实(受到侵害的法益)的实行行为。多数构成要件要求具备法益侵害,因为大多数的犯罪都是结果犯。但是,有时也可能缺少法益侵害,这种情况并不鲜见:

a. 具有普遍性的是未遂犯,

b. 纯粹的行为犯。

2) 特殊的行为手段。

(2) 客观的行为人要素:

客观的行为人要件和行为人属性:国家工作人员、商人、士兵、子孙等等。

这里的客观性也是相对的,因为这种客观的属性同时也勾勒出了某种义务,而相关人员在主观上必须履行此种义务。[沙夫施泰因所提出的义务刑法(Pflichtenstrafrecht)主要就涉及这一领域,义务刑法的典型是军职刑法(Wehrstrafrecht)。]

2. 主观的不法构成要件

(1) 故意是目的性**犯行**支配的要素。

(2) 主观的**行为人**要素:特殊的倾向和目的(猥亵的倾向、不法所

目的行为论导论

有的目的，等等，即所谓的主观不法要素）[43][44]

这一犯罪论构造给违法性论带来了如下变化——这里也对实际操作进行了简要总结：由此导致的情况是，在法律体系当中，违法性的概念具有了多重意义。它可能具有完全不同的内容，因为它要么表示纯粹的

---

[43] 这种形态的犯罪行为构造，也很适宜运用在学校的教学过程当中。在对构成要件进行了以上分割之后，我们接着将研究不法排除事由以及责任的问题（责任论通常也是从消极意义上展开的）。与早先的模式相比，这一犯罪构造并没有带来太大的变化。也就是说，除进行更为适当的区分之外，该犯罪构造带来的唯一变化就是，按照我们新近所获得的认知，将主观要素移入了不法当中。与最近的构成要件学说相比，我们这个方案能够产生重大的简化效果；因为，最近的构成要件论不得不把主观的不法要素纳入本来是纯客观的不法构成要件之中；此后，它又不得不将故意看作责任的主观组成部分，并且在责任中加入了作为客观结晶斑（Einsprengsel）的客观责任要素。但这种划分方法是完全不可行的。

[44] 这样一来，《刑法》第42b条和第330a条（在欠缺归责能力的状态下所实施的行为）带来的问题——至少对于故意来说——就可以获得合乎体系的解决方案。故意自始就属于行为的组成部分，故它属于不法而并非属于责任。因此，就故意犯的构成要件而言，要求无责任能力者的行为具备故意，这是完全合乎体系的。（关于无责任能力者的"过失"这个问题，见下文第174页以下。）

对于《刑法》第42b条来说，不存在其他的困境。就第330a条而言，我认为，醉酒状态下的行为并非如通常课堂上所教授的那样属于一种可罚性条件（Strafbarkeitsbedingung），它其实是不法构成要件的一个组成部分。作为一种例外情形，该部分无须被责任所覆盖。（这个情况类似于结果加重犯。在结果加重犯中，较重的结果提升了不法的严重程度。这种情形和醉酒行为之间的本质区别仅仅在于，在结果加重犯中，为责任所覆盖的基本犯构成要件行为本身就明显是违法的。）第330a条所规定的不法构成要件，其内容究竟是什么呢？单纯醉酒的行为还不具有严格意义上的违法性。它实际上是一种无色的，更准确地说是一种可疑的活动，该活动只有借助醉酒状态下实施的犯行才能获得违法的色彩。一旦出现了后续的犯行，那么不法问题的最终解决就会不利于行为人。醉酒之后实施的犯行，是真正严重的要素，是真正具有不法意义的部分。在我看来，这种观察方法至少比通说更贴近现实生活。通说认为，单纯醉酒的行为就是一个完整的犯罪行为，而后续实施的行为则"仅仅"是一种与不法相脱离的可罚性条件而已。

沿着这个方向，我们还可以为共犯问题找到解决之道。单纯参与他人饮酒的行为，尚不足以成立不法。真正的不法要等到后续犯行实施之后才会出现。但是，行为人并没有（以有责的方式）参与后续的犯行。这里就显现出了醉酒行为和结果加重犯之间的区别，因为在结果加重犯中，基本犯本身就已经具备了完整的违法性。由于醉酒之后实施的犯行才是对不法的成立具有决定性意义的部分，所以整个犯罪就成了一种"极度需要由行为人本人亲手实施的"犯罪。对于这种亲手犯来说，凡是参与该犯罪的行为，都必然同时成立后续犯行这一真正不法行为的共犯。也就是说，尽管（针对两部分行为）可能成立共同正犯，但针对第330a条所规定的犯罪却不可能成立教唆犯或者帮助犯。在我看来，这种解释也更为贴近现实生活。（Schäfer-Dohnanyi, Nachtrag zu Frank S. 122, und Kohlrausch, StGB § 330a Anm. 2 也都得出了相同的结论。）

事实无价值，要么表示**行为**无价值，而后者既可能与事实无价值携手共存，也可能单独存在（即纯粹的行为无价值）。

刑法规制的首要对象是行为无价值，但行为无价值在绝大多数情况下都一并包含了事实无价值（即在结果犯中）。不过，行为无价值和事实无价值却并非必然相互联结在一起。

事实上，存在以下两种情形：

1. 脱离事实无价值（结果无价值）的行为无价值，它可能存在于：

（1）所谓的行为犯中，

（2）未遂犯中。

2. **脱离**行为无价值的事实无价值：

（1）按照通说对正当防卫法律规定的解释，"不法"侵害就属于这样的情况。通说认为，成立不法侵害的关键不在于侵害是一种违法的**行为**，而在于遭受侵害者无须对消极的结果加以忍受。"凡是引起了违法性的行为，都是违法的"。（至于说这一解释究竟是否正确，可以暂且不论；但该解释具有存在的可能性，这是无可置疑的——从教义学的角度来说，该解释极富启发性！）

（2）被容许的风险，而且该风险引发了某种消极的结果。

（3）（事实）认识错误（按照通说的看法，也包括假想防卫、假想避险等情况），在此情形中，由于故意已被排除，所以目的性的犯行支配也不复存在。不过，如果行为人存在过失，并且刑法规定了相应的犯罪构成要件，那就可能留存某种"行为"无价值（这是广义上的，也就是可避免之结果引起意义上的行为无价值）。

（4）紧急避险。对此，参见下文第143页以下。是否允许行为人针对他人的紧急避险行为实施正当防卫，这取决于第（1）点所讨论的问题，即是否应当把《刑法》第53条所规定的"不法"理解为事实无价值。根据《民法典》第228条和第904条关于紧急避险的规定，因避险行为遭受损失者至多只享有损害赔偿请求权；当然，他本人可以实施紧急避险。

第1种情形不存在什么疑难。然而，传统单一维度的违法性概念对于第2种情形完全束手无策。也就是说，视我们考察的出发点是行为还是结果，这种情形既"不违法"，同时又"违法"。特别是对于《刑法》第53条所规定的不法侵害来说，尤其令人无所适从。有的学者侧重于从行为的角度去考察违法性，他们认为将这种违法性概念运用到第53条之上，"在技术上是不可行的"（untechnisch）〔宾丁（Binding）持此看法〕；而有的学者则根据结果事实去判断违法性，在他们看来，第53条是支持其观点的最佳依据（梅茨格尔持此看法）。理论上的这种混乱之所以糟糕，是因为"客观主义者"自以为援用第53条就能够驳斥"主观主义者"的观点，却没有认识到，两者建立在完全不同的基础之上。[45] 只有当人们承认，违法性是一种具有多重意义的概念，它可能具有不同的内容，所以也在法律体系中发挥着不同的功能时，学者们才可能达成某种一致。

同样的情况，也存在于有关以下这个问题的争论，即：合法行为（例如被容许的风险）是否可能产生违法的结果？对此，贝林（Lehre vom Verbrechen S. 176ff.）持肯定意见，而 H. A. 费舍尔（Rechtswidrigkeit S. 102）则持否定态度。在这里，正方和反方所说的"违法"，其含义也是截然不同的。[46]

末了，需要谈谈缺乏故意（即缺乏目的性犯行支配）的情形。在这类情形中，我们的观点将会与传统观念发生极为激烈的碰撞。主要的内容我们之前已经说过了：如果行为人是因为过失而没有预见到会发生结果，并且刑法对于可避免的结果引起事实规定了相应的犯罪构成要件，那么自然存在着过失犯构成要件意义上的违法性，就此而言，也可以认为存在着广义上的"行为"无价值。但是，在笔者看来，但凡缺少其中一个要件，行为无价值意义上的违法性就毫无成立的可能——这时，至多只剩下某种事实无价值，而这种违法性与学界对第53条比较流行的解释是一致的，该违法性在本条款的适用中具有尤为重要的实践意义。

---

[45] 最近，Schwinge-Zimmerl, Wesensschau, S. 37f. 重申了这种看法。

[46] 当然，充其量只有以下这种结果事实才能被称为是"违法的"，这种结果事实会给某人，通常来说是结果引起者招致法律上的后果。社会相当之行为所造成的后果，已被完全排除在此之外。

[这种事实无价值,也令(无责任的)假想防卫与真正的正当防卫得以区分开来!㊼]

最后,笔者还要就一个问题谈一下自己的看法。在此之前,我们都默认它已经得到了解决,那就是不法和构成要件之间的关系。过去几年中,关于该问题的争论已达至白热化。其状况与法益问题相仿:争论的真正焦点并不在于构成要件本身,而在于构成要件**理论**的特定形式。作为"论战的领军者",达姆(Dahm)自己对于"构成要件这一用语和概念"明确表示了反对。这样一来,他似乎已经抛弃了德国古老法律传统中的一个(不同于罗马法以及部分日耳曼法的)核心要素。正因为如此,关于不法和构成要件之间的关系,学界就存在着特别严重的误区。对此,达姆本人最近也作了正确的阐释(ZStW 57 S. 269 Anm. 105)。

不过,将这里的争论与法益论之争进行比较,还有更深层次的意义。如果说早前不法理论的错误根源在于法益侵害说(即因果教义的具体反映),那么不言而喻,它必然会影响到我们对不法和构成要件之间关系的理解,并最终对构成要件理论本身产生影响。对此,我们需要详加阐述。

达姆认为,是否应该将构成要件和违法性分离开来,这是争论的核心要义所在。针对这一观点,施温格和齐默尔却指出,梅茨格尔已经把构成要件理解为类型化的不法,并由此对贝林的学说进行了人们所期待的修正(S. 83,87)。但二人旋即将这一论断限制在了"一切涉及**规范性**构成要件要素的情形"之上(S. 87)。然而,如果涉及的是"记述性

㊼ 这种联系凸显了行为无价值和事实无价值之间的区别。对于错误论的具体问题,特别是法律认识错误的问题,这里可以暂且不论。如果我们像刑法委员会(Bericht S. 63f.,69)那样,将法律认识错误和事实认识错误等量齐观,那就会认为,整个犯行成立过失犯的行为无价值;也可能会认为,针对法律过失(Rechtsfahrlässigkeit)的情形应当设立一种普遍适用的替补型犯罪构成要件(Aushilfstatbestand),而整个犯行即成立该犯罪的行为无价值。但是,如果我们像格拉夫·楚·多纳(Graf zu Dohna)那样正确地认为,禁止错误并不具有排除故意(即行为人对于**犯行**的**目的性**支配)的效果,那么目的性犯罪的行为无价值就依然存在。这一观点所具有的实践意义——先不说其观察事物的方法更契合现实生活——主要体现在未遂犯(Dohna, S. 42)当中,同时也体现于共犯之中,只是程度相对较弱一些。这样一来,法律认识错误就成了一个责任层面的问题(见下文第 142 页脚注㊽)。

的"构成要件,那情况又将如何呢?那些有争议的例子恰恰就主要和记述性的构成要件相关,尤其是战争期间杀人的例子。可以确定的是,自然没有人根据构成要件论断言:参加战争的士兵"本来"实施了谋杀或者杀人犯罪,尽管其行为是合法的,但它还是满足了该犯罪的构成要件。[48] 说那些展开殊死搏斗的军队完整地实现了刑法上的构成要件——即便是合法的——这种想法不仅荒唐至极,而且索然无味,它不可能是正确的。事实上,这里的情况与和平秩序下的举动是完全一样的:和平秩序下那些社会相当的行为,即便引起了法益侵害,它们也绝不可能是符合犯罪构成要件的行为;同样地,在战争状态下,(我们可以说是)"战争中相当的"、战争中正常的行为也自始不符合犯罪构成要件。只有当行为逾越了相当性的边界时,它才开始进入犯罪构成要件的范围。[49]

与此相对立的学说则以一个博物馆式的世界为出发点。在这个世界当中,法律**原则上**要保障法益免受一切损害,所以任何一种侵害法益的行为原则上都是犯罪。最重要的那些内容先前已经说过了。法律的出发点并不是一个假想的原初状态,在这里,法益基本上都获得了保障,而它也只能毫无生气地陷于僵死的境地。法律的出发点是一种与历史秩序相符合的社会共同体生活的正常状态,在这里,一切法益都富有活力地发挥着功能,同时也相互限制、相互损耗。只有**突破**了这一正常状态的行为,才会落入到刑法构成要件的范围之中,而构成要件原则上是对**不法**举动的类型化;除此之外,构成要件也可能是对例外情形的类型化,它对**典型的合法**行为,如正当防卫、合法的紧急避险等进行了描述。也就是说:有学者曾认为,整个构成要件符合性的问题都"不过是纯粹的技术性"问题,完全可以把它归为一种原则和例外的游戏[50];但是,只有在脱离了社会相当性的情况下,这种原则和例外的游戏才能在违法性

---

[48] 参见 Schwinge-Zimmerl, S. 86。
[49] Mayer DStR. 1938 S. 103 所作的评论很有特点:"'**常规的**'战争行为并不是《刑法》第 211 条以下所规定的杀人行为。"此外还有:"士兵所实施的杀人行为,只要它单纯是'**真正的**'战争行为,那就既不属于谋杀也不属于故意杀人。"(标点和黑体均为笔者所加!)这些看法与社会相当性原则简直已经近在咫尺了。
[50] 同样的观点,参见 Schwinge-Zimmerl, S. 79。

论中占有一席之地。[51] 不论是根据某一不法构成要件还是根据某一正当化事由来看,只有当某种行为逾越了社会相当性的边界时,它才可能符合构成要件(战争状况下的社会相当性,自然完全不同于和平秩序下的社会相当性)。

刑法上所有的构成要件概念,包括诸如"杀害""伤害""毁坏"之类的所谓记述的构成要件,都绝不是从因果的角度描述法益侵害事实的概念,而是具有社会关系和社会意义的概念。这些概念的意义内涵源自它们在**社会整体**当中所发挥的功能,它们时常与社会整体的秩序相关联,也时常会脱离这种秩序。[52] 尽管自然主义的因果性的概念要素是构成要件概念的组成部分,但是后者并不会消解在前者之中。构成要件概念远比因果性概念要素复杂,它所包含的意义也远比因果性概念要素丰富。由此就显现出了一个连接点,它能够把从贝林[53]到梅茨格尔的构成要件理论与因果教义以及自然主义联结起来。这种构成要件论的根本错误在于,它将构成要件行为简单化地说成是因果性的结果引起事件,只是等到进入违法性问题之后才开始去考虑法律和社会的意义世界。虽然从大趋势上来说,规范的构成要件要素对此进行了一些富有价值的局部修正,但根本性的错误却并未得到纠正,因为人们过分地倚重方法论以及概念性的视角,从而将这种要素看成是**价值填充性的概念建构活动**所产生的要素(而不是将其视为现实的社会意义世界的组成部分)。

作为构成要件要素,"杀害"之类的描述性概念就只剩下了"引起死亡"这样毫无区分度的内容——这样的概念包含了某种医学判断,但

---

[51] 否则,实现了构成要件但合法的行为就会成为原则,而实现了构成要件并违法的行为却反而会成为例外〔因为,绝大多数的法益侵害行为都属于具有社会(或者战争)相当性的行为〕:这完全颠倒了真实的情况!构成要件要成为不法的类型化,就必须以这种真实的情况为基础。

[52] 正是在这个意义上,笔者在拙著《刑法中的自然主义与价值哲学》一书的第75页中,将所有的构成要件概念都称为记述性的概念。其实,在社会的意义世界当中,规范和记述本来就具有高度的相对性。

[53] 值得注意的是,贝林后来将他所说的构成要件弱化为一种"指导形象"(Leitbild),几乎与此同时,他还试图把纯粹自然主义的结果引起概念从构成要件中清除出去。(GerS. 101 S. 1 ff.)

它本身与违法性毫无关联，更不要说能够成为类型化的不法！只有当我们吸纳了社会相当性，也就是基于"杀害"这个举动突破了社会秩序，从而将之理解为一种与社会秩序相关联的行为时，我们才踏进了构成要件的领域，踏进了类型化不法的范围之内，也才能够避免得出荒诞不经的结论，比如认为战争期间参加战斗的举动是符合构成要件的杀人行为。[54] 在复杂的社会存在当中，任何一个过渡地带（Übergang）的范围都是游移不定的（flüssig）；同理，在个案当中，社会相当性的边界有时也会存在疑问。[55] 即便如此，作为类型化不法的构成要件，也绝不可能等同于因果性的法益侵害。将二者画等号的想法与一个功能性的社会完全格格不入，它假定我们的世界是一个功能停滞的僵死的博物馆，关于这个假定的主要内容上文已经谈过了。这样一来就很清楚了，社会相当性是立法者创造构成要件时需要遵循的一项内在原则："杀害""伤害""毁损"等构成要件要素并不是"纯粹的事实"判断，而是社会的意义要素，该要素以某种历史的社会秩序为其存在前提，所以这些要素只有和该秩序相联系，才能获得自身的意义。

法的世界是社会存在的世界，而社会存在的世界是包含意义（sinnhaft）、具有含义的（bedeutungshaltig）。虽然我们可以在思维上从这个世界中分离出一些不含意义、脱离含义的要素——为了能够认知

---

[54] 我们还能够避免得出以下——按照法益侵害说可以顺理成章地推导出来的——这个观点，即把杀人犯生下来的行为就已经符合了杀人罪的构成要件。在这个例子中，生育行为的社会相当性同样是显而易见的。借助相当因果关系理论也可以避免得出该结论，该理论虽然也对构成要件符合性的范围起到了限制作用，但没有触及问题的关键。

[55] 笔者要特别提醒人们注意防止一种危险，那就是将所有的正当化事由都转化为社会相当性的情形。毋庸置疑，在战争期间参加战斗，这是一种具有战争相当性的行为，它并不符合犯罪构成要件。然而，同样不容置疑的是，正当防卫是和平秩序下的一种例外情形，它属于一种真正的正当化事由。不过，国家执行法律的活动原则上并不符合相关职务犯罪的构成要件。比如行刑活动，它并不符合非法拘禁罪或者杀人罪的构成要件。但是笔者完全无法理解，为什么达姆（Dahm, Verbrechen und Tatbestand S. 35f.）和迈尔（Mayer, DStR. 1938 S. 97）会认为，针对直系长辈的盗窃以及夫妻之间相互实施的盗窃根本就不属于盗窃。这种行为难道具有婚姻或者家庭的相当性吗？很明显，这里只存在某种个人的刑罚排除事由。——只有当婚姻关系出了问题的时候，才会在夫妻之间发生盗窃。在这种情形下，难道参与盗窃的人是无罪的吗？而且，假如一名16岁的少年有一位较为年长的朋友，这个朋友教唆或者帮助他盗窃其父的财物，难道这名朋友也是无罪的吗？

这个世界的基础,也必须这么做,但是,要想用不含意义的要素建立起一个具有含义的世界,那是根本办不到的。这就是以往的构成要件理论在方法论上的根本错误所在,因为该理论是与因果教义联系在一起的。因果教义可以溯源至"分析—综合"的思维(das analytisch-synthetische Denken),该思维自伽利略以来就一直是现代自然科学研究的基础,它凭借自然主义这个桥梁轻而易举、畅通无阻地直入刑法领域。对于自然主义来说,重点在于"分析—综合"思维中的分析部分,在于分解〔"自在"(An sich)的思维〕。在由不含意义的要素所组成的(抽象)世界当中,首先需要对各要素进行独立的观察,尔后运用推导的方法使这些要素形成一个综合体,借由这个综合体,我们就可以相当圆满地获得一个整体。然而,这种方法在一个具有含义的世界中是完全行不通的。在这个世界里,各个"要素"都拥有自己的意义和含义,而这种意义和含义又源自各要素所属之整体的意义。当我们对"部分"进行观察的时候,必然以整体的具有意义的秩序作为前提。这就是"社会相当性"的方法论机能,因为它使得构成要件要素从一开始就与(历史地形成的)社会整体相联系,并且以该社会整体的具有意义的秩序为根据,赋予了各个构成要件要素以各自的意义。这也就是流行话语所说的整体性思维(Ganzheit-Denken)的内容。诚然,这个表述并不美妙,而且多少也有些先天缺陷[56];但它是某种旧事物[57]的一个称谓,从专业术语上来看毕竟还算贴切。令笔者颇感欣慰的是,虽然本文多次批判梅茨格尔的观点,但梅氏最近也对整体性思维表示了坚决的支持。[58] 笔者只是希望,以上的论述已经向诸位表明,与梅茨格尔以及迄今为止通说所愿意承认的相比,这种整体性原则的适用范围其实要广泛得多,而且它给

---

[56] 这种缺陷源自"整体"心理学。

[57] 黑格尔辩证法最深刻的意义主要在于,每一要素作为个体来说是"不真实的",只有整体才是真理——只是,辩证法的特殊形式很容易僵化成一种流于表面的套路。对此,参见Welzel, über die geistesphilosophischen Grundlagen der Staatsphilosophie Hegels (in „Volk u. Hochschule im Umbruch" hgg. v. Schürmann, 1937)。

[58] ZAkDR 1937 S. 417 ff.；ZStW 57 S. 675ff. ——对整体性思维持反对态度的最新文献有 Nagler, GerS. 111 S. 45。

传统刑法理论所带来的变动也剧烈得多。

二、责任

关于责任，上文在谈到行为理论的发展时已有所提及，在关于不法的论述中也已经间接地谈到了其核心内容。正如我们所看到的，责任非难的**主要**对象，是由意志作出的一种特殊类型的价值抉择，它在法与不法之间倒向了后者。[59] 构成责任对象的，并不是行为决定意义上的故意，也不是行为人在目的引导下将该决定付诸实施的行为：**任何一个目的性的行为**，只要它是一种（具有目的意识的）行为，而不是单纯反射性动作之类的举动，即便是由无责任能力者所实施，都存在这种故意。故意是行为当中具有决定意义的**目的性**要素。

能够成为特殊责任要素的，实际上是（凭借感情所作之）价值抉择的**意义确定性**（Sinnbestimmtheit），它是行为人所作决定以及将该决定付诸实现之行为的基础。我们之前也看到了，每一个行为决意都是在价值观念的激发下产生的，无责任能力者的决定也不例外。不过，无责任能力者只能消极地听任因果性本能冲动的摆布，所以他所实施的行为不过是这种冲动引发的后果；与此相对，有责任能力者所作的行为决意，其特点就在于行为人能够对意义作出积极的理解，这种理解在行为决意形成的过程中发挥了作用。这并不是说，有责任能力者在作出意志性决定时，丝毫不受（因果性）本能冲动的影响。完全相反！人类的一切精神财富本质上都源于无意识的因素，它可能来自人的欲望和热情，它们不断激励着人去从事新的活动[60]，故而有利于增强其创造力；它也可能来自人头脑中的一系列联想，它们有助于丰富其想象力。这种（本质上

---

[59] 从宽泛的意义上来说，责任非难的对象当然是**整个**的行为。这不仅适用于刑事诉讼中的有罪宣判，而且也适用于实体刑法。在刑法当中，一切"意志"责任同时也都是**行为责任**（Tatschuld）。使人承担责任的是作为整体的行为，就连那些"最具客观性的"行为要素也属于**他**所负责任的要素；这些要素与责任的关联度，丝毫不亚于主观要素。

[60] 当提到"欲望"的时候，我们不能总是只想到自保本能或者性欲。欲望是心理活动的表现形式，它可以以任何一种目标作为其内容。从内心促使我们追求最崇高、最纯洁事物的目标，同样也是欲望的内容。

由因果所决定的）精神生活的基础，就包含了一种质料，我们依靠这种质料过活，一旦离开了它，我们就无法实施任何行为，因为刺激我们去实施行为的动力已不复存在。

不过，正如联想的机理不同于基于富含意义的根据所进行之思考活动的构造，同样地，根据个体欲求的意义和价值而作出的价值抉择，也不同于纯粹的欲望机理。[61] 这种价值抉择并不是一种消极的过程，消极的过程在自我（Ich）当中盲目地运行着，而自我则只能听凭该过程摆布，他既是舞台又是观众。事实上，在作出价值抉择的过程中，欲望和热情同时也是自我所进行之意义理解活动的对象，而不是单纯的因果性力量。也就是说：个别的欲望和热情对于广泛的生活关系来说是具有重要意义的，人类对此了如指掌，我们也是根据这种意义去理解欲望和热情的；正是在这个整体之内，个别的欲望和热情被赋予了各自的意义和含义。在这里，自我摆脱了各种欲望冲动的支配，它按照欲望在自我所面对的生活整体当中所处的位置，去观照、判断和评价它们。在此，生活整体所具有的这种广泛意义，可能通过教育、传统，尤其是通过具体地参与建构共同的"民族精神"（Volksgeist）[62] 这一方式而代代相传；在少数情况下，人们也可能通过直接领悟的方式知悉这种意义。因此，只要是以这种方式作出的决定，即便它最终受到某种欲望的驱使，也是在参与**积极**"思考"、积极评价的过程中得以实现的，它并不是单纯由消极运行的欲望冲动所带来的（盲目的）后果。

这样一来，或许就可以简要地揭示出人们可能遇到的一种事实，从它身上我们可以看到，有意义的价值抉择和单纯的欲望机理之间的本质区别究竟何在。该事实也构成了法律上责任概念的基石：当相关规定提到了认知不法的能力以及按照这一违法性认识决定意志方向的能力时，这很明显就是以上文提出的**积极地**理解意义（参与积极评价活动）这种要素为根据的，有责任能力者所作的决定只有借助这种要素才得以付诸实现。

---

[61] 关于这个问题，详见笔者的论文《因果关系与行为》（"Kausalität und Handlung" in ZStW 51 S. 709 ff.）以及该文第710页脚注22所引用的文献。

[62] 如果允许我们为简洁起见，使用一下这具有浪漫色彩的黑格尔用词的话。

众所周知，如果对这一事实再进一步深究，就会涉及所谓的意志自由问题，它不仅是刑法，而且也是伦理学和哲学人类学中最为疑难的问题之一。对该问题详加研讨，并非本文在此需要完成的任务。我们只要把那些对于现实的社会生活以及法律来说重要的实质性区别揭示出来，就够了。更何况，即便不对那些更进一步的问题予以回答，我们也能够认识到对于教义学具有决定性意义的两点，即：第一，故意并不是责任要素，而是目的性的行为要素。第二，责任的对象是一种特殊类型的情感性的价值抉择，也就是以有意义的评价活动为基础的意志决定。

因此，责任是一种特殊的无价值。由于行为人作出了**有意义的**价值抉择，决意倒向不法一边，这就导致行为具备了责任意义上的无价值。正如我们已经看到的，如此来界定责任的内容，不过就是将（法律上的）责任**能力**具体化为行为人为单个目的的行为**承担的责任**。责任能力指的是，人有意义地在不同**价值**之间进行抉择的意志能力。它取决于人在精神和道德上的某种成熟度，而这只有在一定的发育阶段才能达到（《少年法庭法》第 2、3 条，《刑法》第 58 条），责任能力也可能因为出现了严重的精神障碍而归于消失（《刑法》第 51 条）。为了弄清责任的内容，我们对法律上有关责任能力的不同档次以及责任排除事由的规定进行了研究，这些规定并不会引发任何别的基础性难题。[63]

但是，传统理论在责任排除事由之下（大多）还会探讨另一个问题。按照本文在犯罪论体系上所持的基本看法，这个问题本不该在此处，而应该在上一部分关于不法的论述中去加以研究。不过，借着这个问题，可以进一步阐明笔者关于责任和不法之间关系的主张，所以等到

---

[63] 按照上文脚注[47]在法律错误问题上所持的观点，可避免的违法性认识错误属于一种责任减轻事由。正如本文所提出的，当行为人在法与不法之间有意识地选择了后者时，他有目的地实现构成要件的行为就具备了**完全的**责任。在出现了违法性认识错误的情况下，不存在这种完全的责任，不过，目的行为的成立却丝毫不受影响。在此，行为人的责任表现为，由于他对意义有着积极的理解，特别是他以富有意义的方式参与到了共同体的生活之中，所以他原本完全能够认识到其所作所为是违法的。相比于行为人有意识地舍合法而取不法的情形来说，这种责任的程度明显较低。因此，既然目的性犯罪的法定刑幅度是针对完全责任而设定的，那么对于违法性认识错误的情况，就应当按照一个普遍的尺度减轻处罚。参见 Graf zu Dohna, Aufbau S. 43。

责任阶段才来讨论该问题,也是可以的。这就是紧急避险的问题。

众所周知,主流学说——尽管该学说遭到了多方批判——认为,紧急避险行为本身"从客观上来说"是违法的,只是由于存在紧急的状态,所以法律"从主观上""免除了"行为人的"责任"而已。这种观点的实际意义在于,他人有权针对紧急避险行为实施正当防卫。现在我们已经知道,在我们的法律当中,违法性概念具有多重含义,它有时是指单纯受到负面评价的结果事实,但有时也可能还指行为无价值,而且两者并不必然相互联系。如果说违法性是指受到负面评价的结果事实(即具有法律意义的法益侵害),那我们可以毫不犹豫地断言紧急避险行为具有违法性。问题只是在于:我们究竟能否在实践中赋予避险行为以这样的后果?这又取决于:能否从受到负面评价的结果事实这一角度出发,去理解《刑法》第53条中的不法侵害所包含的违法性概念呢?如果回答是肯定的,那就应该允许他人针对避险行为实施正当防卫。但即便是这样,究竟应当如何评价紧急避险**行为**,这个问题还是没有得到回答。一个避险**行为**,如果它**为了**营救某一法益使之脱离重大的险境而故意毁损了更高价值的法益,那么该行为在法律上难道是受到禁止的?当行为人努力施救而为此牺牲了更高价值的法益时,我们真的应该给这一行为打上不法的烙印吗?如果我们对此持肯定态度,那就必须说明,避险行为中得到**积极**评价的内容究竟是什么。"责任阻却"事由这个概念还附带了一种含义,它隐藏着危险,对此我们要多加小心。人们很容易把"责任阻却"理解为"谅解"。某种东西,它原本是错误的,却在事后被"免除了责任",也就是获得了谅解。我们在讨论紧急避险的时候,一定要注意防止使用这层意义。对紧急的状态加以考虑,这并不意味着我们在事后宽恕了行为人,而是意味着我们承认,行为人在紧急状态下努力施救,纵使他是以牺牲更高价值的法益为代价,该行为也不属于一种错误的行为,它在法律上并不受禁止。这就说明:即便避险行为引起了某种受到负面评价的法益侵害结果,而且(按照某种观点)他人有权对之实施正当防卫,但紧急避险作为一种**行为**并不成立不法。这两种评价之所以能够兼容共存,是因为我们拥有不同的考察视角,而这两种评价正是源于这不同的视角；一个评价的是行为人及其行为，另一个评价的则是结果（以及被害人的处境）。现实生活并不总是这样协调一致，这两种评价也并不总是能够和谐相处，而法律必须有能力应对这种冲突。

如果我们进一步认为，紧急避险是"对自保本能的一种优待"，那这当然不是说，紧急避险之所以欠缺责任，是因为行为人据以实施避险的价值判断必然是出于本能而作出的，故行为人在行为当时缺乏责任能力。这种说法简直不值一驳。所谓"对自保本能的优待"只是说，以牺牲他人法益为代价保全自身法益的行为并不算错，积极采取措施营救自身法益的行为不成立不法。我们之所以说一个行为是正确的，并**不**仅仅是因为法如同一名商人一样在寂静的账房里对法益进行着冷静的计算，从而发现该行为在法益方面产生了客观的盈余。这种计算代表的是一种完全无法接受、毫无道德可言的唯理主义（Rationalismus）！事实上，法的评价比这种计算要深刻和复杂得多：正如在正当防卫中，法允许防卫人为了保护较小的法益而损害较大的法益，在此，"与不法相抗争"（Kampf gegen Unrecht）的原则就发挥了决定性的作用；同样地，法在评价紧急避险**行为**时，也需要考虑法益和行为人的**亲近程度**。这样看来，赫尔穆特·迈尔（Lehrbuch S. 247）最近提出的那个观点是完全错误的。他认为，在紧急避险中，行为人以一种"不正确的"方式消解了冲突。这种观点就是极端法益保护理论死灰复燃的体现，按照该理论，决定某一**行为**是否违法的关键在于"客观的"最终结果。紧急避险也必须以一种"正确的"方式去消解冲突，在此，法秩序要积极地考虑到法益与行为人的亲近程度。(64) 和那种只是冷静而"客观"地计算"得数几何"的评价相比，法对**行为**所进行的这种评价采取了一个远比前者更为高远和宽广的视角。因此，在紧急避险中，法也需要考虑到法益对于行为人所具有的正当的主观价值，这正如在正当防卫中，法需要考虑到行为是在与不法相抗争（参见下文脚注(65)）一样。客观的法益保护理论和

(64) 帝国法院（RG 66 S. 397ff.）正确地提出，对于紧急避险来说，也要求"危险的严重程度与防御行为所生之法益侵害的严重程度之间，必须具有一定的合比例性"。

法益冲突理论，其地位仅仅在于，它是更为全面的社会道德评价当中一个片段性的考量视角。当行为人为避免微小的危险而造成了严重的损害时，根据法益保护理论当然可以得出结论认为，行为人在紧急状态下采取了"不正确的"措施去消解冲突。但是，这种为消解冲突而采取的"不正确的"措施，也就是一种"不正确的"、违法的行为，法并不会对其给予任何特殊优待！

最后，我还要引用一个间接性的论据，最近沙夫施泰因（ZStW 57，S.318）在讨论别的问题时提到了它。不言而喻，紧急避险当然也能够使无责任能力人的行为出罪。尤其是结合《刑法》第42b条*的规定来看，这是具有实际意义的。无责任能力人和有责任能力人一样，都可能陷入紧急状态之中。对于无责任能力人来说，还有什么是能够被阻却的呢？难道是他根本没有能力去负担的那份责任吗？既然行为人本来就不具有责任，那么紧急避险这一优待事由当然就不可能阻却其责任，而只能使行为人为摆脱紧急状态而有意实施的**行为**不受禁止。显而易见，紧急避险和责任毫无关系。

当然，紧急避险能够证明一点，而这也是本文所反对的一种观点具有相对合理性的地方。该观点认为，紧急避险这一优待事由和其他正当化事由相比的特点就在于，它是一种特殊的刑罚排除事由（Strafausschließungsgrund）：法虽然对不同的合法行为都予以了容许，但容许的程度却存在差异。正如不法存在轻微和严重的程度差异一样，法律上的容许也存在不同的层次。就（刑法上的）紧急避险而言，法律给予的容许无疑是最弱的，而且避险行为对于共同体的意义和必要性越高，法律对它容许的程度也会随之上升。在这个范围之内，客观的法益衡量是具有一定意义的，所谓的"超法规的"紧急避险⑥⑤就特别能说明这一点。人

---

* 当时德国《刑法》第42b条第1款规定：当行为人在无责任能力或者限制责任能力状态下实施了可罚行为时，若为保障公共安全所必要，法院得命令由医疗或者看护机构对行为人予以收容。——译者注

⑥⑤ 如果认为对客观的法益盈余是使超法规的紧急避险得以合法化的唯一根据，那是错误的。在这里，客观的法益衡量也只不过是全面的法律评价中的一部分而已，除此之外还有其他的考量因素（例如医生是否小心谨慎地进行了检查！）。

们错误地认为，和其他刑法上的紧急避险**不同**，唯有超法规的紧急避险才能使行为正当化。然而，事实上，所有的紧急避险都得到了法律的容许，只不过法律赋予超法规紧急避险的容许程度更高而已。

要用概念和术语将所有这些过渡地带和灰色区域都固定下来，那是不可能做到的。最近又有人提议应当把"不受禁止的行为"和"合法的行为"这两者区分开来，但这种观点的价值十分有限。法是一种充满了活力的秩序，它的多样性无法用概念和术语完整地表达出来。科学的任务在于，以适当的方式将其**主体**构造以及**核心**的组成要素呈现在人们面前，并对使用的概念加以斟酌，使其能够尽量吸纳和包容现实的多样性。不过，即使科学实现了这项目标，也只有当我们不是以这些概念在逻辑上的本来价值去**运用**它们，而是透过这些概念使人们注意到它们所代表的充满活力之秩序世界的意义内涵时，科学才能保持其创造力。物质性的意义内涵包含着其自有的观念，在**运用**概念的过程中，我们必须不断地将这些观念反复付诸实现。这样一来，现实中的过渡地带虽然无法用术语完整地表达出来，但它们本身已经显现在人们的面前。

三、正犯与共犯

正犯理论不仅是体系性的犯罪论构造建成后的结果，而且也是该构造的试金石。正犯与共犯理论，可以对犯罪**行为**教义学所举出的范例加以检验。它也必然对目的行为概念所得出的一切结论都提出了考验，这些结论包括：对目的行为型构成要件与（过失的）结果引起型构成要件加以区分，将故意植入不法构成要件，以及对不法和责任进行分离。

第一，居于首位或曰最为重要的一点，就是应当把目的行为型构成要件和（过失的）结果引起型构成要件这两者区分开来。此前的共犯论，其实已经为此提供了佐证，尽管是不经意间地，或者说，至少是不动声色地；不过，这样一来就会在这种共犯论内部引发体系上的冲突！[66] 一直

---

[66] 只有布伦斯（Bruns）对这个问题洞若观火，即"究竟有没有可能存在一种可以统一适用于过失犯和故意犯的正犯概念"？他认为通行的共犯规则存在体系上的冲突（Kritik der Lehre vom Tatbestand, S. 67ff）。不过，尽管他本人曾试图去获取一个统一的正犯概念，但在主流的客观主义体系的禁锢下，这种努力是徒劳无功的。

以来，立法规定、司法实践以及学理所奉行的正犯理论都一致默认，故意（行为之）犯罪的正犯与过失引起结果之犯罪的正犯，原则上是存在差别的。这种正犯论仅仅为前者建构起了共犯学说，而该学说并不适用于后者。对于过失犯而言，只要行为人过失地引起了结果，那么不论是直接还是间接引起者，都属于正犯！这是正确的。最近，科尔劳施（Kohlrausch）和朗格对帝国法院的观点加以发展后所提出的正犯理论，就特别清晰地彰显了这一立场。科尔劳施将正犯界定为“以**正犯**之意志（Täterwille）实施构成要件行为的人”（StGB.，system. Vorbemerkung Ⅱ.）。朗格也认为，行为人把犯行视作自己的犯行加以实施的意志，乃正犯的本质要素。按照论者的观点，这种正犯概念自然只可能与故意犯罪的构成要件相关联。这一构想从实质内容上来说是正确的，但同时其体系基础却存在着缺陷，由此带来的后果就是，理论上几乎完全忽视了过失正犯概念所具有的特点。(67)

我们有必要从中汲取体系性方面的教训：将结果引起型构成要件削足适履地硬套在目的性犯罪之上，从而使两者强行划一，这种做法是不对的；同样地，试图使故意犯和过失犯分享同一个正犯概念的做法，也是错误的。过失正犯是一个完全独立的正犯类型，它与居于教义学中心的**目的性**正犯（finale Täterschaft）毫无关系。而只有对于目的性正犯来说，共犯理论才具有实质性的意义。

对于已经发生的结果来说，过失正犯不过是参与引起该结果的原因之一。(68) 与其他原因相比，过失正犯的特点仅仅在于，行为人能够以合乎目的的方式避免结果的出现。过失行为人之所以要承担责任，是因为他本来能够避免结果的发生，却以某种方式成了引起该结果的原因（之一）。所以，任何一种参与引起结果的行为方式，只要它是可避免的，都能够成为正犯行为。在这里，原因力的大小及其作用范围均在所不问；即便过失行为的原因力极为微弱，只要它逾越了社会相当性的边

(67) 朗格自己也发现，“在过失犯中，根本不存在正犯意志”（a. a. O. S. 61），但他并没有对过失的正犯概念展开研究。

(68) 人当然不可能是引起某种结果发生的唯一原因。

界，就足以成立正犯。对于过失犯而言，根本不存在任何共犯形式，因为共犯也不过是参与引起结果的原因而已。于是，并不存在过失的教唆犯以及过失的帮助犯。"唆使"和"帮助"都是目的性的概念。"唆使"是指有目标地对他人施加精神性影响的行为；"帮助"则是指以提供支持为**目标**的活动。如果行为人只是（盲目地）**导致**他人产生了实施犯罪的念头，或者行为人的所作所为在他缺乏认识和意志的情况下被他人用于实施犯罪行为，那么行为人就属于单纯引起结果发生的原因之一。其所作所为不过就是单纯（参与）引起结果的原因，这和所有其他参与引起结果的机械性因素没什么两样。所有以可避免的方式引起结果的行为，都符合过失的结果引起型构成要件，也都属于这些犯罪的正犯。[69]

在目的行为的领域当中，情况则截然不同！这里，目的性的正犯明显不同于目的性参与犯罪的一切形式。目的性正犯，乃目的性犯行支配（Tatherrschaft）的最全面完整的一种表现形式。目的性的正犯者主宰着其决意，主宰着将该决意付诸实施的行为，所以也主宰着"他的"犯行，他有目的地塑造了该犯行的存在（Dasein）以及存在样态（So-sein）。尽管教唆者和帮助者对于"犯行"也有一定程度的支配，但仅限于对**其**参与行为的支配。犯行本身仅仅处在正犯者的目的性支配之下。因此，共犯只不过是参与**他人的**犯行而已。尽管教唆者激发他人实施了犯行，帮助者则为他人的犯行提供了支持，但是只有正犯者才享有对该犯行的目的性支配，也只有他才支配着犯罪决意以及将其付诸实现的行为。

正犯和共犯的结构性差异，并非存在于某种实定法律的规定，而是存在于目的行为在社会环境下合乎本质的表现形式之中。正犯者是犯行的主宰者，因为他支配着犯罪决意以及将其付诸实现的行为；如果某人教唆正犯者实施犯行，或者对实施犯行的正犯者提供帮助，那么他虽然

---

[69] 不过，只有在"纯粹"过失的结果引起型犯罪中，正犯才具有如此宽泛的成立空间；在"混合的"结果引起型犯罪（例如《刑法》第163条的过失伪证罪）中，只有当行为人实施了构成要件所规定的目的行为（例如宣誓行为）时，他才成立正犯！（对此，见下文第180页以下）

参与到了犯行之中，却并不是犯行的主宰者。

即便是实定法律也不能抹杀这一根本性的差异，因为它并不是立法者的创造物，而是先在之社会存在的现实表现形式。实定法律可能会混淆这一差异，也可能会在用语上遮蔽这一差异，却无法改变其实体内容。

具体来说，可以得出以下结论：

1. 从教义学上来看，要为故意犯和过失犯提出一个共通的正犯概念，是根本不可能办到的。两者相互排斥，就如同犯行支配与它的对立物，即非犯行支配之间相互排斥一样。不过，过失正犯（以可避免的方式引起结果）却可以成为他人所实施之故意正犯行为（目的性的犯行支配）的内在组成要素。间接正犯的这种基本形式（即故意行为人将他人的过失行为当作"工具"来加以利用）之所以能够存在，就是因为这两种正犯概念之间毫无关联。否则的话，就必须承认故意正犯是参与他人过失正犯行为的一种共犯形式，这样的结论简直是对客观事实的歪曲！（见下文第 156 页以下）

在过失的结果引起型构成要件**之内**，正犯和共犯并不存在实质性的差别。任何以可避免的方式参与引起结果的行为，均为正犯。但是，假如法律试图将过失参与行为单独规定为犯罪，那么这只不过是针对过失正犯的一种特殊立法而已。但这样的立法既无必要也不适当，因为不言而喻，只有在过失犯构成要件的范围之内，才可能对过失"共犯"进行处罚。理由在于，如果过失"共犯"的处罚范围还宽于过失正犯的，那明显是荒谬和不公正的。（不过，如果过失"共犯"的处罚范围窄于过失正犯的，那也同样是不公正的；因为，对于过失的结果引起型构成要件来说，**原因力**的大小并不是决定性的因素。）

2. 只有对于目的性构成要件来说，对正犯和共犯加以区分才具有可能性和**必要性**。要想提出一个一般性的正犯概念，由此将目的性共犯的各种表现形式全都并入正犯之中，这无论是从内容还是从术语的角度来看都是不可行的。虽然"积极的"立法者也可以为共犯设置与正犯大体相同的刑罚后果，但他不能误以为，这样一来就把参与他人犯行的行为"变成了"真正的正犯。官方的刑法委员会所提交的报告，特别是朗格精心写成的著作都已经对此作了充分的阐释，所以在此只需要简要地回顾一下最为重要的一些结论即可。

如果法律试图**在术语上**将所有的犯罪参与形式都并入一个总括性的正犯概念之中，那么这种做法并不符合民众的通常理解（unvolkstümlich），因为语言和国民意识遵循于现实的表现形式，而不是遵循于那些术语上的艺术品。（如果某人只是向谋杀者租借了枪支，那就只能认为他为谋杀者提供了帮助，但他本人并没有实施谋杀行为。）即便我们在实质上将所有的教唆和帮助行为都与正犯等量齐观，也必然会**在事后**又重拾正犯和共犯的区分。我们只需举出两个例子：其一，某人向已经作出犯罪决意者出售作案工具，以此为他提供帮助，即便被帮助者后来并未实施犯行，也要对帮助者处以未遂犯之刑。因为，对于行为人来说，只要提供了帮助就意味着实行着手。然而，正犯者购买工具的行为（在正犯者单独实施购买行为的情况下[70]）却只成立不可罚的犯罪预备。这明显是一个不可接受的结论。其二，无身份者以共犯的形式参与真正身份犯的行为，只能归于无罪，因为无身份者不可能成为身份犯的"正犯"。出现了这两种情形之后，立法者都不得不在刑法中订立专门的规定，从而重新将共犯的特殊性纳入考虑的范围。最近的学理探讨，特别是朗格的著作已经详细地阐明了，所谓扩张的（更准确地说应该是极端扩张的）[71] 正犯概念，实际上既不可行，也脱离了民众的通常理解，对此已无须赘述。最后只需要指出一点，即扩张的正犯概念认为，任何有责地引起结果的行为都属于正犯，这种正犯概念只不过试图在学理层面将因果教义的最终结论运用到正犯论之中，所以单从其基础来看，扩张的正犯概念就已经被证实是过时了的。

第二，现在，更重要的任务是积极地建构起正犯概念。通过先前的

---

[70] 假如正犯者与帮助者共同购买犯罪工具，我们或许可以认定二者成立共同正犯：正犯者是（作为正犯来加以处罚的）帮助行为的共同正犯，所以对他也应该以未遂罪论处。

[71] 这是因为，朗格和科尔劳施虽然并不支持限制的正犯概念，却主张应当对**通常的扩张正犯概念**进行某种"限制"。

研讨，我已经清晰地勾勒出了本人观点的基本轮廓。在此，我想对晚近出现的最为重要的正犯理论展开深入分析，从而更进一步地阐明自己的立场。如前所述，科尔劳施和朗格承袭了帝国法院那个著名判例所提出的观点，认为正犯最为关键的判断标准在于"正犯意志"，也就是把犯行当作自己的犯行加以实施的意志。尤其是朗格强调，犯行和正犯者之间必须存在一种人格纽带，正犯概念立基于这样一种观念，即犯行是行为人创制的作品，是**他自己的**犯行，而不是单纯引起结果的事实（S. 43f.）。

科尔劳施和朗格的论述，无疑点出了关键之处。但问题是：**在什么情况下**才能认为，某个事件属于行为人（自己）的犯行呢？"正犯意志"虽然为我们提供了重要的视角，但还没有将那个发挥决定性作用的标准凸显出来。相反，它甚至隐藏着一种风险，也就是由于它采取了完全主观性的表述方式，所以有可能导致本已发现的关键标准得而复失。什么叫作试图将犯行"当作"自己的犯行？某人究竟是想把犯行"当作"自己的还是"当作"他人的，这难道是由行为人的主观愿望来决定的吗？某人能否单纯凭借自己的意志，例如通过同意、容许等表示，就把某一犯行据为"己有"呢？或者，他能否借口自己想要将犯行"当作""他人的"犯行，从而推卸自身的罪责呢？一个人能否凭借着"正犯意志"，就以某一犯行的正犯者自居呢？

这当然是天方夜谭。犯行必须从客观上来看确实属于行为人的作品。想要将犯行当作"自己的"犯行来加以实施，该意志的存在前提是，犯行"确实"是行为人"自己的"作品。一旦满足了这一前提，也就形成了一种特殊的"意志"，也就是一种特殊的意识："这个犯行是属于我自己的"。但这种意志完全是多余的。也就是说，将"正犯意志"作为正犯的判断标准，这从以下两个方面来看是不可行的：其一，它并没有说明，**在何种情况下**犯行才是行为人自己的作品；其二，如果我们认为它是一种特殊的行为人意识，也就是行为人的一种默想或者思索——"我可真希望成为这一犯行的正犯者"，那它完全是多余的。

关键在于一个客观事实，即犯行**确实是**行为人创制的作品。当然，客观事实也依赖于主观的要素，也就是依赖于目的性的犯行支配，但这种支配并不"**仅仅**"是**主观性**的。人的行为是对意志的实现，行为的特性来自一个简单的事实，即人能够根据他自己所设定的目标，**在目的引导下**着手对（因果发展进程的）未来进行塑造。如果他依照**自己定下的**目标在**目的引导下**实现了对未来的塑造，那么塑造行为就成了专属于他本人的作品。不论行为人实施犯行是为了自己还是为了别人，是出于自身利益还是出于他人利益，这一点都不会改变；只要犯行是**行为人有目的地**将**其**意志决定付诸实现的行为，那么这就是属于**他自己的**犯行。犯行支配的实质性标准并不是模糊不清的正犯意志，而是现实的目的性的犯行支配。具备犯行支配者，就是**有目的地**将**其**意志决定付诸实现的人。

不过，我们之前在别的地方已经看到，**目的性**（Finalität）纵然是**整个**具有社会意义之行为的一个十分重要的要素，但也只是其中一个要素而已。对于正犯来说，目的性同样也只是其成立要素之一，即与犯行相关的（tatmäßig）要素。从其整体的社会意义内容来看，正犯的成立还依赖于行为人所具有的其他**个人性**的要素。我们只需要回顾一下构成要件的构造（上文第131页以下），就能看清这一点。在先前谈到构成要件的构造时，我们曾经将正犯要素分成了两类：一是客观的正犯要件（国家工作人员、商人、士兵等等），二是主观的正犯要件（不法所有的目的、猥亵的倾向等等）。从犯行完整的社会（不）道德内容来看，只有显示出这种**个人性**正犯要素的人，才能够作为正犯去实施该犯行；也只有这样的人，才具有全面的（即不只是单纯目的性的，而且同时也是）**社会性的**犯行支配。（从犯行**整体**的社会道德无价值来看，行为人对它享有支配。）

于是，我们可以推导出以下关于正犯的规则：

正犯的成立需要满足多个要件：

1. 个人性的要件

（1）客观的：行为人负有特定义务，如国家工作人员、士兵、商人、子孙等等；

（2）主观的：特殊的目的和倾向（所谓"主观的不法要素"）。

2. 有关犯行的要件：目的性的犯行支配。行为人是犯行的主宰者，因为他**有目的地**将其意志决定付诸实施。

目的性的犯行支配是普遍适用的正犯成立要件；但个人性的正犯要素却并非如此，只有当根据犯罪构成要件的规定，行为是否具备特定的社会道德的意义内容，取决于上述两种个人性的正犯要素是否齐备时，这些要素才是必不可少的。在那样的场合下，只有当所有三类正犯要件均已齐备时，正犯才能成立。只要欠缺其一，则行为人必然无法成为**该犯行的**正犯者，他至多只能成为一种积极行动的（tätig）"工具"，成为他人**社会性的**犯行支配的一个有机组成部分，并在实现他人犯行的过程中为其提供支持。因为，行为人利用了单纯机械性运行的工具，这绝非正犯成立的必要条件。即便第三人的行为在一定范围内具有目的性，但只要行为人对整个犯行拥有全面的支配——而第三人却缺乏这种支配——那么行为人也可以将第三人的行为纳入自己的目的性之中。

与正犯的三类要件相对应，所谓"间接"正犯存在着三种基本形式。这三种形式的产生，都是因为有目的的工具缺少为正犯成立所必需的三个要件之一，而怂恿者却完全具备这些要件。

1. 行为人利用第三人实施犯罪，后者缺少个人性的正犯要件，行为人由此成立间接正犯。

（1）缺少客观的个人性正犯要件：有故意无身份的工具；

（2）缺少主观的个人性正犯要件：有故意无目的的工具。

2. 行为人利用第三人实施犯罪，后者缺少目的性的犯行支配，行为人由此成立间接正犯：利用某个非故意实施行为的第三人。（此外还有下达命令的场合）[71a]

前两种情形不存在疑问。在最后一种情形中，第三人究竟是过失还是完全无责任、无故意地实施了行为，这是无关紧要的。但有时也可能出现这种情况，即第三人虽然是有意识地实施了某种活动，但并不是基于他自己所作出的意志决定（故意），而是无意识地执行着他人的决定。

[71a] 对此的基础性论述，参见 Ramm, ZStW. 58, S. 363 ff. 。

这类案件不多见，其中一个是朗格曾经讲述的发生在法兰克福的希尔德加德·赫费尔德（Hildegard Höfeld）案：一名14岁半的小女孩在其父母施加的精神和身体压力下，按照他们的要求跃入美因河中以求一死。朗格（S. 33）是这样描述父母的行动的："他们通过殴打、威胁以及持续的精神影响，使得孩子完全无法自行对生死作出决断。"父母被控构成谋杀罪的未遂，在案件的审理过程中，孩子自己陈述道：父亲期待她跃入河中，当她站在美因河大桥上的时候，和冰冷的河水比起来，她更加惧怕其父亲。本案中，女孩缺乏目的性的犯行支配，因为尽管这个行为是在有意识的条件下实施的，但是对于直接行为人来说，她只是**毫无意志地**执行着**他人**的决定。然而，目的性指的是，行为人**在意志支配下**对未来进行了有目的的塑造。有意识但无意志的工具，这种案件本身比较罕见，但它更经常地出现在利用**年龄较小的**儿童实施犯罪的情况之中，这类儿童以有意识的行动执行了他人的意志，但他本人却毫无意志可言。同样的情况，也可能出现在利用智力低下之精神病人实施犯罪的案件之中。

然而，要是认为无责任能力人**普遍地**缺乏实施目的行为的能力，那是错误的。行为决定究竟是如何形成的，是完全基于本能的驱使还是也受到了某种价值观的影响，这和行为决定已经形成这一点是两回事情。毋庸置疑，即便是无责任能力的少年儿童，也能够作出自己的行为决定，精神病患者也同样如此。《少年法庭法》第4条由此得出了一个无论从实践还是从学理上看都唯一正确的结论。它认为，无责任能力的少年儿童都可能成立正犯（享有犯行支配）。按照传统学说和习惯法对《刑法》第48条和第49条的解释，上述结论并不能适用于其他无责任能力者，但这样的看法不仅在实践上而且在学理上都是错误的，因为实践层面的错误必然会损及学理的正确性。要想对**教唆**无责任能力人犯罪的行为重新定性，将其解释成间接正犯，这一般来说或许不难办到——正如我们先前已经看到的，在个案中，两者的边界也可能是游移不定的——但是这种解释方案并非无往不胜。至少对于以下情形来说是不可行的：行为人教唆无责任者实施犯罪，但教唆者由于缺乏个人的正犯属性而无法成立（间接）正犯。（例如，一个不具有国家工作人员身份的人，教唆国家工作人员去实施真正的职务犯罪；又如，行为人唆使他人去实施亲手犯。）而对于帮助犯的情形来说，这种解释方案**通常**都是行不通的：因为这种情形中，无责任的行为人是在完全不受参与者影响的情况下，独自形成了犯行决意，参与者只是从客观和主观上对**其**犯行提供了帮助而已，而该犯行完全是基于无责任者所作的决定以及他在目的引导下所实施的实行行为，故唯有无责任者才对该犯行享有支配。

此外，采用从属性原则，这也不完全取决于立法者的意愿。极端的从属性主张，共犯的成立不仅有赖于主行为者具备目的性的犯行支配，而且还要求他必须具有**责任**。这种看法必然会在教义学上产生漏洞。对此，持极端从属性论的学者只好祭出最后一招（ultimum refugium），那便是类推适用的方法。可是，这种做法只能使其教义学方面的错误暴露无遗；因为它并没有对起先未曾发现的漏洞进行任何的填补，而只是对这个明显的**教义学**缺陷进行事后修正。极端从属性论原本只是认为，向有责之犯行提供帮助的行为成立犯罪；但它却将之类推适用到向无责之"犯行"提供帮助的情形之中，主张对后者也应以帮助犯论处。这样一来，该观点事实上就承认了它在学理上曾经试图否定的一个命题，即共犯的成立并不依赖于正犯者的责任。

但此外，只有当所谓限制的从属性说以目的行为概念以及目的性的犯行支配为基础时，它才能够被运用到实践之中。如果认为故意和过失不属于不法构成要件，如果我们不根据故意和过失对不法构成要件加以区分，而是将之视为单纯的责任要素，那么限制的从属性说就必然衍生出一种完全脱离现实生活、纸上谈兵的理论，这种理论认为针对过失引起结果的行为也可以成立故意的共犯（教唆犯或者帮助犯）。因为，众所周知，限制从属性说主张，只要主行为具有违法性，即便它缺乏责任，也足以成立共犯。客观主义的不法理论主张，某一犯行的违法性（不法构成要件）并不依赖于故意或者过失，所以它必然会认为，不论主行为是出于故意还是出于过失，都不影响共犯的成立。关键仅仅在于，存在着一个客观上违法的、"实现了构成要件"的主行为。但这样一来，即便是**故意**参与（教唆、帮助）一个出于过失，甚至是意外事件的"主行为",都可能成立共犯。⑫

这一荒谬的结论再次极为清楚地表明,要想建立起共犯的秩序,就必须以目的行为概念为基础,这一行为概念产生了与之相对应的不法理论,而且限制的从属性也只有基于目的行为概念,才能推导出可供实践运用的结论。⑬ 这就再度证明,正犯和共犯理论是整个刑法教义学的试金石。唯有承认目的行为概念,唯有将目的行为型的构成要件与过失引起结果型的构成要件区分开来,并接受**与之相对应的**不法和责任之划分方法,只有在此基础之上才可能建立起一套合理的共犯理论。⑭

第三,只有当根据构成要件的规定,行为人能够以利用工具的方式实施犯行时,才可能成立间接正犯。这里所说的工具指的是这样一类人,他们在行为人有目的地施加了影响之后独立地(不论是完全机械性地,还是在一定范围内有目的地)继续发挥作用,由此造成了行为人意图实现的结果。基本上所有的结果犯(法益侵害),都属于这种类型的构成要件。通常来说,这些犯罪都可以通过"间接的方式",也就是通过置入独立发挥作用之工具的方式得以实施。

然而,如果关键的不法内容并不在于行为人意图(通过工具)实现的某种**结果**,而是在于**举动本身**,那情况就不同了。在这里,只有行为人在了解意义的情况下所实施的**行动**,才以一种**特殊**的意义违背了道德,也就是从社会伦理的角度来看具有可谴责性。这类犯罪主要是指所

---

⑫ 借助一个曾被频繁引用的案例,或许能够更清晰地说明这一点:一名医生试图干掉一位与自己有私人仇怨的患者。他嘱托一名毫不知情的护士给该患者注射一剂吗啡,却暗中加大了针剂的药性,使之足以致命。护士为患者注射了该针剂。根据客观主义的不法理论,再结合限制的从属性说,就会认为:护士实施了一个具有客观违法性的犯行;由于共犯的成立只要求存在一个"客观违法的"主行为,所以医生就作为共犯参与了护士的犯行。这样一来,真正的主犯行为成了共犯行为,而次要的举动反而成了主犯行为!真实的关系完全颠倒了。此外,还出现了一个难题:医生所实施的究竟是什么"共犯行为"呢?从其行动方式(委托)来看,最合适的是考虑成立教唆犯,也就是针对过失行为甚至是完全缺乏避免可能性之行为的教唆犯。

⑬ 当限制从属性已经居于主导地位时(比如在奥地利法当中),目的行为概念就自然而然地构成了它的基石。唆使他人实施非故意行为的举动,成立间接正犯;真正的共犯,是以存在着某种目的性的主行为为前提的!

⑭ 即便是在现行法的框架下,这一观点也能够得以贯彻。极端的从属性,不过是历史传统和法院判例通过解释赋予法律的一种说法。在这个问题上,果敢的审判实践应当有勇气创设出一套崭新的习惯法。

谓的风俗犯（Fleischesverbrechen；delicta carnis），例如通奸、乱伦、鸡奸以及伪证罪。只有当某人自己出于性欲触犯了由婚姻关系、亲属关系、相同性别所构筑起来的性禁忌时，其行为才以通奸、乱伦、鸡奸这些特殊的意义违反了社会道德。由其本质所决定，通奸、乱伦、鸡奸都是有违伦理的**行动**，而不是引起**结果**发生的行为，也即并不是单纯诱使《刑法》第 172 条、第 173 条和第 175 条所规定的人员之间发生性关系的行为。比如，以欺骗的方法诱使夫妻一方与第三人发生性关系，或者诱使亲属之间发生性关系，这些行为是《刑法》第 181 条第 2 款第 1 项所规定的情节严重的介绍淫乱罪（Kuppelei），但并不属于通奸罪或者乱伦罪。（关于鸡奸罪，见上文第 120 页以下。）同样地，伪证罪的核心罪质也在于行为人有意歪曲真相的行动。在上述所有这些情形中，都不可能成立间接正犯，因为只有实施了具有不法意义之**行动**的人，才可能成为正犯。[75] 对于这类犯罪来说，除前述三个要件之外，正犯的成立还必须满足一个要件，即"亲手"实施犯罪。

不过，我们的研究还需要再往前推进一步。这种单纯具有行动不法的犯罪，可以和（与行动相分离的）结果要件相联系，而这种结果要件一方面能够增加不法的内容，另一方面又不会改变相关犯罪是亲手犯这一本质。[76][77] 同理，反过来，对于结果犯的构成要件来说，法律甚至有可能在那些结果引起要素中嵌入特殊的行动不法要素。在通行的解释论

---

[75] 单纯具有行动不法（aktmäßiges Unrecht）的犯罪，和所谓的纯粹行为犯（schlichte Tätigkeitsdelikte）并不是一码事。[纳格勒也持相同观点，参见 Nagler, GerS. 111 S. 56 Anm. 99. 纳格勒所举的那个例子（超速驾驶）涉及的其实是给法益造成了抽象危险的行为，而不是某种在社会道德方面具有可谴责性的行动本身。]

[76] 与此相关的一个明证是《军事刑法》（MilStGB）第 84 条的规定：如果行为人通过言语或者暗号诱使其战友脱逃，则其行为构成加重责任的临阵脱逃罪。在这里，引起结果的事实（即诱使战友脱逃），加重了脱逃罪的行动不法。

[77] 就职务犯罪（身份犯）而言，情况如下（参见上文脚注[30]）：从违背**尽忠职守的义务**这一点来看，职务犯罪全都是"亲手"犯；因此，缺少身份者不可能成立间接正犯。除此之外，如果职务犯罪仅具有纯粹的行动不法，那么**整个**犯行只能由具有身份者自己来实施，即便是有身份者也无法间接实施犯行（例如徇私枉法罪）。但是，如果在构成要件上，违反尽忠职守义务的要素与某种法益侵害要素联结在了一起（例如在执行公务的过程中实施了胁迫、伤害或者侵占等行为），那么针对**法益侵害**的部分，有身份者就可以间接地实施犯行。

看来，最重要的例证就是《刑法》第243条第2款所规定的入户盗窃（Einsteigediebstahl）。入户这个要素不仅表明刑法提升了对占有状态的保护力度，而且也标志着侵害**行为**已经达到了特别严重的程度。因此，只有自己实施了入户的人，才可能成为正犯者。有学者试图将该要素理解为客观的责任要素。真是大错特错！[78] 这种观点根本无法成立，除非我们极端和片面地认为，不法仅仅涉及物质性的法益侵害。事实上，这里存在着一种特殊的**行动**性质的不法要素。所以，即便是无责任者也可以实施入户盗窃（例如13岁的男孩），而有责任能力者则可以相应地成为其帮助犯。（并不是针对普通盗窃的帮助犯！）

第四，共同正犯属于正犯，其特殊性在于，对于犯罪单一行为的支配并非掌握在某一个人手中，而是由多人共同拥有。任何一个目的行为，原则上都由多个为实现目的而相互联系的个别行动所组成，由于行为决意的目的指向构成了这些行动的基础，并通过它们得以客观现实化，所以这些行动并不是简单的集合，而是一个统一的整体。不法行为是由多个行动所组成的**统一体**，它赖以建立的基础在于，行为人以目的为指针将行为决意付诸实现。这个事实，就是共同正犯能够成立的理由所在：共同正犯由多个为实现目的而彼此联系的行动所构成，这些行动都是为了将所有参与人共同作出的行为决意付诸实施，并且由一众参与人加以分担。所有人都共享犯行支配：作出犯行决意的主体，不是某个个人，也不是多个孤立的个体，而是所有联合在一起的人；于是，借由共同的行为决意所产生的目的性关联，每个个人的行动和其余人的行动一同形成了一个统一的整体。因此，每个人都不只是某一部分行为的正犯——因为单个部分的行为并不具有任何独立的功能——而是针对整体的共同之正犯，故每个人也都作为共同正犯者需要为整个犯行承担责任。

从这个事实中，我们发现了一个难题：既然某人只是实施了部分犯行，那他又怎么能够为整个的犯行负责呢？由于一些学者反对将任意一种参与引起结果发生的行为都看成是正犯，所以他们主张，共同正犯者

---

[78] 持相同观点者有 Lange, S. 26；Mayer, Lehrbuch S. 234。

虽然只是部分实行却需要负担全部责任，这完全只是实定法的规定而已。⑲ 为了说明这种立法规定的实质根据，有学者将共同正犯转换成了单独正犯的一种特殊形式。朗格（S. 55）赞同帝国法院的判例，并在此基础上做了这方面的尝试。他对帝国法院所作的一份判决（RG. 66 S. 240）表示赞成："共同正犯成立的必要且充分条件是，每一个参与者都希望以自己的犯罪行为引起全部的结果，但是由于大家作出了共同的决定，也由于众人形成了合力，所以**每个人都希望成为间接正犯，能够借助其他同伙的行为来补足他自己的行动，也希望能够把其他同伙的行为归属于自己**。"在朗格看来，共同正犯就是"部分间接正犯的一种情形"。

事实上，这种观点并不是主张各参与人成立共同正犯，而是认为**每个参与人均成立单独正犯**。每个共同正犯者，在有的部分是整体犯行的直接正犯，但在有的部分又属于整体犯行的间接正犯。只有这样，我们才能认为，每个共同正犯者都要为全部犯行负责。这样一来，共同正犯就成了多重的单独正犯。显而易见，这种观点曲解了共同正犯的本质。不容忽视的是，与间接正犯的情况明显不同，在共同正犯中，目的性的犯行支配并非掌握在某个个人的手中，而是由**所有参与人共同**享有。这正是共同正犯的本质所在。由于每一个参与人都对犯行的整体拥有支配，也即每一个参与人都是行为决意的共同作出者，而且也参与实施了为达成目的而彼此联系的部分行动，从而一道将行为决意付诸实现；所以，他是**整体**犯行的共同正犯，需要为全部的犯行承担共同正犯之责。共同正犯并不是**单独**正犯的一种特殊形式，而恰恰是正犯的一种特殊形式；正犯的具体表现形式只有两种可能，它要么是单独正犯，要么是共同正犯。一切试图将共同正犯归结为单独正犯的做法，既是错误的，也多此一举，因为，共同正犯与单独正犯同宗同源，二者皆为正犯：单独正犯是整体犯行的正犯，而共同正犯同样是针对整体犯行的正犯。⑳

---

⑲ 参见 Kohlrausch in Aschrott-Kohlrausch, Reform 1926, S. 31；亦参见 Lange, a. a. O. S. 50 ff.。

⑳ 每个人都必须是整体犯行的正犯，这是一种"预设论点"（petitio principii）的说法，它有利于肯定单独正犯的成立。

以上讨论的问题是如何从理论上把握共同正犯的本质，但它在实践中的处理结论从一开始就是确定的。然而，更重要的一个问题是：行为人的参与行为究竟要达到何种程度才足以成立共同正犯呢？之所以说这是个疑难的问题，原因就在于：没有任何一个参与者对整个犯行享有完整的支配；**孤立地看**，每个人都只是支配了他本人所实施的那部分行动，仅仅是透过共同的犯行决意，才对犯行整体拥有了支配。关键点首先在于，每个参与人都是犯罪决意的作出者，他们各自分担了为执行该决意所必需的部分行动。这就说明，每个人在实施其部分行动时，不仅是在执行**他自己的**犯行意志，同时也是在一道执行其他同伙的犯行意志。对于分担了构成要件**实行行为**的参与者来说，这是理所当然的。当参与者实施了自己所分担的行动时，他就必然对这部分行动拥有犯行意志；与此同时，他也执行了其他参与者的犯行决意，后者分担了实行行为的其余部分。凡是参与实施**实行**行为的人[31]，都不可能只具有共犯的意思（animus socii）。理由在于：一旦行为人现实地参与了犯罪的**实行**，他就具备正犯意志；因为，正犯意志并不是一种恣意的主观态度，而是一种在客观事件中得以展现的目的性功能。所以，不论怎样，客观的共犯理论总还是指出了共同正犯之刑事责任的最低下限（Minimum）。

可是，客观的共犯论是否也说明了共同正犯的最高上限（Maximum）呢？单纯实施了支持行为的参与者，能否也成立共同正犯呢？这里的关键在于，这种参与者能否成为犯行决意的分担者，特别是能否和其他人一道对**整体**犯行施加目的性的支配。参与者——抛开其行为对犯罪所作的贡献不看——只是对犯罪的实行表示同情、赞成，"愿意将犯行视同己出"，这些都不足以成立共同正犯。正如我们先前已经看到的那样，这种主观的默想既不足以成立正犯，也不足以成立共同正犯。正犯的意志（animus auctoris）绝不是纯粹主观性的"把犯行视同己出的意愿"。事实上，参与者要具备"正犯意志"，就必须对整个犯行产生**客观**的作用，发挥出客观的功能。这就要求：即便从**其余**参与者所作的

---

[31] 只要他同时也具有个人的正犯属性，从而具备社会的犯行支配即可，因为，这牵涉到在实践中能否认定，行为人在社会生活中成立正犯，并因而具备"正犯意志"。

贡献来看，也可以认定由所有参与者**共同**作出的犯行决意已经承载了**整个犯行**，所以：一方面，对于提供支持的参与者来说，支持行为属于将共同的犯行决意付诸实施的一部分实行行为；另一方面，对于**实施了实行行为的人**来说，实行行为同时也一道实现了提供支持者参与作出的犯行决意。按照犯行计划，对于**其余的参与者**来说，**整体犯行也**必须在规划和实行方面实现了所有人共同作出的犯行决意。这样一来，正犯意志就绝不是参与者的一种纯粹主观的态度，即使参与者希望"融入"到犯行之中，这种主观态度也无足轻重；正犯意志是指客观地参与分担目的性的犯行支配，这种客观的参与状态源于**整体**犯行的规划和执行情况，而它与共同的犯行决意是相互吻合的。要形象地理解这种情况，我们最好想象一下，在共同拟定的计划之中，我们是如何进行角色分配的：既然所有参与者都一起作出了犯行决意，也都参与了犯行的实施，那么如何确定各个决意参与犯行的人究竟作出了多大的贡献，就只是一个是否合乎目的的问题（Zweckmäßigkeitsfrage）而已；整体的犯行就是所有参与者共同实施的犯行。既然正犯意志具有绝对必要的客观功能，那它在司法实践中也是完全可以得到确定的：如果由整个犯行的规划以及参与者的个体情况所决定，仅仅存在角色分配的问题，那么只要参与者自己没有在诉讼过程中提出相反的事实，我们就只能推断，单纯提供支持的参与者成立共同正犯。

在具体的诉讼过程中，个案的判断或许总是十分困难的。帝国法院为法官提供的判断公式是，只有当行为人具有将犯行"当作自己之"犯行的意思时，他才能成为正犯。这个公式不仅过于模糊和主观化，而且具有误导性，也十分僵化，它极易沦为空洞的套话，甚至沦为无知的避难所（asylum ignorantiae）。[82] 如果我们想拥有一个明确具体的公式以供实务操作，我认为以下这个公式是最完美的："参与者甲、乙、丙将

---

[82] 帝国法院曾经作出过一份判决（RG. 15 S. 303），提出："说仅仅实施了预备或者帮助行为的人，具有使犯行成为自己之犯行的意思，这是**一句毫无清晰内涵的空话**"（黑体为笔者所加）。抛开法院在该判决中所提出的标准不谈，这段论述本身是十分发人深省的。这是一个值得牢记的警示，我们不能把行为人具有使犯行"成为自己之犯行的意思"这一要素看成是正犯的成立标准！

161

犯行视作共同的犯行而加以实施。"这样一来，法官从一开始就必须关注客观的情况（"共同**实施**"），关注整体犯行（而不是单纯的主观意思）以及根据众人共同作出之犯行决意（"视作共同的犯行"）所进行的角色分配。(尽管这一表述还是带有部分的主观性，但是在确保重视客观情况的前提下，这种主观性的表述没那么令人担忧，它突出强调的是**犯行计划**！)

由此，我们就可以顺理成章地推导出帮助犯的本质：帮助犯是指，行为人在没有参与犯行决意以及目的性犯行支配的情况下，实施了为他人提供支持的行为，他是为**他人的**犯行提供支持（而不是简单地将犯行"当作他人的犯行"）。

第三部分：过失引起结果的行为

在很长的一段时间里，过失犯罪在故意犯罪面前都显得黯然失色。乍一看这或许有点令人意外，因为人们根本就没有发现二者的差异，而是认为故意犯和过失犯在"客观"构成要件上是完全一样的。然而，严格来说，只有站在贝林（Beling）最初提出的纯粹"客观之"构成要件论的立场上，这种看法才能成立。根据该构成要件论，过失犯的构成要件在教义学上享有与故意犯完全同等的地位。然而，随着构成要件理论朝着更为精致的方向深入发展，随着主观不法要素和客观责任要素的发现，人们不可避免地——纵然不是明确地，也不是有意识地——将目的（行为）的犯罪构成要件作为考察的重心。而过失犯构成要件所具有的特点，却完全被人们抛诸脑后。此后，人们将全部的犯罪构成要件都理解成经过类型化的引起结果发生的事件，这固然不利于我们正确地认识目的性的犯罪构成要件，但就算对于过失犯的构成要件来说，也没带来什么好处。只有在"主观的"层面上，过失犯的构成要件才会获得关注。在这里，针对过失犯的责任特性这一难题，人们展开了详细而深入的研究和发掘。

只是到了共犯领域，特别是在限制正犯概念和扩张正犯概念的争论中，才出现了一种观点，认为过失犯的构成要件**在客观方面**具有其自身的特殊性。正如我们先前看到的那样，正是从法律的用语（《刑法》第222条规定的是致人死亡，而第211条以下规定的却是目的性的杀人行为）当中，人们才第一次发现过失犯具有引起结果发生这一特性，并据此主张在教义学上应当把一切过失参与的行为都作为过失正犯来加以处罚。[83] 赫尔穆特·迈尔从一般性的角度指出，过失犯具有引起结果发生的特性，该特性使得过失犯与故意犯形成了鲜明的对立。他认为，（结果引起型犯罪的构成要件，其覆盖范围宽于故意犯的构成要件的[84]，所以）过失犯构成要件的内容和成立范围均不同于故意犯的。

过失犯属于结果引起型的犯罪，这是法教义学研究经过发展得出的结论，也是笔者行文至此一直主张的观点。指出过失犯的这一特点，虽然揭示了过失犯构成要件中的关键要素，但仅此还显得过于一般。如果我们对法律所规定的过失犯构成要件的构造进行一番全面的考察，马上就会发现，这里存在着两个截然不同的类型。第一类是纯粹的结果引起型构成要件，迄今为止的刑法教义学仅仅聚焦于此。其主要代表是过失致人死亡罪，我们通常都会以它为例来说明纯粹引起结果的情况；其他的构成要件还包括过失致人伤害罪（第230条）、失火罪（第309条）等等。

这类构成要件所描述的，是**纯粹**引起结果的情形。它只要求行为人引起了某种不受欢迎的结果（并且这种引起结果发生的事件是可避免的）。至于说究竟是如何引起结果的，是基于**一种任意的**行为还是通过不作为，这完全无关紧要。它是一种纯粹的结果引起型构成要件；所以，当初正是基于这种构成要件，人们才首次发现了过失犯具有引起结果发生这一特性，也就不足为奇了。

第二类是"混合的"结果引起型构成要件（也就是带有目的行为内核的结果引起型构成要件）。可以考虑的犯罪主要包括《刑法》第85条（传播背叛国家之文书，但行为人对其内容一无所知）、第163条（过失

---

[83] 参见 Bruns, Kritik der Lehre vom Tatbestand. S. 68ff. 。
[84] H. Mayer, Lehrbuch S. 194ff.；bes. S. 200ff. , S. 217ff.

作伪证)、第 164 条第 5 款（过失虚假控告）、第 326 条（该条所包含的部分情形，例如行为人虽然实施了贩卖有毒物品的行为，但因为过失而对物品的危险性缺乏认知）、第 345 条第 2 款（在刑罚执行过程中玩忽职守）。令人惊奇的是，这些构成要件的核心并不是单纯引起结果发生的事件，而是**某种目的**行为：制作、贩卖和传播，陈述和宣誓，控告以及执行刑罚，所有这些都是真正的目的行为。贩卖、宣誓等行为，根本不可能表现为非目的性的、缺乏意识和意志的活动，不可能是单纯引起结果的事件。恰恰在过失的结果引起型构成要件里，包含了一种**符合构成要件的**目的行为的内核。在这种情形中，行为人对目的行为的**对象**或者内容缺乏认知，或者缺乏充分的认知。行为人知道，他是在贩卖某种文书，但是因为过失，他并不知道该文书包含着背叛国家的内容。同样地，行为人的陈述和宣誓都是一种有意识的目的性活动，但是他因为过失而不知道其陈述的内容是错误的。行为人由此过失地引起了某种违法的结果（制作或者传播含有**背叛国家**之内容的文书；提交了经过宣誓但内容虚假的证言；等等），因为他应当认知却怠于了解相关情况，导致其有意识的目的行为引起了某种非目的性的结果。另外，**纯粹**的结果引起型构成要件也可能存在相同的情况（甚至通常都会发生）。对于这类犯罪来说，经常会出现这样一种情形，即行为人因为过失而并不知晓某一目的行为对于结果所具有的意义（例如，注射的吗啡剂量过大）。这种情况和混合的结果引起型构成要件的区别点在于，对于后者来说，目的行为是一种**符合构成要件的特定**要素。在纯粹的结果引起型构成要件中，一切任意的行为和不作为，只要它以本可避免的方式引起了构成要件结果，就都符合构成要件；但是，在混合的结果引起型构成要件中，只有当行为人实施了构成要件所**明确**规定的**目的**行为时，才能够符合构成要件。任何人，只要他引起了死亡结果，而且具有通过其他方式避免该结果发生的可能，就可以成为过失致人死亡罪的正犯。但是，只有事实上作了陈述并且进行了宣誓的人，才能成为过失伪证罪的正犯；而过失地引发了伪证行为的人则不构成。同样地，对于《刑法》第 85 条的规定来说，只有实施了该条所描述之**目的**行为（制作、贩卖、传播）的人，才能成立本罪的正犯；一个人，如果他只是以可避免的方式单纯引起了这些行为，则成立不了本罪的正犯。再如，只有当某人自己向国家机关控告他人有罪时，他才能成立过失虚假控告罪的正犯；只是因为（严重）过失而导致他人受到有罪指控者[85]，则不能成立。

对于混合的结果引起型构成要件而言，构成要件的核心是由某种目的行为所组成，所以只有实施了该目的行为的人，才能成立正犯。因此，混合的结果引起型犯罪，其构成要件的覆盖范围明显窄于纯粹的结果引起型犯罪的：它只包含行为人实施了构成要件所规定之目的行为的情形。这一差异的意义，体现在犯罪参与关系的场合之中。由该差异所决定，上文关于过失正犯概念的论述需要有所限定，而且学界所持的观点也需要被修正。唯有对于纯粹的结果引起型构成要件来说，所有任意（以可避免的方式）参与引起结果的行为才一律属于相关犯罪的正犯。可是，对于混合的结果引起型构成要件而言，由于特定的目的行为属于构成要件要素，紧接其后的才是引起结果发生的事实，所以只有实施了相关目的行为的人，才能成立正犯。

将过失犯的构成要件区分为以上两种类型，这虽然对于过失正犯概念具有重要的意义，但它并不能改变一个事实，那就是：即便拿混合的结果引起型构成要件来说，行为人也并不是有目的地制造了那个具有决定意义的受到禁止的结果，而是无意地引起了结果。所以，过失犯属于结果引起型的构成要件，这一基本认知并不受任何影响。只不过，在结果引起型构成要件的**内部**存在着两种可能：一是正犯的成立范围极宽（对于纯粹的结果引起型犯罪来说），二是由于在构成要件中植入了目的行为的要素，故正犯的成立范围受到了限制（对于混合的结果引起型犯罪来说）。

在将结果引起型犯罪区分成这两种不同的构造类型之后，就出现了一个根本性的问题：一旦确定行为人引起了结果，是不是就可以认定该犯罪的客观不法构成要件已经齐备了呢？对于混合的结果引起型犯罪来

---

[85] 例如，行为人在熟人圈里讲述了关于某人的不实之事，一名聆听者根据该信息自行实施了告发行为。不过，这里的行为完全可以构成诽谤罪！

说，这个问题很好回答：不法构成要件不仅包括结果，还包括某种**具有特定样态的目的**行为，而该目的行为则与结果之间存在因果关系。就这类犯罪而言，**从来**就不会有人认为，单纯引起结果的事件（单纯因果性的法益侵害事件）已经满足了该犯罪的不法构成要件。比较疑难的，是**纯粹的**结果引起型犯罪。在这里，有一个早已根深蒂固的观念，即：不法构成要件就存在于单纯因果性的结果引起事件（法益侵害事件）之中。将包括目的行为犯罪在内的**所有**犯罪，全都转化为结果引起事件，这种做法催生了极端客观主义的不法理论，以及隶属于它的法益侵害学说。

上文曾针对法益侵害说展开过争鸣，在此过程中，笔者已经提出了驳斥上述立场的主要论据。彼时[86]，我们看到，法律从来不会给一个纯粹因果性的法益侵害事件打上不法的烙印，也不会将**所有**（因果性的）法益损害事件都说成是违法的，法律始终只是保护法益免受特定样态的影响。自始至终，只有针对具有特定样态的法益损害事件，才谈得上法益保护。

与此相对立的观点却主张，因果性的法益损害事件本身就足以成立不法；我们已经看到，与这种观点相伴的是一个毫无功能、死气沉沉的博物馆式的世界。因为，它忽视了一点，即人们富有活力地利用着法益，生活中的各种法益以持续相互损害的方式"发挥着作用"，这些才是一切社会生活的存在方式。在此，绝大多数的法益——至少在法律的考察视野下——只有借助各种行为才能发挥其作用；就刑法这一专门领域来说，只有行为（行为有狭义和广义之分，它既可以是有目的地设定目标的举动，也可以是以**可避免的**方式引起了结果的发生）才是我们考察的对象。即便拿纯粹的结果引起型构成要件来看，**单纯**因果性的法益侵害事件也绝不足以符合不法构成要件；原则上来说，法益侵害始终都只是不法构成要件中一个**不具有独立地位的**要素，它只有和（刑）法那具有生命力的要素，也就是行为要素**结合起来**，才能符合不法构成要件。[87]

---

[86] 上文第 125 页以下。

[87] 只有从另一种截然不同的观察视角出发，我们才能例外地认为，法益侵害作为结果无价值（事实情状无价值）具有**一定的**独立地位。但是，对于犯罪的不法构成要件来说，这一点是**绝对不能**成立的。对此，参见上文第 133 页。

我们可以分两步来分析一下,在结果引起型的犯罪中,不法构成要件为何必然要与行为这一具有生命力的要素相关联,又是如何依赖这一要素的。首先来看看最起码的底线,只有越过了该底线才谈得上**可能**构成违法的问题,这条底线就是社会相当性。社会相当的行为,也就是处在一个民族历史形成的社会生活秩序之内的活动,即便造成了法益侵害的结果,也绝不可能是违法的。因此,即便行为人明知该结果可能发生,该行为也不可能符合故意犯的构成要件;同样地,即便行为人能够预见该结果会发生,该行为也不成立过失的结果引起型犯罪。拿那个著名的例子来看,侄儿热情地怂恿叔父外出旅行,结果叔父在旅行途中遇难身亡,侄儿的行为既不具有故意犯罪也不具有过失(结果引起型)犯罪的违法性。其行为完全是社会相当的,所以尽管和故意犯的情况一样,这里也存在着引起法益侵害的事件,而且过失犯的构成要件貌似比故意犯的更符合该行为,但是——幸好——人们根本就不曾产生该行为可能符合过失犯构成要件的想法。同样的道理也适用于所有其他具有社会相当性的行为,纵使这些行为带有的风险高于根据铁路交通的现有技术发展水平应予忍受的风险。

至少在过失犯领域内,法律一直以来都明确肯定了社会相当性的思想,其表现就是所谓过失犯的客观标准,即"交往中必要的注意"(im Verkehr erforderlichen Sorgfalt)。该标准勾勒出了积极的社会生活领域的边界,只要是处在该边界之内,就根本不会出现违法性的问题。当然,传统学说完全没有认清这一意义,因为它将该标准推移到了责任阶段之中。[88] 这种法学理论认为,交往中必要的注意这一标准"只是"排除了责任,但是由于行为毕竟引起了结果的发生,所以它"在客观上"仍然是违法的。该学说对生活的观察方式,必然导致所有积极的生活都归于窒息。假如一切侵害法益的行为在客观上都是违法的,那我们什么行为都别想实施了。因为,在现实生活当中,即便行为人极尽谨慎注意,也**无法**保证其行为不会引起某种不受欢迎的结果发生。然而,如果

---

[88] Mayer, Lehrbuch S. 305 中的论述是正确的。

一种法学理论告诉积极从事各种活动的人们说，其行为总是有可能违法的，那该理论就等于自寻绝路。这一理论试图保护法益免遭那些不受欢迎的侵犯，这一目标固然正当，但它却忽视了生活的能动性。该说是在极低的起点上，即仿佛是在绝对的零起点上去进行法益保护的，却没有认识到，只有在活跃地发挥着作用的、由现实的社会行为所组成的世界（Tat-Welt）当中，对法益施加保护才具有意义，而这里才应该是我们开启法益保护的起点所在。所以，社会相当性率先对结果引起型犯罪的不法构成要件进行了限定，使得纯粹因果性的法益侵害事件**绝不可能**成立此类犯罪的构成要件不法。一个举动要成立过失犯的构成要件不法，**至少**要求行为人未尽到交往中必要的注意。

不过，社会相当性只是为**可能**符合构成要件的违法行为划定了最起码的底线。**刑法**中不法构成要件的内容，却不限于此。在刑法上，并非任何一个因为未尽到——从**客观"理想的"**旁观者看来——交往中必要之注意而（由人）引起了结果的事件，都一概符合构成要件。这种事件或许已经满足了民事责任的要求，因为民法的功能在于实现财产权上的补偿。可是，对于刑法中的不法构成要件来说，**现实**的行为要素却具有决定性的意义，正是因为存在该要素，我们才能认为引起结果发生的事件是**专属于**行为人的。引起结果发生的事件，必须对于具体的行为人来说是**现实**可避免的；唯有如此，刑法中犯行与行为人之间的特殊关系，才能在不法构成要件中真实地显现出来。这种关系要求，犯行必须在特定的范围内成为专属于**行为人**的作品——这要么表现为行为人有目的地设置了目标，要么表现为，**对于行为人来说**，引起结果发生的事件本可以通过目的性的方式得以避免。既然刑法中的不法具有特殊性，它是一种行为性的不法，那么在犯罪的不法构成要件中，就必须**具体地**存在这种行为要素。

那么，在过失犯领域中，这种行为要素究竟存在于何处呢？我们之前已经发现，在目的行为的场合，事件的客观发展进程已经处在了目的的决定之下，行为人根据目的对事件的进程进行了选择，并使其按照目的指明的方向发展。然而，在过失行为的场合，就那个具有关键意义的、不受欢迎的结果来说，其引起过程实际上是盲目和因果性的。所以，对于过失犯来说，行为要素并非存在于**现实的**目的性关联之中，而是存在于**可能的**目的性关联之中：由于行为人**能够**有目的地预见结果可能发生，所以对于他来说，该结果原本是可以避免的。不过，这种可能性不能是一种纯粹想象和思维上的可能性，行为人是否具有这种纯粹想象和思维上的可能性，需要借助“客观的”旁观者这一标准来加以判定。但我们所说的可能性必须是一种**现实的**（行为性的）可能性，它指的是**行为人**实施**目的行为**的**具体能力**。

对于有认识的过失（bewußte Fahrlässigkeit）而言，这种现实的可能性是显而易见的。因为，行为人已经**现实地**预见到其行为可能引起结果发生。由于行为人已经预见到了这一点，所以他有能力目的性地（具有目标意识地）避免该结果。从目的性的角度来看，行为人具有按照目标意识避免结果发生的现实可能性。他之所以没有这样做，是因为他作出了一种**情感性的**意志决定，也就是行为人（在认识到结果可能发生的情况下，虽然没有积极地容任其出现，但是）比起避免可能出现的危险来说，他更愿意去追求实现其设定的目标。一旦这种情感性的**评价**转化为具有意义的价值抉择，那么行为人的行为就是有责的。(89)

然而，无认识的过失（unbewußte Fahrlässigkeit）——这是过失行为中最重要，也是最经常出现的情形——的特点在于，当行为人还能够以目的性的举动避免结果发生时，在这（所谓“决定性的”）一刻，他恰恰并没有预见到其行为会引起结果发生。这样一来，在关键的那一

(89) 对此，参见笔者的著作《刑法中的自然主义与价值哲学》，第 81 页。——即使是**无责任能力**的行为人，从目的性的角度来看，也具有避免结果发生的具体可能性。无责任能力者，只要他正确地预见到目标结果之外的另一种结果有可能发生，那么和有责任能力者一样，他也完全可以通过不实施某种活动而有目的地避免该结果出现。无责任能力者之所以没有这样做，就是因为他在情感上作出了价值抉择，该抉择**有利于**其所追求的目标而**不利于**避免可能发生的危险。与有责任能力者不同，无责任能力者完全是出于本能作出了这一抉择。在有认识的过失当中，我们可以将一种纯粹“自然的”、不具有责任的目的避免可能性抽离出来，从这一点来看，用一个可能不尽恰当的表述，我们也可以将之称为“自然的”过失（行为人对于非他所追求的那个结果，具有缺乏责任的避免可能性）。Kohlrausch，Strafgesetzbuch § 42b Anm. 2. 也持同样的看法。

刻，就缺少了（对于目的行为的现实可能性而言）最为重要的一个要素。这一事实大大加剧了问题的复杂性。理由在于：对于无认识的过失来说，我们不能根据行为人具有目的性的预见这一点，认定存在着实施目的行为的现实可能性，因为行为人根本就没有预见到结果会发生。不过，由于只有当行为人对结果存在目的性的预见时，他才具备实施目的行为的可能性，所以如果这种预见并不存在，那它至少应当具有存在的（现实）**可能**。也就是说，在这里，现实的可能性必须与目的性的预见本身相挂钩：只有当行为人具有在关键时刻预见结果会发生的可能性时，他才能通过目的行为避免该结果发生。在这之前，我们认定行为人具有实施目的举动之可能性的根据一直都在于，**他现实地**预见到了结果会发生[90]；但是现在，我们却必须证实，目的行为的这一根据是具备存在可能性的。由此带来的问题就是：行为人在关键时刻对结果欠缺认识，那么这种情况对于行为人来说是否本可以避免呢？对于这个问题，传统学说是在无认识过失的责任内容中去加以探讨的（这是正确的）。传统理论对该问题给出的回答，其具体内容在此暂可不予深究。我们可以像梅茨格尔那样认为，行为人之所以没有认识到结果可能发生，是因为他在**之前**的某个时点上没有充分地集中注意力[91]；也可以认为，这是因为行为人对不法之举缺乏足够的顾虑［恩吉施（Engisch）对埃克斯纳（Exner）的学说作了进一步发展之后所形成的观点］；还可以认为，这是因为行为人在关键时点[92]未能做到专心一意。所有这些回答都表明，对于无认识过失而言，在关键的时刻行为人有无可能进行目的性的预见，是否具有实施目的行为的可能性，都离不开**责任**的视角：这种责任视角表现为，行为人之所以缺乏目的性的预见，原因在于他持有一种错误的价值观念，这种价值观念既可以体现为在较早时点中出现的某种**有意识的**行动（梅茨格尔的观点），也可以体现为某种**一般性**的价值态度（缺少一定畏惧感）[93]，还可以表现为由行为人在关键时刻实施的**具**

---

[90] 至于说行为人为什么会现实地具有这种预见，这完全无关紧要。
[91] 见 Mezger, GerS. 89 S. 255ff.；Lehrbuch S. 355ff.
[92] 见 Fischer, Das Vergessen als Fahrlässigkeit. Strafr. Abh. Heft 346.
[93] Engisch, Untersuchungen über Vorsatz u. Fahrlässigkeit im Strafrecht. S. 474/5.

体的意志性举动所反映出来的错误的价值观念（不够小心谨慎）。[94] 此外，这种责任视角还表现为，以上论述有一个前提，那就是对于行为人来说，他原本能够以有意义的方式避免产生这种错误的价值观念。精神病患者同样也可以持有这种错误的价值观念；但是对他而言，这种价值观念存在与否，完全取决于他本人无法改变的因果性的本能机理（Triebmechanismus）。然而，对于有责任能力者来说，我们必然预设了一个前提，即他能够以**富有意义的方式**融入共同体的存在当中，由此确立起自己的价值观念，并对它加以调适，从而确保自己在社会生活中的一举一动均合乎法律的要求。这是一切法律（以及道德）上的责任非难赖以成立的基本前提，至于说我们能否运用当代科学知识从理论上去证实它，这对于责任非难的成立与否并无影响。——总而言之，它就是一切充满意义之现实生活的基本前提（Grund-ὑπόθεσις）。

可是，这就意味着：在无认识的过失当中，行为人并没有**现实地**预见到结果可能发生，在这种情况下，行为人是否具有（目的性地）预见结果发生的具体可能，进而是否间接地具有实施目的行为的可能，这些都依赖于行为人是否具有责任能力。对于无认识的过失而言，只有具备责任能力的行为人，才能够以目的性的方式避免引起结果发生。笔者在上文（第169～170页）曾指出，**现实的**行为要素存在于现实的避免可能性之中，正是该要素，才使得某个引起结果发生的事件能够成为专属于行为人的犯行。同时，我们也看到，正是这种现实的行为要素，才完整地构建起了刑法上的不法构成要件。由此可以得出结论：在无认识过失的场合，不法构成要件的成立依赖于行为人的责任能力。对于无认识过失来说，责任和不法不可分割地重合在了一起，在此根本不存在无责任的不法！

不过，为了消除一切可能出现的误解，笔者要再次强调一点：毋庸置疑，我们是可以抛开行为要素，将单纯的法益侵害本身说成是**结果无价值**（**事实情状无价值**），并为其打上违法的标记。而且在法秩序当中，

---

[94] 持此观点的有 Fischer a. a. O.

这种（事实情状无价值的）违法性对于某些情形甚至还具有**独立的**意义［例如，正当防卫中的“不法”侵害；又如，法秩序有时会仅仅因为出现了某种法益侵害的事实就追究行为人的责任，而并不考虑引起结果发生的特殊样态，甚至在行为合法的情况下也会追究行为人的（民事）责任（见上文第133页）］。但是，在所有其他的情形中，法益侵害在原则上都不是完整的不法构成要件，它至多只是内容更为丰富的不法构成要件内部的**一个不具有独立地位的**要素。引起结果发生的特殊样态，专就刑法而言，就是**通过行为**引起结果发生这一要素，这对于不法构成要件的齐备是具有决定性意义的。

前文已经证明，对于无认识过失来说，责任和不法是不可分离的。基于同样的理由，这一命题在广阔的范围内也可以适用于所谓有认识的过失。因为，这两种过失之间的边界，本来就是极其游移不定的。虽然在有认识的过失中，行为人认识到了结果发生的可能性，但是在绝大多数案件中，他同时又对危险的严重程度存在误判，而假如他更加谨慎一些，原本是能够对此有正确认知的。因此，即便是有认识的过失，在绝大多数情况下也包含了因过失而缺乏认知（无认识过失）的成分，而这一点是决定结果在多大范围内能够具体地得以避免的因素之一。所以，对于有认识的过失来说，行为要素以及不法构成要件，也同样都离不开责任的视角。

这样我们就可以看到，从有认识的过失一直到无认识的过失，行为要素（结果的避免可能性）越发强烈地受制于责任。对于有认识的过失来说，尽管在某些情形下，理论上存在着将不法（行为）构成要件从责任中独立出来的可能(95)（见上文脚注(89)），但是对于刑法教义学而言，这种可能性不仅毫无实用价值（因为它只能取决于个案），而且也是多余的。

---

(95) 另外，对于有认识的过失来说，之所以在理论上存在着将不法与责任相分离的可能，完全是因为就间接故意和有认识的过失来说，故意和过失之间的界限同样是游移不定的。它表明，从有意识地设置目标一直到无意识地以本可避免的方式引起结果发生，这中间存在着多种不同形式的与目的相关联的人的举动，它们持续地相互转化。有意识的目的活动并不依赖于行为人的责任能力，但是在过失犯当中，目的活动的**可能性**却总是越来越强烈地受制于责任的视角。

从教义学来看，在过失犯中，完全没有必要将不法构成要件从责任中独立出来。在**故意**犯中用以**支持**将不法独立于责任的那些理由，在过失犯中已不复存在。尤其是教义学上最重要的那个理由，也就是共犯学说，在过失犯中毫无立足之地。一切形式的过失参与行为都是过失引起结果发生的事件，它们均符合过失犯罪的构成要件，也都属于过失正犯。正是我们将过失犯的构成要件从共犯条款中剥离了出来，使共犯条款仅仅适用于故意犯罪，这才造就了一套符合生活现实的共犯秩序。⑯

---

⑯ 行文至此，有必要提出一个问题：对于过失犯的构成要件来说，是否以及在多大程度上可以考虑所谓的正当化事由呢？典型合法行为的构成要件（即正当化事由），其最重要的类型包括正当防卫、紧急避险、自助行为、惩戒权、扭送权等等，这些事由很明显都是专门为故意行为设置的，它们具有纯粹的目的属性，故只能与目的性的构成要件发生关系。在笔者看来，只有被害人承诺可以成为一个例外。因为——从概念用语上来看——它所指称的并不是行为人的某种举动，而是被害人的某种举动，所以被害人承诺似乎可以针对行为人的任何一种举动。这是一种完全从被害人的角度出发去考察被害人承诺的做法，最彻底地贯彻了这一研究思路的就是（梅茨格尔所持的）所谓意志取向理论（Willensrichtungstheorie）。根据该说，被害人承诺之所以能产生正当化的效果，与行为人的认知无关，它完全是由被害人的意志取向所决定的，也就是完全是由"利益阙如"原理所决定的。据此，被害人承诺导致保护客体上的利益归于消失，进而也就取消了行为的违法性。——该理论的前提我们姑且不论，但是从该前提中导出的结论却肯定是错误的。如果被害人承诺使得保护客体上的利益归于消失，那也只能说明，行为缺少**结果无价值**；但是行为无价值的问题却丝毫没有得到解决。一旦如目前人们广泛承认的那样（见 Mezger, Deutsches Strafrecht, ein Leitfaden, S. 45），对象不能的未遂应当受到处罚，那么对结果无价值和行为无价值进行上述区分，就具有其实践意义。这样一来，当行为人对被害人承诺一无所知时，尽管存在着"被害人承诺"，但是仍然应当以对象不能的未遂对其加以处罚；也就是说，尽管存在"被害人承诺"，但行为人的行为依然是违法的！这再清楚不过地表明，纯粹的意志取向无法成立正当化事由，它顶多只能取消某个构成要件要素（即结果无价值）。(此外，这也彰显了对结果无价值和行为无价值加以区分的意义！）——被害人承诺要成为一项正当化事由，就要求被害人所**表达**的同意必须已经为行为人所**知悉**。（最近 Engisch, ZStW 58 S. 36ff. 也表达了同样的观点。）更确切地说：并不是被害人承诺本身属于正当化事由（即典型之合法举动的构成要件），而应该认为基于被害人表示的同意而实施的行为，才符合正当化的构成要件。——在实践当中，被害人承诺本身主要涉及故意犯罪的构成要件，因为只有当行为人对犯行有所认识并且具备犯罪意志时，他才可能同时对被害人承诺有所认知。只有当行为是一种带有风险的活动，而且该行为引起了一个并非行为人追求实现的结果时，才能考虑是否符合过失犯的构成要件。例如：一次美容手术归于失败。（如果手术具有治疗疾病的效果，并且其实施的过程也是适当的，那么即便手术最终失败，它也根本不符合身体伤害罪或者杀人罪的构成要件！最新的文献，参见 Engisch, ZStW 58 S. 1ff. 。）因此，在过失犯的领域内，如果说被害人承诺还有适用的空间，那么它的意义就在于，**例外性地**拓宽了被容许风险的边界。

要为可避免的结果引起事件创立出一种能够独立于责任的不法构成要件，这从教义学上来说只有一个合法性根据，那就是《刑法》第330a条*的规定。(97) 正如人们普遍承认的那样，因醉酒而在无责任状态下实施的犯行，不可能是纯粹因果性的法益侵害事件。绝大多数的不法构成要件，毫无疑问都不能被视为纯粹因果性的法益侵害事件。（我们可以想想《刑法》第242条的规定！）(98) 先抛开这一点不说，一旦认为醉酒状态下的犯行是一种纯粹因果性的法益侵害事件，那么无责任能力者所承担的责任将重于有责任能力者。既然这些理由已为众人熟知，在此无须赘述。笔者只想强调一点：当行为人因醉酒而在无责任状态下实施了犯行时，即便对于过失犯来说，人们也公认，**纯粹**因果性的法益侵害事实并非不法构成要件内容的全部。这进一步证实了上文所提出的基本思想！此处只有一个特殊的问题，即在法益侵害事实之外，需要进一步添加的那个行为性要素究竟存于何方呢？在这方面，目的性的犯罪构成要件并不会产生任何困难（对此参见上文脚注㊹）。可是，过失犯的构成要件呢？正如我们前面（脚注(89)）看到的那样，针对有认识过失的某些情形，我们可以将“自然的”、无责任的目的避免可能性抽离出来；但是如前所述，在其他绝大多数的情形中，尤其是在特别重要的无认识

---

* 当时德国《刑法》第330a条第1款规定：若行为人通过饮酒或者摄入其他麻醉品，而故意或者过失地陷入无责任能力的状态，并在此状态下实施了可罚行为，处2年以下有期徒刑或者罚金。第2款规定：对前款行为人判处的刑罚，不得重于行为人故意实施相关行为时所应判处的刑罚。——译者注

(97) 《刑法》第42b条预设的前提同样是，行为人虽然欠缺责任，但是在主观支配下实施了不法。该规定不适用于此处所说的情形，因为**从实践的角度来看**，该条仅仅涉及无责任能力者所实施的故意举动。它意图规制的是具有行为能力的精神病人，由于这类人将其病态的本能生活（Triebleben）转化成了目的性的行为，所以具有特殊的危险性。然而，非目的性的法益侵害，要么只是**具有**行为**能力**之精神病人偶然引发的事件，在这种情况下它并不具有危险性；要么属于常规的现象，这样的话，它实际上就是不再具有行为能力的精神病患者所实施的反应性活动。对于这种情形，警察有必要立即采取措施介入，所以在实践中该类情形并不属于法官裁判的对象。不过，对两种情形作这种界分是没有意义的，因为根据第42b条的规定，刑事法官对于警察措施总归是拥有管辖权的。只有对于故意的犯行，才会出现刑法上的问题（例如正当防卫、紧急避险）。

(98) 一名喝醉了酒的客人，如果他在离开时把自己和其他客人的帽子弄混了，那他所实施的并不是“可罚”的盗窃行为。

过失的场合，这种抽离实质上是不可能办到的。在这里，避免可能性很明显依赖于行为人的责任能力。也就是说，**现实的**避免可能性根本不可能成为现实的行为要素。

事实上，这里谈到的不过是一种**假定性的**（hypothetisch）过失判断。行为人对于自己陷于醉酒状态负有责任，如果某种因果性的法益侵害事件对于他来说——假定他没有喝醉酒——是可以避免的，那么行为人就需要为该法益侵害事件负责。也就是说，法官必须作出判断，从具体行为人的禀赋和能力来看，假如没有醉酒，则他原本能否避免结果的发生。这源于《刑法》第330a条的基本思想，即法律对于行为人的处罚不能重于有责任能力者的，而只能在与有责任能力者大体相同的**幅度**内（即便不必以同等的**程度**）要求其承担责任。从这一点来看，第330a条在构成要件上已经包含了某种假定性的要素：行为人承担责任的幅度，应当与他在未醉酒时的担责幅度（大致）相当。

不过，第330a条在行为方面还有**一个最低限度**的要求：该条所规定的法益侵害事件，必须是由醉酒者的某种**意志行为**（Willenshandlung）所引起，也就是说，醉酒者在引起法益侵害事件时，其目的活动虽然在范围上有所萎缩，但仍然是存在的。假如醉酒者由于站立不稳而跌倒在地，并因此对他人的身体造成了伤害，那么第330a条所预设的（可罚）"行为"这一最低要求就没有得到满足。第330a条的指导思想可以说明这一点。第330a条规定的是一种危险犯：该条意图遏制那种可能与醉酒存在关联的特殊危险。这种特殊的危险性体现为，醉酒状态很容易导致行为人失去根据意志作出价值判断的至高能力，与此同时却并不会使其（完全）丧失行为的能力；这样一来，行为人一方面依然具有行为能力，另一方面却丧失了**理性**决断的能力［以及建立在该能力基础上的"抑制作用"（Hemmungen）］，这就导致其危险性大幅升高。但是，如果醉酒状态本身导致行为人已经失去了**行为的**能力，那么这种特殊的危险性也就不复存在。如果在此情况下仍然造成了财产损害，那么**刑法**是没有必要介入其中的。反正，非因故意而造成纯粹财产损害的行为，本身也并不受刑法处罚。

附　录　纪念汉斯·韦尔策尔一百周年诞辰[*]

汉斯·约阿希姆·希尔施[**]

1. 2004年3月25日，是汉斯·韦尔策尔百岁冥寿的日子。自1951年开始到他1977年逝世，韦尔策尔一直都是本杂志的共同编辑者；自1931年以后，他曾在这本杂志上发表过多篇重要论文。他的名字在刑法学中从未被遗忘，不论是对于其支持者还是反对者，抑或对二者而言。第二次世界大战结束之后，在长达四分之一个世纪的时间里，韦尔策尔对刑法教义学的讨论产生了极大的支配性影响。在这期间，他在"目的行为论"的旗帜下对教义学体系所进行的变革，使学术上的争论持续处在紧张的状态之中。这种变革所取得的成果也对最高法院的司法实践，以及刑法总则涉及教义学部分的立法改革产生了巨大影响。韦尔策尔倡导将构成要件故意归入不法构成要件，由此实现了对体系的变革，并最终建立起"人的不法理论"。在其晚年的岁月里，他还能目睹，自己所提倡的上述观点在德国刑法学中获得了普遍认同。

---

[*] 本文原载德国《整体刑法学杂志》，第116卷，1~14页，2004。标题原文是"Zum 100. Geburtstag von Hans Welzel"。本文的翻译和发表已经获得授权。

[**] 汉斯·约阿希姆·希尔施（Hans Joachim Hirsch）（1929年4月11日—2011年9月9日），生前为德国科隆大学法学院刑法、刑事程序法和法哲学教授。他在韦尔策尔的指导下，先后于1957年和1966年取得博士学位和教授资格。

附　录　纪念汉斯·韦尔策尔一百周年诞辰

　　重新发现行为是意志性的行为，并以此为基础对体系进行重塑，这只是他博大精深的方法论构想中的一部分。这一构想试图将教义学上的概念创建，与先在的结构以及法律规定之对象的结构关系连接起来，从而使刑法理论具有更强的科学性。

　　即便在韦尔策尔在世的时候，其学说在结论上所获得的认同，也多于其理论上的论证，但他原则性的基点及其进一步的发展却始终都具有现实的意义。这一点，在 2002 年年底于那不勒斯召开的有关"目的主义"（Finalismo）的大会上，就非常清晰地体现了出来。这次大会持续了多日，几乎整个意大利刑法学界的学者们都参加了此次盛会。在 2004 年的秋季，一场为纪念韦尔策尔的研讨会也将在墨西哥举行。

　　2. 韦尔策尔辞世已逾二十五载，在此期间，后辈学者对于韦氏所具有的学术意义已认识不清。随着人们对于刑法基础研究以及教义学史知识的兴趣大幅减退，随着韦尔策尔学术上的反对者目前把持了话语权，情况就愈加如此。百年诞辰为我们提供了一次机会，使我们能够回忆起韦尔策尔学术思想的基本特征，回忆起他的作品，以及其观点中获得认同和进一步发展的那些要点。韦尔策尔在 1930 年和 1931 年间确立了学术上的发展方向[①]，人们将该方向简单地局限在了某一块领域之中，并时常称之为"目的主义"，而这个称谓其实并不准确。韦尔策尔在确立该学术方向时，是基于两个目标：一个是一般性的，另一个则是特殊性的。一般性的目标是一种方法论上的目标。它反对在刑法教义学中采取片面的自然主义和物理主义的观察方式，同时也反对采用规范主义的观察方式。我们不应把刑法评价的对象局限在纯粹的因果事件（例如，把行为看作单纯引起结果的事件，把侮辱视为引起声波震动的过程）之中，也不应单纯从规范的角度出发去建构它——这种做法直到今天依然存在；实际上，我们应当从现实性中去获得刑法评价的对象，为

[①] 以下论文首次提出了这一方向：Strafrecht und Rechtsphilosopie, Kölner Universitätszeitung 1930, Nr. 9, S. 5（后来又刊载于：Einnerungsgabe für Grünhurt, 1965, S. 173, 194ff.），以及 Kausalität und Handlung, ZStW 51 (1931), S. 703. 另参见 Über Wertungen im Strafrecht, Der Gerichtssaal 103 (1933), S. 340。

此，我们应该在规范论的体系范围内，对其先于法律而存在的结构以及由此产生的物本逻辑加以关注。韦尔策尔认识到，如果我们的方法论从构成主义和规范的角度出发去建构法律规制的对象，那就会导致法律规制可能受到人为的操纵，这是无法容忍的，同时该方法论也会使刑法教义学无法满足科学的各种要求。

由韦尔策尔确立的学术发展方向还追求着一个更具特殊性的目标，即把上述方法论的观点应用到刑法的一个核心概念之中：**行为概念**。它之所以是一个核心概念，是因为犯罪就是对禁止性或要求性命令的违反，而这两种规范类型的对象都是行为。禁止性命令不允许人们实施某种行为，而要求性命令则指示人们去实施某种行为。促使韦尔策尔提出所谓的目的主义的动因在于，当时的理论把行为概念变成了一件刑法上的艺术品，也即把行为理解为以某个纯粹意志冲动为基础的引起结果的事件，而不考虑该意志冲动的内容究竟是什么。受到当时心理学界相关阐释的启发，他提醒人们重新注意，以客观地付诸实现为指向的意志，也就是涵盖了付诸实现这一客观事实的意志内容，属于行为的一个组成部分：例如，杀人的意志属于杀人行为的组成部分。其实，人们在更早的时期就是这样来理解行为概念的。韦尔策尔在撰写博士论文时曾研究过普芬多夫（Pufendorf）的思想，早在那时他就已经发现了这一点。

从意志行为概念出发，韦尔策尔得出以下结论，即由于作为犯的故意与行为意志是一致的，故它属于不法构成要件的组成部分。对于过失犯，他指出：关于注意违反性的判断是以某种意志性的行为为其对象的，而过失犯的行为指的仅仅就是这种行为；同时，结果是该违反规范之行为所产生的、可归责于行为人的某种影响。后来，韦尔策尔采用了"目的性"（Finalität）这个词来指称行为的意志方面。他曾对尼古拉·哈特曼的伦理学进行过忠实于原著的分析，并在此过程中找到了"目的性"这一名称。

尽管韦尔策尔的观点在希特勒时代没有什么影响，但在第二次世界大战结束之后，他的学说却越来越强势地进入到人们的视野当中。韦尔策尔根据其教义学构想所提出的结论，或者在后来的岁月里从该构想中

附　录　纪念汉斯·韦尔策尔一百周年诞辰

推导出来的结论,获得了巨大的成功。其中最值得一提的是,联邦最高法院和后来的刑事立法者,都采纳了他在禁止错误问题上倡导的责任理论,该理论源自他把构成要件故意和不法意识分离开来——一个是不法构成要件的要素,另一个则是责任要素——的做法。另外值得一提的还有共犯理论。对此,韦尔策尔指出,引入共犯的限制从属性原则,丝毫无损于共犯必须依赖于正犯之故意性的原理;而且,他还使这一观点在判例以及立法中发挥了影响。此外,他还清晰地勾勒出了犯行支配这一标准("目的性犯行支配"),从而为战胜主观的共犯理论指明了道路。韦尔策尔根据其教义学构想进一步提出,在体系上,我们应当把客观上违反注意义务的行为归入过失犯的不法构成要件之中;这一观点也具有重大的理论和实践意义。最后,经过长达数十年的讨论,通说终于认可了他从一开始就提出的要求,即在教义学上,构成要件故意应当属于不法构成要件的主观要素。[②]

3. 面对如此卓尔不群的学术成就,我们不禁会产生一个问题:直到今天,韦尔策尔学说赖以构建的理论根基都遭到了人们的反对,其原因究竟何在呢?要回答这个问题,我们必须把讨论过程中出现的具体视角与讨论过程所带来的影响这两者区分开来。

首先需要提及的是**过失**。"目的"行为论原本是针对故意犯而被引入讨论之中的。当时占据支配性地位的见解主张,对于过失犯来说,和故意犯一样,结果也属于行为的一部分。从该见解出发,人们提出了反对意见,认为在过失犯领域中,我们可以发现"目的"行为概念的错误。在刚开始的时候,这一批判也确实是正确的,因为人们直到20世纪50年代才认识到:过失犯的意志行为存在于违反注意义务的行为之中;在故意犯中,行为意志包含了结果,但与此不同的是,在过失犯中,结果仅仅是行为所产生的一种影响。不过,即便在这一点得到澄清之后,上述反对意见还继续存在,这是因为人们并没有进一步地把过失犯的不法分析清楚。除此之外,旧《刑法》第1条的规定使人们坚

---

② 关于已被通说接受的结论,详见 Hirsch, ZStW 93 (1981), S. 831, 838ff.。

信，行为概念是包含了犯罪的所有举动形式——作为、不作为、故意和过失——的上位概念。但这样一来，人们所说的就和"目的主义"不是一码事了，因为在后者看来，只有作为的构造才是禁止性和要求性命令的对象。

另外，人们对"**目的**"（final）一词也抱有异议。第二层级的直接故意和间接故意表明，意志不等于以目标为指向的意志。韦尔策尔之所以不说意志的行为，而是说"目的"的行为，其原因在于，如前所述，他是从尼古拉·哈特曼那儿找到了这个词，而且人们很容易把"意志"一词与有责的意志这两者等同起来。此后，韦尔策尔也曾明确地强调，这种用语选择存在不精确之处。③

学界针对韦尔策尔所提出的最有分量的批判意见是：他意图从**本体**论出发推导出法律上的决定。在他观点的背后，存在着某种自然法的观念。之所以会招致这种诟病，原因在于：韦尔策尔和他的某些支持者们，过分频繁地使用了"本体论的"这个词，其频繁程度已经超出了合理的范围。有时，这会使人产生一种印象，似乎他们提出的论据确实是苍白无力的。然而，任何一种理论，只要它具体使用的描述方式有夸张之处，就难免遭受其害。韦尔策尔思想的本意，并不是要把关于存在的判断结论提升为法律的原则。施特拉滕韦特早在1957年就已经澄清了这一点。④事实上，正如上文已强调的那样，韦尔策尔所要求的仅仅是，法秩序的规定是和特定对象相联系的，故我们应当关注该对象的结构以及它先在的内容。在此，与关于存在的判断结论相关的，只有其中的一部分内容（如行为概念和因果关系）。除此之外，我们还要对普遍的社会现象（例如，责任、尊严）加以考虑。因此，严格地来看，这里并不涉及"存在的"与"规范及社会的"这两者之间的对立，而是涉及规制对象的结构与法律之间的关系。法律并没有发明出它所希望规制的现实——否则，法就是多余的了——它只是对先于它存在的现实加以规制。这样一个简单的真理，以及由此得出的方法论上的结论，与自然法

---

③ 参见 Welzel, Das Deutsche Strafrecht, 11. Aufl., 1969, S. 37, 131。

④ Stratenwerth, Das rechtstheoretische Probleme der " Natur der Sache, 1957, S. 27.

毫无关系。⑤ 1945年之后，在德国曾经出现过自然法复兴的思潮，从理论上战胜这一思潮的首要功臣就是韦尔策尔。我们没有任何理由认为他是自然法支持者中的一员。相应的，他也从未像自然法的支持者那样提出过，一旦某个实定法的规定与他倡导之方法论所得出的结论相对立，那么该规定就会失去效力；只是说，由于这样的规定对其规制的对象产生了错误认识，因而它有可能在实质上是不正确的，故有必要进行改革。

韦尔策尔真正在其对手面前暴露出弱点的，是他关于**行为无价值**的论述，而这些论述又充满了歧义。他并没有把行为无价值同"行动无价值"（Aktunwert）严格区分开来，后者原本来自伦理学。因此，在他教科书的导言部分就有一个著名的论断，即刑法是"要通过惩罚行动无价值，从而预防事实状态的无价值或曰结果无价值"。这一论断使人产生一种印象，似乎"目的主义"是一种主观主义的思潮：它使刑法的判断，从原来单纯以客观的事实状态或结果为导向，转变成了一种片面依据主观意图性的考察。韦尔策尔的门生阿明·考夫曼将该考察方法作为其理论基础，从而让人感觉这仿佛就是"目的主义"的真义所在。于是，这就进一步加剧了人们对该理论的排斥。众所周知，在考夫曼及其弟子看来，故意犯的不法内容只包括活动性的举止，意图所指向的结果仅仅是客观的处罚条件而已。一旦出现实行行为终了的未遂，则不法即告完全成立，在此，应当根据主观的未遂论去认定犯罪未遂。于是，这种观点就认为，行为不法等同于意图不法。这一见解完全脱离了行为刑法原则，并且不可避免地会得出结论，即一旦以行为人的想象为根据认定存在实行终了的未遂，那么不法和责任也就完整地成立了。照此推论，结果的出现对于故意犯完整的可罚性来说不再具有意义。正是因为如此，这一思潮实际上重重地关上了"目的主义"获得学界认可的大门。

但是，如果我们仔细地去观察重获发现的意志行为概念，以及韦尔

---

⑤ 对此，参见 Küper, Grenzen der normativierenden Strafrechtsdogmatik, 1990, S. 41f.。

策尔较为详细的阐释，就会发现，它们在内容上与刚才提到的那个著名论断其实并不一致。在提出上述论断的同时，韦尔策尔还附加了一个论断："如果对法律行为之价值的背离已**被现实地付诸实施**，那么法秩序就会对其加以惩罚，从而保障自身的实际效力；但这绝不意味着，即便具有侵害性或危险性的作为不存在，法秩序也会以纯粹的或危险的故意为根据去实行追诉和威吓……因为只有当对价值的背离已经**被现实地付诸实施**时，才能引起刑罚的发动……应当反对的只是这样一种观点，即法律仅仅与外部的举动相关联……"⑥ 与此相应，韦尔策尔把**既遂的**行为说成是对意图的**实现**。实际上，只有后一论断才源于意志行为的概念，所以如果我们能正确地理解这一概念的话，就完全可以与行为原则保持一致。因此，将完整的行为无价值缩短为意图无价值的做法，与"目的主义"并无联系。这里涉及教义学发展史中存在的一种情形，即某个容易引起误解的招牌式论断，对一种学术构想的形象产生了不符合实际的影响。

"目的主义"的反对者所持的一个主要论据，涉及所谓容许性构成要件的错误（Erlaubnistatbestandsirrtum）这一问题，例如假想防卫。该论据认为，韦尔策尔支持严格的责任理论，这就表明他的教义学基点存在错误。但是，只有那些坚定支持消极的构成要件要素理论的人，才能提出这样的异议。这种理论主张：例如，在具备了某种正当化事由的情况下，就不存在杀人或者身体伤害的行为。因此，一旦出现容许性构成要件的错误，由于欠缺行为的意志方面，故不成立故意犯罪。事实上，以现实中的现象为导向的"目的主义"，是不可能赞同这种考察方式的，因为在这里，侵害行为事实上是存在的，这一点不容回避。有一种错误论将容许性构成要件的错误归入不法领域当中。如今，该说支持者们的主要做法是：要么，把不法构成要件划分为"成立不法"和欠缺"排除不法"这两部分（两阶层的犯罪论体系）；要么，尽管在名义上支持三阶层的犯罪论体系，但又认为，对"成立不法的"构成要件层面与

---

⑥ Welzel（Fn. 3），S. 2.

涉及正当化问题的违法性层面这两者的划分，并无价值上的意义。由于在主观方面，有关"不法成立"的原理也可类比适用于正当化事由，故容许性构成要件的错误，就欠缺了"故意"这一主观的不法方面，或者至少不具备故意的不法，从而能够排除故意犯的不法。但是，这一理论把"成立不法的"犯罪类型行为与正当化行为对立起来，从而在结构上将意志行为作为其基础，因而，行为概念没有受到任何影响。在此，人们所涉及的恰恰不是行为的问题，而是关于规范逻辑的问题，以及构成要件层面和正当化层面的评价内容的问题。因此，从原则上来说，限制责任理论中占支配地位的观点，与韦尔策尔所支持的严格责任理论有一点是共通的，即它们所涉及的都只是责任的问题。这可不是一种主观主义的不法学说。

所有这一切都表明，尽管针对韦尔策尔确立的教义学方向所提出的各种实质性反对意见指出了韦尔策尔构想的缺陷和谬误，但它们在进一步深入思考的过程中，却无法否定其理论基点的正确性。相反，在我看来，只要我们清除了该理论基点在初创阶段所具有的那些不精确性和夸大之处，它就能够提出一个迄今为止最令人信服的犯罪体系方案。

对于韦尔策尔来说，能够获得学界认可的是他所提出的大部分结论，而并不是他据以推导出这些结论的理论基础。出现这种情况的原因，主要存在于学术讨论的过程之中。当韦尔策尔提出其构想的时候，他并没有以此郑重地宣告自己要参与到一般性的辩论当中去，他也不热衷于把讨论引向深入和完善。但人们却感觉到，他正在针对自信满满的通说采取一种革命性的举措。韦尔策尔在当时遭遇了批判，但由于判例以及立法此后采纳了他的许多结论，因而从这一点来说，这些批判到后来已难以为继。不过，在无法由判例及立法作出裁决的基础问题上，该批判却获得了进一步的强化。导致这种情况的原因之一在于，韦尔策尔——更有甚者，他的学生阿明·考夫曼——未能驱散人们的这样一种印象，即该理论是片面地崇尚本体主义（Ontologismus）的思想。随之就出现了上文所提到的软肋，因为该理论并非在每个要点中都不存在矛盾。同时，韦尔策尔的理论还处在尚未完成的阶段，这就导致它在寻找合理的解决方案的过程中,一再地变换其立场。这一点也加剧了人们对韦尔策尔理论基点的怀疑。另外一个原因或许在于,在激烈的学术争论中,韦尔策尔长期以来都让人感觉到他是一个千夫所指的对象,争论的激烈性导致双方都产生了不小的个人积怨。此外,在一个以法律应用为导向的专业学科里,多数人士更为关心的是所获解决方案的适当性,而非该方案的方法论基础。还有,教义学的讨论长期都聚焦在"目的主义"之上,这也使它最终越来越演变成一个"刺激性的话题"(Reizthema)。

但所有这些都无损于一个事实,即韦尔策尔对刑法学的影响是巨大的。这不仅仅是指由他倡导的体系性变革,以及如上所述,他在判例和立法中留下的印迹。实际上,在此期间,目的主义的一般性目标早就全部或部分地成为众多刑法学家的研究方法,但他们并未因此而被认为是"目的主义者"。能够证明这一点的,除精确的概念和定义更加受人尊重以外,还有以下这一事实:与法律实证主义的时代相比,现在的学者对法律规定对象的本质抱有更为浓厚的兴趣,并且能怀着更强的学术自信心去面对立法者。最近,有学者企图用一种纯粹的规范主义去对抗韦尔策尔的学术研究方法,但这样的做法和者甚寡。雅各布斯在其教科书的序言中,提出了一种规范主义,该规范主义以"现存形态社会中的刑法"为其导向,其"目标是对**现行**刑法实现最佳的……体系化"[7]。与此相对,国际知名的刑法学家莫雷诺·赫尔南德茨(Moreno Hernandez)已经详细地阐明,这种"后退至规范主义的做法……只不过是退回到了法律实证主义而已"[8]。因此,这并不是一个面向未来,而是一个面向过去的构想;而由韦尔策尔所提出的方案却恰好相反。耶舍克在他的教科书中写道:"可以预见的是,作为目的主义犯罪概念之基础的**体系性思想**,将会继续得到认可,因为即便脱离了目的行为论,它也仍然是令人信服的。(在德国)几乎所有新近出版的教学用书和法律评注都指明了这一趋向。"[9]

---

[7] Jakobs, Allg. Teil, 2. Aufl. 1991, S. Ⅶ.
[8] Moreno Hernandez, Festschrift für Roxin, 2001, S. 69, 90.
[9] Jescheck/Weigend, Allg. Teil, 5. Aufl. 1996, S. 214.

附　录　纪念汉斯·韦尔策尔一百周年诞辰

　　同时，目前关于教义学问题的讨论愈加国际化，这也证实了韦尔策尔的方法论目标中有一个方面是正确的：在刑法教义学，特别是总论部分中，我们需要开辟出一块在意识形态方面中立的空间，并获得一些具有**普遍有效性**，故可以移植到其他法律体系中去的知识。

　　韦尔策尔明白，教义学的发展将会往前迈进，他也曾对此作过明确的阐释。上文已经表明，在许多重要的问题上，他还没有获得令人满意的解决方案。特别需要强调的，是故意犯罪的**客观**不法构成要件。韦尔策尔还是认为，对于故意犯而言，从原则上来说，我们只要把故意考虑进来，就能使不法构成要件获得一种足以充分说明各个"禁止质料"的内容；他仅仅只是借助社会相当性这一视角，采取了一些对构成要件的客观方面产生影响的补正措施。在此期间，罗克辛指出，一般而言，除客观的结果引起事件之外，客观的不法构成要件就已经要求我们必须对其他的普遍性标准也加以考虑。由于他在探讨这个问题的时候，不是以行为的客观方面，而是以结果的客观归责为出发点，并且还认为故意犯和过失犯构成要件的客观不法构成要件是相同的，故他的学说当然就承袭了在韦尔策尔**以前**的——像重要性理论（Relevanztheorie）那样经过了修正的——构成要件理论的传统。因此，他也赢得了"目的行为论"之反对者的许多赞同。过失犯中的义务违反关联（Pflichtwidrigkeitszusammenhang），所涉及的不是行为问题，而是单纯的归责问题。在这一点上，罗克辛的学说作为一种有关归责的构想，可以和韦尔策尔的体系相协调。

　　需要特别提及的，还有韦尔策尔的**社会相当性**理论。今天，有一些学者认为，该理论是韦尔策尔学术上的主要成就。这些学者中，有的是严格的规范主义者，他们认为，在社会相当性理论中可以找到韦尔策尔与规范主义的连接点；还有的是客观归责理论的部分支持者，他们提出，在"社会相当性"这个一般性概念的背后隐藏着一种未经发展的思想，即我们需要为客观构成要件的成立提出一些附加性的一般要求。和宾丁（Binding）所遇到的情况相似，韦尔策尔的学术作品被人们当成了采石场来加以利用，每一种学说方向都可以从中撬走适合于自己的那

— 185

部分。这一事实凸显了韦尔策尔在专业领域所拥有的名望。但不管怎样，有一点应该是明确的：社会相当性在韦尔策尔的整个思想大厦中只具有补正措施的作用，而且韦氏在提到社会相当性的时候，从来都无意采纳纯粹的规范主义方法论，或者采取像客观归责理论那样单纯进行叠加的研究方法。终其一生，对于他来说具有决定性意义的，是上文所述的方法论构想。该构想特别体现在他创作于 20 世纪 30 年代初的那些论文，以及他在二战后所发表的大量著作中，其中最后一部是《论刑法学中的长盛不衰与转瞬即逝者》（Vom Bleibenden und vom Vergänglichen in der Strafrechtswissenschaft）（1964 年）。⑩

韦尔策尔所具有的强大影响力，也得益于他的教科书《德国刑法》（Das Deutsche Strafrecht）。该书从 1947 年起到 1969 年为止，先后出了不下 11 个版次，成为这一时期流传最广和最受关注的刑法教科书。这部教科书之所以能取得这样的成功，不仅因为它体现了极高的水准，以及在所有领域都反映了最新的学术发展状况，而且因为它具有高超的叙述手法，即能够把清晰性、简洁性、准确性和优美的文体融合在一起。此外，该书在各论部分也包含了大量精深的思想，例如关于取得行为的开始，关于财产损害以及关于文书的概念。

4. 韦尔策尔关于**法哲学**的著作，构成了他毕生事业中的第二个部分。他所著的《自然法与实质正义》（Naturrecht und materiale Gerechtigkeit）一书，先后出版了 4 版。该书讲述了自然法从前苏格拉底时代到二战结束这段时期的发展历程。直到今天，它仍然是这方面不可超越的作品。值得一提的是，对唯心主义和唯意志主义的自然法理论加以区分，并据此对问题的发展史进行梳理，这一理论基点获得了学界的特别认同。该书享有盛誉的另外一个原因在于：二战结束之后，在联邦德国境内，连联邦最高法院的判例也出现了复兴自然法的思潮，而韦尔策尔正是在这部著作中对该思潮展开了严厉的批判。他写道："在现代，人们对自然法的论证……还是产生了旧自然法的循环论证：作者先前曾经将所有最

---

⑩ 也刊载于：Erinnerungsgabe für Grünhut，1965，S. 173ff.。

附　录　纪念汉斯·韦尔策尔一百周年诞辰

值得重视或者至少值得讨论的价值确信，都放进了合乎自然性这一概念之中，但随后他又把这些价值确信抽取了出去……"⑪ 最终，自然法的复兴仅仅成为一段小的插曲，韦尔策尔的这本书对此功不可没。

在这本书的 1951 年第一版中，韦氏还添加了一个副标题——"法哲学序说"。但他并没有对法哲学进行体系性的完善。在他 1935 年题为《刑法中的自然主义和价值哲学》（Naturalismus und Wertphilosophie im Strafrecht）的教授资格论文中，韦尔策尔反对"自然主义的实证主义所提出的那种毫无意义的、粗野的现实性构想"，提出，我们应当回归到"存在"，回归到一种"崭新的形而上学"，回归到一种"形而上学的人类学和形而上学的价值理论"，从而去获得"超越了思维与存在、价值与现实之间巨大鸿沟的更深层次的统一性"⑫。尽管他的见解明显与新黑格尔主义存在距离，但对于"要追寻的价值和现实的综合体"这一点来说，黑格尔的榜样性作用是显而易见的。⑬ 与此相对，韦尔策尔在对二战后出现的自然法理论进行批判时，是站在以区分存在和当为这两者为依据的立场上来展开论证的。⑭ 随后，他从正面阐述说，只有人的"意义构想"，才能使"自然"获得意义和价值，这一构想是先验的当为在历史情境的当下和此处"作出的解释努力"⑮。在这个关系中，存在着与韦尔策尔刑法教义学基点的连接点。在《自然法与实质正义》一书第四版的最后一章"所剩为何？"中，他说道："但是，意义构想有着它内在的界限，这一界限不仅来自应为之召唤的性质，而且来自解释性的存在结构。这是因为，存在的事实情况先于意义的解释而存在；故后者受制于前者"。在他看来，这就属于"物本逻辑结构"的范畴。

---

⑪ Welzel, Naturrecht und materiale Gerechtigkeit, 1. Aufl. 1951, S. 182.

⑫ Welzel, Abhandlungen zum Strafrecht und zur Rechtsphilosopie, 1975, S. 29, 118f., auch S. 104f., 113, 190.

⑬ (Fn. 12), S. 87 Fn. 74a sowie S. 86. 详见 Loos, in: ders., Rechtswissenschaft in Göttingen. Göttinger Juristen aus 250 Jahren, 1987, S. 486。

⑭ Loos (Fn. 13), S. 505 Fn. 116 指出：早前的论文 Über Wertungen im Strafrecht (Fn. 1)，也是以这种区分为其出发点的。

⑮ Welzel, Vom Bleibenden und Vergänglichen in der Strafrechtswissenschaft, 1964（也刊载于：Erinnerungsgabe für Grünhut, 1965, S. 182ff., 特别是 S. 184f.）。

韦尔策尔关于民主理论的思想，也获得了人们的高度重视。他认为，民主的首要价值在于，它是一种国家形式，在这种国家形式中，为了获得合理的社会秩序而展开的精神层面的斗争是不会遭到扼杀的。[16]

5. 纳粹时期所发生的一切，在时间上已逐渐离我们远去了。中年和青年一辈的德国人，都缺乏在集权政体下生活的个人体验。由此带来的一个结果是，搜寻二战后学术巨匠在过去岁月中的污点，成了当前的一个研究领域。在最近出版的一部关于韦尔策尔法哲学的著作中，作者甚至认为，对韦尔策尔的个人档案加以研究，具有学术上的前沿性。[17]这部书证实，正如内行者本来就知道的那样，韦尔策尔自1937年起任教于哥廷根大学，他在第三帝国时期并未抛头露面。和成千上万的其他人一样，他所做的仅仅是避免他的家庭——他有好几个孩子——自己以及他的（学术）岗位遭遇危险而已。他从来没有在政治上显山露水。他的学术著作也仅仅是零星地体现了当时的时代精神。

韦尔策尔是哥廷根大学法学院二战后的首任院长，这绝非偶然。国家法学者鲁道夫·斯门德（Rudolf Smend）曾被纳粹主义者解除教职，被迫离开柏林前往哥廷根。他在1947年所写的意见书[18]中评论道，他很快就发现，韦尔策尔和自己志同道合，都对纳粹政权抱有排斥的态度。

6. 尽管韦尔策尔所提出的命题还会引起充满对立的讨论，但他无疑是20世纪我们学界中的一位巨人。1950年，博克尔曼（Bockelmann）为了阻止韦尔策尔接受汉堡大学的聘请离开哥廷根，专门致信哥廷根大学法学院的院长。他写道："韦尔策尔先生是当代德国刑法学最出色的代表和领军人物……我坚信，自宾丁和冯·李斯特时代以后，韦尔策尔先生是最为出类拔萃的，他的著作已经在教义学领域开辟了一个新纪元。"[19] 二战后，在哥廷根大学的岁月，是韦尔策尔学术活动的

---

[16] （Fn. 11），4. Aufl. 1962，S. 251f. . 对此，详见 Loos（Fn. 13），S. 507f. 。

[17] 参见 Oliver Sticht, Sachlogik als Naturrecht? Zur Rechtsphilosophie Hans Welzels, 2000, S. 25ff. . Jakobs, GA 2001，492 和 Loos, ZStW 114（2002），S. 674 对本书也作了评论。

[18] 参见 Sticht（Fn. 17），S. 27。

[19] Loos（Fn. 13），S. 491。

高峰期。此后在波恩大学的生涯，对于他来说则越来越成为一个收获的时节。德国刑法学不仅需要感谢韦尔策尔的学术作品，还要感谢他在纳粹统治和二战结束之后，使外国对德国刑法理论本已消退的兴趣，又再度复燃。其思想的新颖性，使得大批来自外国的奖学金获得者以及访学者早在20世纪50年代的前半期就纷纷来到他的身边。从学术上来说，是韦尔策尔为德国刑法学在世界范围内建立起广泛的联系铺平了道路。此后，特别是耶舍克以及后辈的代表人物，进一步拓宽了这种联系。

从今天的角度来看，韦尔策尔或许对刑事政策过于缺乏兴趣。不过，专注于教义学的研究方向，符合当时学界的普遍情况。毕竟，刑法教义学本来就是刑法学的主要领域，而且对于教义学者来说，实践证明，把刑法与法哲学这两个专业结合起来常常能产出丰硕的研究成果。

再者，韦尔策尔满怀喜悦地投身理论的建构，他也带着极高的洞察力从事对实务的研究。他之所以在判例和立法方面能取得成功，还有一个原因，即从实务的方面来看，他所得出的结论也具有说服力。

除此之外，韦尔策尔还是一名令人惊叹的学术导师。共有7名学生在他的指导下取得了教授资格［施特拉滕韦特、阿明·考夫曼、盖伦（Geilen）、希尔施、施赖伯（Schreiber）、雅各布斯以及洛斯（Loos）］。成为他的助手，这意味着，即便在日常的工作中也必须始终服从于严格的标准。他在发表批判性意见时，会使用十分严厉的措辞——当出自同事之手的著作使他反感时，他也会这样。但不论如何，从专业上来讲，人们从他身上能学习到特别多的东西。另外，韦尔策尔又总是表现出其充满关爱和慈父一般的面容。此外，他对于前沿性的思想总是抱有开放的态度，即便这些思想对他本人的观点进行了修正，或者处于他直接的研究对象范围之外。因此，从学术上来说，真正意义上的韦尔策尔学派并没有建立起来。他的弟子们都基于各自的兴趣，投身于各个不同的领域。但我们都一致要感谢一位伟大的导师，他深刻地影响了我们对科学以及大学的理解。

鉴于汉斯·韦尔策尔在学术上留下了深深的印迹，我们可以确信，即便到了他150周年诞辰的时候，人们还会缅怀他。

徘徊在"个人"与"社会"之间
——译者后记

对于德意志刑法学来说，20世纪30年代是孕育历史性变革的10年。彼时，正值"书生意气，挥斥方遒"年华的汉斯·韦尔策尔构建起了两个基础性的学说：一是"人的不法理论"（personale Unrechtstheorie），二是"社会相当性理论"（die Lehre von Sozialadäquanz）。二者最终成为韦氏成功挑战古典犯罪论体系的两把利器，也成为他为德国当代刑法学留下的影响极为深远的两笔遗产。然而耐人寻味的是，在此后的刑法学发展历程中，不论是韦尔策尔本人的思想，还是受其影响甚巨的当今德国不法理论，都持续地在"个人"与"社会"这两个视角之间游移和摇摆。

一

众所周知，韦尔策尔在刑法教义学方面所取得的最大成就，就是实现了对以单一法益侵害思想为支柱的古典不法理论的大刀阔斧的再造。一方面，韦尔策尔借助目的行为论，将原先在责任领域内方才现身的各种行为人要素提前至不法阶层中亮相，一改不法仅由冰冷之因果事实所构成的面貌，使之首次与鲜活的个人产生了直接的关联。用他的话说：

徘徊在"个人"与"社会"之间——译者后记

"在内容上与行为人个人相分离的结果引起(法益侵害),并不能完整地说明不法;只有作为某个特定行为人之作品的行为,才具有违法性:行为人目的性地为客观行为设置了何种目标,他是出于何种态度实施了该行为,他在此过程中负有何种义务,所有这些都在法益侵害之外对行为的不法产生了决定性的影响。违法性始终都是对某个与特定行为人相关联之行为的禁止。不法是与行为人相关联的'人的'行为不法。"[1] 另一方面,韦尔策尔又敏锐地注意到,对法益实行漫无边际的绝对保护无异于对社会发展动力的扼杀,故"法律的意义并不在于为想象中安然无恙的法益抵御一切损害性的影响,而是从法益所受到的无数影响和侵害中,选取那些对于通过道德来维持秩序的共同体存在而言不可容忍者,并予以禁止"[2]。能够成为不法的也只能是那些脱离了社会正常期待范围的法益侵害行为。于是,人的不法理论和社会相当性理论,一个通过引入行为人的具体能力和认识,一个则通过考量社会秩序的普遍期待,两者在不法领域内共同构筑了与结果无价值相对立的行为无价值,共同对片面的法益侵害思想进行了限制和补充。[3]

70年后的今天,我们不难发现,韦尔策尔从"个人"与"社会"这两个方面对不法理论所带来的变革,已深深植入了德国刑法学的躯体之中。首先,尽管目的行为论本身早已和者寥寥,但以它为母体孕育和催生出来的成果——人的不法理论,却被尊为"刑法教义学中不可抛弃的进步"[4],不法应当兼顾主客观要素并统揽结果无价值与行为无价值的观念也已深入人心。其次,虽然社会相当性学说因其判断标准较为模糊,而且最初的概念与伦理道德纠缠不清,故饱受诟病,可是,它所倡导的应当将不法置于社会背景之下去考量的思维不仅没有被抛弃,反而被其后的现代客观归责理论进一步继承和强化。例如,罗克

---

[1] 本书第37页。
[2] Welzel, Studien zum System des Strafrechts, in: ZStW 58 (1939), S. 516.
[3] 参见陈璇:《德国刑法学中结果无价值与行为无价值的流变、现状与趋势》,载《中外法学》,2011(2)。关于社会相当性理论在德国的发展史,参见陈璇:《刑法中社会相当性理论研究》,北京,法律出版社,2010。
[4] Roxin, Normativismus, Kriminalpolitik und Empirie, FS-Lampe, 2003, S. 426.

辛（Roxin）强调，在道路交通、核工业等领域，某一行为只要遵守了社会领域内的一般规则，即便该行为制造出了法益损害的风险，也是社会为获得正常发展所必须付出的代价，故属于被容许的风险。⑤ 雅各布斯（Jakobs）也提出，只要行为人的行为没有违反其社会角色所对应的期待，即便该行为引起了损害结果，从规范上来说也不能将该结果归责于他。⑥ 在这些论述中，我们能够十分清晰地看到社会相当性思想的烙印。

二

"个人"和"社会"这两个视角携手推动和完成了对不法理论的革新，但"革命之后"，两者却随即在不法的同一屋檐下展开了竞争和角力。

本来，在古典犯罪论那里，不法只关注与行为人相脱离的客观外在事实，一切与行为人相关的要素均归于责任；不法所对应的仅仅是客观评价规范，决定规范则只能为责任奠定基础。随着"行为人"的视角进入不法领域，不法的基础随即也涵盖了决定规范。一旦涉及决定规范，就不能不谈到人遵守决定规范的能力问题。人们清晰地记得，早在19世纪末20世纪初，阿道夫·默克尔（Adolf Merkel）、霍尔德·冯·费尔纳克（Hold v. Ferneck）等学者就是以只有具备理解和执行规范内容

---

⑤ Vgl. Roxin, Strafrecht AT, 4. Aufl., 2006, §11 Rn. 66.
罗克辛曾言："从法益保护原则出发可以在一定程度上必然地推导出客观归责理论。"［Roxin, Das strafrechtliche Unrecht im Spannungsfeld von Rechtsgüterschutz und individueller Freiheit, ZStW 116（2004），S. 929.］这一论断恐怕难以成立，因为：第一，所谓客观归责，是在已经确认行为引起了法益侵害的情况下，进一步从规范的角度出发将那些不能视为行为人创作的作品、无法算在行为人"账上"的损害结果从不法中排除出去。所以，客观归责恰恰不是对法益保护的强调，而是对法益保护范围的限缩。第二，在古典犯罪论和新古典犯罪论盛行的年代，法益保护思想可谓一统天下，却不见客观归责理论的出现；恰恰在当今，即便是反对法益侵害说的雅各布斯，也支持客观归责学说。可见，法益保护原则与客观归责理论之间恐怕并无必然的联系。从这一点也可以看出，客观归责理论与社会相当性学说在发展方向上是一致的；将社会相当性称为客观归责理论的"先驱"的评价（Roxin, Strafrecht AT, 4. Aufl., 2006, §10 Rn. 38.），也是恰当的。
⑥ Vgl. Jakobs, Tätervorstellung und objektive Zurechnung, GS-Armin Kaufmann, 1989, S. 273.

徘徊在"个人"与"社会"之间——译者后记

的人才可能违反规范为由,主张不存在无责任的不法。于是,摆在人们面前的问题就是:既然决定规范是不法与责任的共同基础,既然不法与责任都需要考虑规范的对象者——人,那么在传统的"客观－主观""评价规范－决定规范"的不法责任区分标准已经失效的情况下,又应该依据什么来划定两大阶层之间的界限呢?

为应对这一疑问,人们开始尝试将不法判断的重心从"个人"一极渐渐转向"社会"的一极。在20世纪50年代,维尔纳·迈霍弗(Werner Maihofer)率先提出了社会的不法理论(die soziale Unrechtslehre)。这种学说一方面承认法益侵害(结果无价值)和义务违反(行为无价值)都是不法不可或缺的组成部分,但另一方面又认为,不法当中的义务违反是以社会理性人及其客观的社会角色为标准的。换言之,"构成不法当中人的核心的绝不是主观的要素,而是客观的即社会人(Sozialperson)的要素"⑦。虽然社会的不法理论并未得到广泛接纳,但使人的不法理论中的"人"走向社会化、一般化和客观化引起了相当多学者的共鸣。韦尔策尔在其后期的作品中强调,人的不法理论所说的不法依然具有客观性,只不过这里的客观性已不同于古典犯罪论,它指的是判断标准,而非判断对象的客观性:"说违法性是客观的,只是意味着它是一种普遍性的价值判断;但它的对象,即行为,是客观(外部世界)与主观要素的统一体"⑧。耶舍克(Jescheck)在其教科书中也有类似的阐述:"即便根据人的不法理论,违法性也依然是一个客观的范畴,因为法是向每个人提出了相同的要求,而且对该要求的违反也会给每一个人带来相同的结果……不过,违法性的客观属性并不意味着不法只能包含外部世界的要素。事实上,我们应当从'普遍有效性'的意义上去理解'客观'这一概念。"⑨ 鲁道夫(Rudolphi)更是说得明白:不法中行为规范的对象者"并不是特殊而具体的人,而是具有正常能力之人

---

⑦ Maihofer, Der Unrechtsvorwurf. Gedanken zu einer personalen Unrechtslehre, FS-Rittler, 1957, S. 163.

⑧ 本书第23页。

⑨ Jescheck/Weigend, Lehrbuch des Strafrechts AT, 5. Aufl., 1996, S. 243f.

193

的抽象概念"⑩。据此,尽管不法与责任的基础都包括决定规范,但前者的决定规范是面向社会所有公民的,而后者的决定规范才指向具体个人;虽然不法和责任都需要考虑"人",但前者关注的是社会一般人,后者聚焦的才是个案中的行为人。在具体教义学问题中,最能集中体现这一点的,莫过于以下两者:(1)双层过失犯论的盛行。本来,如果彻底贯彻人的不法理论,那么在判断过失犯的不法时,就应当以行为人本人的能力为标准去认定他是否违反了结果预见和避免义务。⑪可是,为了防止不法与责任发生混同,多数学者倾向于认为:不法阶层中关于行为是否违反注意义务的判断,应以社会上一般理性人作为标准;至于具体行为人本人的能力如何,则只能留待责任判断去考虑。⑫ (2)被容许风险原理的优先地位。客观归责理论认为,只要某一行为在客观上符合了行为人所属社会领域中规则的要求或者满足了特定社会角色的期待,那么不论具体行为人是否具有避免法益侵害的能力,不论行为人主观上对结果的发生是故意还是过失,均可直接排除不法的成立。⑬这样一来,社会相当性就取得了独立于甚至优越于人的不法要素的地位。

不法领域中行为人视角向社会视角的转移,虽然使不法与责任的界分得以维持下来,但旋即又产生了以下一系列新的问题:

第一,为什么故意犯与过失犯的不法判断标准存在差异呢?在人的不法理论中,对于故意犯而言,作为主观构成要件要素的故意以及与之相关联的事实认识错误,从来都是以具体行为人本人事实上的认识作为判断依据的,并没有所谓"社会一般人"存在的空间。然而,到了过失犯领域,不法的判断却需要与行为人自身的能力相隔离,转而求助于一

---

⑩ Rudolphi, Der Zweck staatlichen Strafrechts und die strafrechtlichen Zurechnungsformen, in: Schünemann (Hrsg.), Grundfragen des modernen Strafrechtssystems, 1984, S. 76.

⑪ 韦尔策尔在其教科书的第一版中就持这样的观点。Vgl. Welzel, Das Deutsche Strafrecht, 1947, §20 Ⅲ.

⑫ Vgl. Cramer/Sternberg-Lieben, in: Schönke/Schröder, StGB, 27. Aufl., 2010, §15 Rn. 118.

⑬ Vgl. Roxin, Gedanken zur Problematik der Zurechnung im Strafrecht, FS-Honig, 1970, S. 149.

徘徊在"个人"与"社会"之间——译者后记

个抽象化的社会人。这种不一致的根据何在?

第二,既然不法构成要件的核心内容是结果归责,而结果归责要解决的是某一法益侵害结果能否算在某个具体而现实的行为人"账上"的问题,那么在不法中引入一个纯粹假想的、与法益损害事实的发生毫无关联的局外人又有什么意义呢?

第三,人的不法理论一方面试图通过使人的形象社会公众化来维持不法判断标准的一般性和客观性,但另一方面又总是不忘强调,行为人所具有的特别能力或者特别认知也应被纳入不法的判断之中。⑭ 甚至有的学者认为,在判断注意义务的违反性时,若行为人的能力高于一般人的,则应以行为人的为准;若行为人的能力低于一般人的,则应以一般人的为准。⑮ 这样一来,不法中的人竟然可以如川剧变脸一般根据实际的需要任意变换面孔,忽而是社会一般人,忽而是具体行为人,着实令人无所适从。因此,体系上的重重矛盾一直是困扰主流不法理论的顽疾。

可见,"建立在'当代'('刑事政策')刑法构想基础上的,至多只是一个残缺的人的不法论,在它那里,具体的人将不可避免地归于消失"⑯。正是意识到这一点,自20世纪70年代开始,越来越多的学者开始提倡更为彻底的人的不法理论,主张不论是故意犯还是过失犯的不法,都应当统一以行为人本人的认知及认识能力作为判断标准,应当完全恢复不法中人的现实而具体的形象。于是,被容许风险的理论开始遭遇有力批判⑰,单层过失犯论的影响则日益扩大。⑱ 这一阵营的学者在坚持不法判断标准

---

⑭ Vgl. Welzel, Das Deutsche Strafrecht, 11. Aufl., 1969, S. 132.

⑮ Vgl. Roxin, Strafrecht AT, 4. Aufl., 2006, §24 Rn. 57ff..

⑯ Duttge, Personales Unrecht: Entwicklungslinien, gegenwärtiger Stand und Zukunftsfragen, in: Jehlr/Lipp/Yamanaka (Hrsg.), Rezeption und Reform im japanischen und deutschen Recht, 2008, S. 204.

⑰ 参见[德]金德霍伊泽尔:《论所谓"不被容许的"风险》,陈璇译,载陈兴良主编:《刑事法评论》,第34卷,北京,北京大学出版社,2014。

⑱ Vgl. Duttge, MK-StGB, 2003, §15 Rn. 120; Otto, Grundkurs Strafrecht AT, 7. Aufl., 2004, §10 Rn. 5; Gropp, Strafrecht AT, 3. Aufl., 2005, §12 Rn. 82ff.; Freund, Strafrecht AT, 2. Aufl. 2009, § 5 Rn. 18, 22f., 29ff.; Kindhäuser, Strafrecht AT, 5. Aufl., 2011, §33 Rn. 49ff.; Stratenwerth/ Kuhlen, Strafrecht AT, 6. Aufl., 2011, § 15 Rn. 12ff..

个人化这一点上高度一致，但在面对不法与责任能否以及如何区分这个无法回避的体系性问题时，他们却分道扬镳了。

（1）维持不法与责任的界分，但另寻其他的区分标准。阿明·考夫曼、金德霍伊泽尔（Kindhäuser）等人选择沿着这一方向进发。他们主张，虽然不法和责任所涉及的都是法益侵害可否归责于具体行为人的问题，但刑法中的归责判断应当以行为能力（Handlungsfähigkeit）和动机能力（Motivationsfähigkeit）为基础划分为两个层次：第一，若行为人本来在身体和智识上有能力避免实现法益侵害，则可认定其引起法益侵害的行为成立不法；第二，若行为人有能力形成避免法益侵害的动机和意志，则可以进一步认定该行为具备责任。[19]

（2）彻底放弃不法与责任的分野。进入20世纪90年代以后，以雅各布斯、弗罗因德（Freund）、帕夫利克（Pawlik）为代表的一批学者选择了这条更为离经叛道的激进道路。在他们看来，既然不法归根结底是关于具体行为人是否违反了行为规范的判断，而行为规范要有效发挥其指示和命令的功能，就必须以具备理解和执行规范内容的人为其作用对象，故凡是可能影响行为人遵守该规范的要素，包括责任能力，也是不法判断不可或缺的组成部分。故此，不法不可能脱离责任而存在。[20]

三

德国当代不法理论在"个人"与"社会"这两极之间的徘徊，实际上是两股力量相互牵制和博弈的体现：一方面，不法朝规范化方向发展的趋势不可抵挡；另一方面，古典犯罪论留下的阶层划分的遗产难以被抛弃。

---

[19] Vgl. Armin Kaufmann, Die Dogmatik der Unterlassungsdelikte, 1959, S. 38ff.；Kindhäuser, Strafrecht AT, 5. Aufl., 2011, §5 Rn. 8.

[20] Vgl. Jakobs, Das Strafrecht zwischen Funktionalismus und „alteuropäischem "Prinzipiendenken, ZStW 107 (1995), S. 847; Freund, in: MK-StGB, 2. Aufl., 2011, vor §13ff. Rn. 14. 参见［德］帕夫利克：《最近几代人所取得的最为重要的教义学进步》？——评刑法中不法与责任的区分，陈璇译，载陈兴良主编：《刑事法评论》，第35卷，北京，北京大学出版社，2015。

徘徊在"个人"与"社会"之间——译者后记

　　自宾丁提出规范论以来，人们已普遍承认，犯罪是严重违反某种行为规范的行为。假如我们要求不法直接对行为是否违反行为规范的问题作出回答，那它就必然需要与行为人遵守规范的能力发生联系，必然无法与责任能力等行为人的要素完全隔绝。不法与责任的分离正是源于一条基本的理念：对规范违反性的判断不能一步到位，而必须分步骤进行；将客观与主观、行为与行为人分开，并且遵循先客观后主观、先行为后行为人的判断顺序，这不仅是犯罪认定过程清晰性与缜密性的要求，更是现代法治国防止刑罚权恣意发动、维护公民自由的保障。这也就是李斯特所提出的著名公式——"违法性要素……所涉及的是对行为的无价值判断，有责性要素所涉及的则是对行为人的无价值判断"[21]——至今仍有强大生命力的原因。换言之，使不法与行为规范暂时隔离，切断不法与行为人要素的联系，这恰恰是阶层式犯罪论体系自其诞生之日起最重要的价值和最坚固的基石所在。可是，一旦人的不法理论将行为人移入不法当中，一旦行为规范成为不法的基础，那么"并非如古典犯罪论体系所主张的那样，只有责任判断才与行为人相关，其实违法性的判断就已经显示出了与行为人的天然关联"[22]。于是，横亘在不法与责任之间的壁垒就出现了松动。如果把韦尔策尔的那句名言——"违法性始终都是对某个与特定行为人相关联之行为的禁止"——真正贯彻到底，那么行为人的要素就会势不可挡地全部涌入不法，古典犯罪论为分隔不法和责任所苦心建构起来的高墙也会于瞬间轰然坍塌。唯其如此，弗罗因德才会断言，只有主张将不法和责任融为一体的立场才是真正意义上、而非"半调子"的人的不法论。[23] 可见，不法的客观性消失之

---

[21] Liszt, Lehrbuch des Deutschen Strafrechts, 21./22. Aufl., 1919, S. 111. 即便是接受了人的不法理论的许多学者，也仍然将这一古典的"行为—行为人"公式作为划分不法与责任的依据。Vgl. Schünemann, in: ders./de Figueiredo Dias (Hrsg.), Bausteine des europäischen Strafrechts, 1994, S. 149.

[22] [德] 帕夫利克：《"最近几代人所取得的最为重要的教义学进步"？——评刑法中不法与责任的区分》，陈璇译，载陈兴良主编：《刑事法评论》，第35卷，北京，北京大学出版社，2015。

[23] Vgl. Freund, Strafrecht AT, 2. Aufl., 2009, §5 Rn. 21 (Fn. 31).

时，就是阶层犯罪论模式出现动摇之日。由此产生的连锁反应是，所有建立在不法与责任分层基础上的教义学成果，例如违法阻却与责任阻却事由的区分、共犯从属性原理等，都将陷入岌岌可危的境地。但是，以韦尔策尔为代表的绝大多数人的不法理论的倡导者，对不法和责任相分离这一"最近两到三代人所取得的最为重要的教义学进步"㉔ 毕竟有着坚定执着的信念和无法割舍的情感。在他们看来，为了引入人的要素而毁弃不法的客观性，无异于把孩子和洗澡水一同倒掉，如此惨重的代价是不可接受的。

于是，尽管古典犯罪论遭遇重重批判，但其思想根基所发出的强大向心力，迫使韦尔策尔等人推进不法理论个人化的步伐不再如人的不法理论开辟者当初的步伐那样坚决和一贯，他们变得谨慎，甚至犹豫起来。㉕ 既要坚持人的不法理论，又要维系不法和责任的区分，唯一的出路就只能是使不法中的"人"不同于责任中的"人"。社会是无数个人组成的集合体，而群体恰恰是忽略了个体特性的"无名氏"㉖，故一旦将对人的判断与"社会"的视角相挂钩，就能淡化甚至抹杀行为人的个性，就会多少给人带来一种客观中立、不偏不倚的印象。如此一来，"违法是客观的，责任是主观的"这一濒于被颠覆的定则似乎又能以另一种意义得到重生。"社会人"无疑是犯罪论发展中新旧势力妥协和折中的产物。其中，"社会"所追求的是不法的客观性；而"人"所体现的则是不法的规范化。折中固然有它的好处，即能使相互对立的学说最

㉔ Welzel，Die deutsche strafrechtliche Dogmatik der letzten 100 Jahre und die finale Handlungslehre，JuS 1966，S. 421.

㉕ 韦尔策尔的诸多学术观点在发展的过程中往往历经多次更改，而这种多变性时常体现出他在坚守古典主义传统和推动刑法理论变革这两者之间彷徨踌躇的心态。从他对社会相当性的体系定位就可见一斑。当韦氏于20世纪30年代首创社会相当性概念时，他将之看作构成要件的排除事由。当时，他不满古典犯罪论将构成要件理解为纯粹价值中立之因果事件的观点，认为在构成要件中就应当考虑带有社会和规范意义的内容。但也许是意识到，构成要件向规范化或实质化方向的发展具有导致构成要件与违法性之间的界限归于消弭的危险，韦氏在第二次世界大战之后又退回到了更靠近古典形式构成要件论的立场之上，并一度将社会相当性移至违法性领域。到20世纪60年代以后，韦氏将社会相当性所涉及的情形作了区分，有的仍留在违法性中，有的则迁回到构成要件中。

㉖ ［法］勒庞：《乌合之众》，冯克利译，8页，北京，中央编译出版社，2004。

徘徊在"个人"与"社会"之间——译者后记

大限度地"求同存异";但折中也有巨大的风险,即它或许只能暂时缓解,却无法彻底根除双方之间的冲突。事实上,这种折中方案最终难以与人的不法理论的立场相兼容。因为人的不法理论提倡不法的规范化,而任何行为规范虽然在其制定之时是面向社会上全体国民的,但当它开始发生效力时,就只能以具体的个人作为规制对象;人的不法理论主张不法的判定与刑法一般预防机能的发挥相关,但对于个案来说,只有在具体行为人的能力范围之内,刑法的消极评价才能产生证成规范效力的作用。因此,当不法中的人变得如此空洞和虚幻,最终成为一个与具体犯罪行为毫无瓜葛,甚至在这个世界上根本就不存在的"人"时,如何体现不法的规范性,这还是韦尔策尔当初所说的"与特定行为人相关联的不法"吗?连最初支持双层过失犯论的许内曼(Schünemann)后来也不得不承认:"由于任何人都只能运用他自己的,而不是别人的认知和认识能力,故从一开始就从某个想象出来的理想观察者的认识基础出发去建构行为规范,这从一般预防的角度来看毫无意义"[27]。

由此可见,从韦尔策尔决意将人引入不法领域的那一刻起,就已经埋下了使阶层式犯罪论体系发生结构性危机的种子。在"个人"与"社会"之间的徘徊,反映的是德国刑法学在扬弃古典犯罪论构造的过程中遇到的矛盾与困境。在维持不法的"客观性"与促进不法的规范化之间,究竟能否求得平衡与兼顾?在行为人的身影开始踏入不法领域之后,究竟还能否找到划分不法与责任的界碑?这不仅是当今德国刑法学面临的难题,也是犯罪论体系渐趋多元化的我国学界值得关注的课题。

* * * * * * * * * *

近代以来,在德国刑法学的发展历程中可谓群星璀璨、英才辈出,但能与韦尔策尔比肩者屈指可数;当代德国刑法学较之于目的行为论盛行的年代已在诸多领域取得了长足进步,但韦尔策尔及其思想始终是人们无法绕开的一座丰碑。晚近 20 年来,无论是集古典犯罪论之大成者的李斯特和贝林,还是作为当代刑法教义学执牛耳者的罗克辛和雅各布

---

[27] Schünemann, Über die objektive Zurechnung, GA 1999, S. 216ff..

斯，其著作都已相继被译为中文。尽管自20世纪90年代以来，在我国陆续发表了韦尔策尔单篇论文的翻译[28]以及一些对其学术思想加以介绍和综述的力作[29]，但韦氏的代表性著作却迟迟未能与汉语圈的读者谋面，这不能不说是一个巨大的遗憾。有鉴于此，我在撰写关于社会相当性理论的博士论文，以及在德国马克斯普朗克外国刑法与国际刑法研究所从事博士后研究期间，就利用空闲时间断断续续地翻译了其中部分章节。2014年1月14日，恰逢韦尔策尔一百一十周年诞辰前夕，全书的翻译终于完成。

《目的行为论导论》一书初版于1951年，终版（即第4版）于1961年，是对韦尔策尔以目的行为论为基础建构起来的犯罪论体系思想的高度浓缩和全面总结。该书一经问世即在世界范围内产生了广泛的影响，先后以意大利文（1952年）、韩文（1957年）、日文（1962年）、希腊文（1963年）、西班牙文（1964年初版，2006年第3版）在多个国家出版。这部名著的中译本历经半个世纪后方在中国问世，也许显得有些姗姗来迟；如果不是从历史，而是从当下的眼光来看，书名副标题"刑法体系的新图景"中的"新"字也着实有点不合时宜。但对于中国刑法学来说，这本略显古旧的小册子或许有着独特的价值：其一，可以毫不夸张地说，韦尔策尔是我们理解当今德国刑法学现状的一把钥匙。恩吉施曾评价说："自贝林的《犯罪论》（1906年）一书问世以来，再没有一个犯罪论体系能像韦尔策尔所缔造和构想的体系那样富于原创、自成一体，而且广受关注。"[30] 相对于日本刑法学而言，德国现今的不法理论明显具有主观化色彩更为浓烈的特点。[31] 这一发展趋向固然是各种因

---

[28] 参见〔德〕韦尔策尔：《近百年德意志刑法学理与目的行为论（1867—1966）》，蔡桂生译，载陈泽宪主编：《刑事法前沿》，第6卷，北京，中国人民公安大学出版社，2012。

[29] 例如鲜铁可：《威尔哲尔目的行为论研究》，载《中外法学》，1996（2）；王安异：《韦尔策尔的刑法思想》，载马克昌主编：《近代西方刑法学说史》，497~515页，北京，中国人民公安大学出版社，2008；蔡桂生：《韦尔策尔犯罪阶层体系研究》，载《环球法律评论》，2010（1）。

[30] Engisch, Hans Welzel, ZStW 90 (1978), S. 3.

[31] Vgl. Hirsch, Untauglicher Versuch und Tatstrafrecht, FS-Roxin, 2001, S. 713.

徘徊在"个人"与"社会"之间——译者后记

素共同促成的结果,但其中最重要的理论推手无疑是韦尔策尔及其创建的学派。对于备受尊崇的人的不法理论,我们有必要看看其创立者的原始独白;对于遭到质疑的目的行为论和物本逻辑的思想,我们也应当认真聆听韦氏的亲口辩护。站在21世纪的中国刑法学,或许可以直接借鉴国外刑法学的最新成果,而不必重踏对方曾经走过的漫漫长路,但却不能省去对外国刑法理论的发展历程加以认真了解、体味和反思的工作。诚如陈兴良教授所言,"这是一种学术上的忆苦思甜"[32]。其二,本来,刑法学不同流派和理论的兴衰更替,往往如同时尚潮流一般呈现出循环往复的景象。很大程度上这是因为,任何一种在学科历史上留下深深印迹的思想,其蕴含的精髓和力量往往不会一次释放殆尽,而是会随着时代的变迁不断被人们重新发掘和获知。事实上,德国的后辈学者也常常是在年代久远的先哲的典籍中找到了创新的灵感。从这个意义上来说,希尔施认为韦尔策尔的著作对于后世学者来说就好比是一个取之不尽、用之不竭的"采石场"[33],是有道理的。

本书的译成,得益于多位师长的支持、鼓励和指点,他们是:中国人民大学的刘明祥教授、冯军教授,德国波恩大学的雅各布斯教授,德国弗赖堡大学的帕夫利克教授以及德国马克斯普朗克外国刑法与国际刑法研究所的周遵友博士。在此谨向他们致以深深的谢意。同时,感谢韦尔策尔之子赖因哈特·韦尔策尔(Reinhardt Welzel)先生为本书翻译的授权所提供的帮助,感谢中国人民大学出版社编辑为本书顺利出版付出的巨大辛劳。

韦尔策尔的作品素以逻辑清晰、文笔洗练、表述严谨而闻名。[34] 尽管译者尽了最大努力,先后五易译稿,也参照了福田平和大塚仁的日文译本,但每每念及贺麟先生对翻译提出的要求,即"融会原作之意,体贴原作之神,使己之译文如出自己之口,如宣自己之意,而非呆板地奴

---

[32] 陈兴良:《刑法教义学与刑事政策的关系:从李斯特鸿沟到罗克辛贯通》,载《中外法学》,2013 (5)。

[33] 本书第185页。

[34] Vgl. Hirsch, in: Hilgendorf (hrsg.), Die deutschsprachige Strafrechtswissenschaft in Selbstdarstellungen, 2010, S. 137.

仆式地徒作原作者之传话机而已"[35]，便仍感惴惴不安。若译文没能顺达、准确地表达原意，恳请读者指出。我的电子邮箱为：chenxuan1226@hotmail.com。

陈璇
2015年1月23日谨识于
中国人民大学明德法学楼

---

[35] 贺麟：《黑格尔哲学讲演录》，608页，上海，上海人民出版社，2011。

译事三得
——中文增订版译后记

2015年，由我翻译的德国著名刑法学家汉斯·韦尔策尔的名著《目的行为论导论——刑法理论的新图景》在中国人民大学出版社出版，至今已逾8年。这本书目前在市面上已经售罄，在中国人民大学出版社方明老师的鼓励和支持下，我对本书进行了增订。① 这次增订的内容主要包括两项：一是对原译文进行了全面完善，二是收入了韦尔策尔的长篇论文《刑法体系研究》。《刑法体系研究》于1939年发表在德国《整体刑法学杂志》上，是韦尔策尔在刑法学领域的成名之作，也是奠定其一生学术基础的里程碑式论著。雅各布斯认为，这堪称韦氏在刑法学领域中最重要的一篇论文。② 我希望这部译著的增订版一方面能够在译文的质量上有所提升，另一方面能够让读者对韦尔策尔在德国刑法理论界发动的"哥白尼式革命"有更为全面和准确的了解。

借此机会，我想谈谈自己关于学术翻译的三点心得。

---

① 此次修订工作，得到国家"万人计划"青年拔尖人才项目以及北京市社会科学基金青年学术带头人项目（21DTR014）的支持。

② 参见［德］雅各布斯：《韦尔策尔对于当今刑法科学的意义》，本书序言，7页。

1. 研究与翻译

2022年，是我入职中国人民大学法学院十周年。回顾我个人这十年的学术发展，除教学和科研之外，还有一个我颇为着力的工作就是学术翻译。在这十年当中，我大体上保持了平均每年发表一到两篇译文的产出，并出版了一部译著。众所周知，在当前的高校考核体制之下，教师的业绩高低以及职称晋升是与科研论文和著作相挂钩的，翻译作品在考核中所占的分量可以说微乎其微。这种做法人为地将科研和翻译分割成了两个没有关系的领域，同时也是基于一种偏见，即翻译不过是他人观点的"传声筒"，唯有论文和著作才是具有创造性的成果。但事实上，无论是从一个民族的学术事业还是从一名学者的学术发展来看，翻译和研究本就是不可分离的。一方面，尽管随着中国刑法学本土和自主意识的高涨，人们开始更多地强调中国理论要有自己的创造，但任何一种真正的理论创新都不可能凭空产生，它总是脱胎于对域内外优秀成果的全面、扎实的比较和借鉴。在人文社科领域，很难想象，当翻译界是一派"芜滥沉寂"③的景象时，能够产出世界一流的原创性成果。另一方面，读者总是渴求读到优质、准确的译作，可是要知道，翻译并不是对原作简单的文字转换，而是译者和作者之间交流和对话的一种过程。能够与原作者进行思想对话的，必须是有相当学术造诣者。按照伽达默尔（Gadamer）的说法，"一切翻译就已经是解释（Auslegung），我们甚至可以说，翻译始终是解释的过程，是翻译者对先给予他的语词所进行的解释过程"④。一个译者，如果没有对相关领域持续而深入的研究，用老北京话说就是"咂摸透了"，即便他的外语水平再高，也无法将原作的精髓准确地传达给中文读者。所以，好的翻译者同时也应该是好的研究者。

另外，但凡做过专业翻译的人大概都有钱钟书说的那种体验，"原作里没有一个字可以溜过滑过，没有一处困难可以支吾扯淡。一部作品

---

③ 贺麟：《谈谈翻译》，载《中国社会科学院研究生院学报》，1990（3），35页。
④ ［德］伽达默尔：《诠释学》，Ⅰ·真理与方法，洪汉鼎译，540页，北京，商务印书馆，2016。

读起来很顺利容易,译起来马上出现料想不到的疑难"⑤。翻译迫使一个人弄清每一个字词,不放过任何一个关联性的知识点。这不仅是保持自己中文和外语表达水平的一个途径,也是夯实以及拓宽自己专业基础的基本功所在。

2. 学者的"历史周期律"

这次翻译,更多引起我注意的,倒不是韦尔策尔的理论学说本身,而是韦氏在青年和中年时代的两部代表作所展现的不同风貌。黄炎培先生针对中国古代朝代兴亡、政权更替所提出的"历史周期律",早已为人们所熟知。不过,一个学者的学术发展历程,似乎也受着这种周期律的支配。

在《刑法体系研究》一文的翻译进行之时,恰逢2020年东京奥运会举办。除谈论高手对决、异彩纷呈的赛事本身之外,人们还津津乐道于后起之秀频频击败老将、创造纪录。在感慨"后生可畏"的同时,又不免产生更多的思考。事实上,要是回顾一下往届的奥运会就会发现,许多老将在其资历尚浅之时也曾经创造过奇迹和辉煌,但是随着年资日长,虽然参赛经验更加丰富,技术也更为娴熟,但杂念、包袱也多了起来,当年那种势不可挡的锐气、放手一搏的闯劲、心无旁骛的专注已不复存在。经验积累所带来的优势,可能最终抵不上活力流失所引发的损失。可见,"后浪",或许缺少名望、经验、财富,但他往往拥有最宝贵的东西,那就是纯粹的目标信念、无所顾忌的朝气和不计成本的全身心投入。无论是运动员还是学者,不管其生理年龄几何,一旦他失去了"后浪"的这些特质,也就不可避免地走向衰老。

在《刑法体系研究》一文发表之时,时任哥廷根大学教授的韦尔策尔不过35岁,正是学术"青椒"的年纪。无论从文章的内容还是行文风格上,我们都可以真切地领略到这位年轻人当仁不让、开疆拓土的气魄。在这篇论文中,韦尔策尔完全不满足于对实定法进行注疏解说,而总是试图把握立法背后的本质性规律,试图揭示出对立法者产生制约的

---

⑤ 钱钟书:《七缀集》,79页,北京,生活·读书·新知三联书店,2002。

那个恒久存在的力量。他从整个犯罪论的根基入手,对盛行了数十年的自然主义刑法理论展开了犀利的全方位批判。其改革的斧刃触及犯罪论的所有重要领域。我们现在使用的许多基础性概念都可以溯源至这篇文章,如结果无价值与行为无价值、被容许的风险、犯行支配、社会相当性等等。该文中的某些观点在今天看来都颇为前卫,例如该文提出,在无认识的过失犯中,不法和责任是无法区分的。⑥ 该文所显露出的这种"闯劲",以及基于对社会变迁的敏锐洞察而对刑法学理念加以改造的锐气,至少在韦尔策尔后期的作品中是很难再看到的。难怪,韦氏的弟子希尔施曾经评价说,尽管执教于波恩大学的 20 年(1952 年—1972 年),是韦尔策尔的学术声望与国际影响力如日中天的岁月,但是,韦尔策尔学术创造力的巅峰还是在哥廷根大学时期(1936 年—1952 年)。⑦

这种"周期律"并不只是应验在韦尔策尔的身上。它背后的原因是值得我们关注的:随着学术声望的提高,一个学者虽然在学识积累上越发厚重,在写作技巧上日益炉火纯青,却也在无形中受到了越来越多的"束缚"。例如,学者在通过某种"套路"取得成功之后,容易产生路径依赖,也就是习惯性地将这种"套路"沿用到后续的研究之中。这样一来,就逐渐局限了自己探索更多可能的视野。又如,学者一旦形成了自身的理论风格和体系,就会产生出坚持这一风格、维护这一体系的本能,对于那些可能对既有风格和体系造成冲击的视角与思想,就会自觉或不自觉地予以忽视甚至拒斥。这就不免减少了吸纳新鲜养分、引入源头活水的管道,也在一定程度上导致了理论的封闭化。再如,学者成名后,发表或出版论著的难度也自然随之下降。这在一定程度上削弱了作者锐意创新、精益求精的动力。正因为如此,我们看到,不少名家后期的作品要么是对自己先前提出的观点进行捍卫或者"圆场",要么只是做些小修小补、适当延伸的工作。敢于从方法、体系上进行"自我革命"者寥寥无几。

从这个角度看,相比于充满鲜花和掌声的收获时节,一个学者在早

---

⑥ 参见〔德〕汉斯·韦尔策尔:《刑法体系研究》,本书第 171 页。
⑦ 参见〔德〕希尔施:《纪念汉斯·韦尔策尔一百周年诞辰》,本书第 188~189 页。

译事三得——中文增订版译后记

年筚路蓝缕、披荆斩棘的身影更值得后世学人去珍视、欣赏和回味。结合我国的刑法学翻译来看，前一个时期的主要任务在于使国内学人全面地了解德国当前较为成熟的刑法理论成果，所以翻译的重点自当是著名学者在"收获时节"的体系性作品，即教科书。不过，我国的刑法学已经从奠基阶段逐步进入纵深发展阶段，我们更加期待有原创性的成果出现。于是，翻译界就有必要将译介的对象扩大到代表性学者早年的成名作，因为这些作品从具体观点来看可能尚显青涩、稚嫩，但必然代表了那个时代最具朝气、最为活跃的创造性思维。从作品所展现出来的思想轨迹中，我们可以获得学术创新方法上的启示。

3. 翻译中的"异化"与"归化"

译文晦涩难懂的现象，虽然在其他语种文献的译作中也都存在，但就我个人的阅读体会来看，在德语文献的译作中似乎尤为严重。这固然有其客观原因，比如汉语和德语的巨大差异性。正如钱钟书说的那样，"翻译总是以原作的那一国语文为出发点而以译成的这一国语文为到达点。从最初出发以至终竟到达，这是很艰辛的历程。一路上颠顿风尘，遭遇风险，不免有所遗失或受些损伤"[⑧]。所以，两种语言的差距越大，翻译者跋涉的历程自然就越艰辛和漫长，翻译出现遗失、损伤的概率就越高，要产出"信""达""雅"兼顾的译作也就越困难。不过，在我看来，对这种现象的出现恐怕更多地要从翻译者自身的功力上去找原因：首要的是专业理解不到位，也就是不少译者对作者的思想缺乏透彻的理解。著名哲学家和翻译家陈修斋先生曾经提出，好的哲学翻译者必备的素质一是良好的中文表达，二是深厚的哲学素养，第三才是较高的外语水平。也就是说，对于一部优质的专业译作来说，专业功底的重要性高于外语能力。这一点也适用于法学翻译。越是自己了然于胸的内容，就越能自如地调取自己的母语去表述它。反之，越是自己一知半解、似懂非懂的东西，译起来就越是只能亦步亦趋地依赖原作者的词句，译文当

[⑧] 钱钟书：《七缀集》，78页，北京，生活·读书·新知三联书店，2002。

然不免生硬，甚至不知所云。所以，对于原作，尤其是对于那些理论性、思想性较强的作品，译者断不可"翻开第一行就译"⑨，而是需要首先花费相当的时间和功夫，透彻、精准地理解原作的意思。

在译者已经准确理解原作内容的前提之下，究竟应当更为重视译文的流畅性，还是更为重视翻译对原文的忠实度，这便是一个见仁见智的问题。在翻译的实践中很难实现鱼和熊掌兼得，免不了要作出一定的取舍。在翻译理论界，素来有异化和归化之争。所谓异化，强调以源语文化为归宿，要求译者向作者靠拢，应该使用与源语严格对应的表达方式来进行翻译。所谓归化，则认为应以目的语文化为归宿，要求译者尽量向目的语的读者靠拢，采取目的语的读者所习惯的表达方式来进行翻译。不过，任何翻译都是在异化和归化之间寻求平衡，只不过不同的译者会有各自的偏向。偏爱异化者，大都有较强的"改造"倾向，也就是试图通过原汁原味地引入外国的表达方式，来改造国人的思维和语言。例如，邓晓芒教授推崇鲁迅先生的"硬译"，认为：中国人习惯于读短句子，最害怕看到西式的从句套从句的长句，然而，这恰恰是国人思维和表达的短处。这是因为，在他看来，中国古代文章的通病就是"中气"不足，或者说"气短"，写不出像《纯粹理性批判》这样的大著作，只能写"小品文"。要改变这一点，就不能一味迁就国人的理解能力和欣赏口味，而必须让读者具备读懂长句的思维能力。于是，邓晓芒教授确立了翻译康德著作的一个基本原则，那就是康德原文中的逗号可以改，但句号绝对不能动。⑩

2012—2013年间，我翻译了金德霍伊泽尔的一篇论文《风险升高与风险降低》（后发表于《法律科学》2013年第4期）。在发表此文之前，应期刊的要求，我邀请了中国刑法学界德语翻译的前辈，也是我在中国人民大学法学院的同事冯军教授，对译文进行校订。当我从冯老师手中拿到用铅笔密密麻麻地写满了修改意见的校对稿时，我深为冯老师

---

⑨ 《鲁迅全集》，5卷，259页，北京，人民文学出版社，1981。

⑩ 参见邓晓芒：《让哲学说汉语——从康德三大批判的翻译说起》，载《社会科学战线》，2004（2），26页。

对翻译的那种敬畏和严谨态度所感动,也直观地体会到了杨绛说的"译文里的谬误,好比猫狗身上的跳蚤,很难捉拿净尽"。这次校订的经历对我影响颇大,也成为督促我在此后每次的翻译中必全力以赴、精益求精的动力。冯老师在和我就译稿交换意见的过程中,就谈到了自己的翻译理念,他认为:原作中的每一个词都应当在译文中有精准的对应,不能为了照顾译文的流畅性而随意增加或者删减字词。同时,结合冯老师主张忠实于德语原词将 Versuch 译成"力图"、将 Notwehr 译成"紧急防卫"、将 Notstand 译成"紧急状态"来看,他在翻译理念上可能更为倾向于"异化"的方法。

一个人在和别人进行交流时,一方面是双方在理解着彼此的看法,但另一方面随着交流的持续和深入,双方也在潜移默化地改变着对方。同样的道理,翻译作品作为不同民族的思想和文化交流的桥梁,在让目的语的读者了解作者的思想的同时,当然也对读者的思维和表达产生着影响。事实上,我们今天所使用的汉语,在一定程度上就是五四运动以来经过"欧化"的汉语。但我个人一直认为,一种思想要想产生作用,首先应当让读者了解它并且对它产生兴趣。在知识和信息爆炸的时代,读者阅读的耐心在下降,当一本书本来可以"说人话"却"不说人话"的时候,它所包含的思想就可能丧失被更多人了解的机会。此外,正所谓"己所不欲勿施于人",学生时代阅读艰涩(甚至错误)译文的痛苦经历,也让我下定决心:未来如若从事翻译工作,一定要尽量让自己的译文晓畅易懂。可能基于这样的原因,我本人还是偏向于"归化"的翻译方法,也就是力求使译文向汉语的方向靠近,符合汉语的表达习惯,使读者能够读得懂、看得下去。至于具体的例证,我将来在适当的时候会专门撰文以求教于方家。这里,我只举一个小的例子。

记得 2018 年我在翻译希伦坎普(Hillenkamp)的一篇论文[11]时,在标题的译法上曾费过一番思量。这篇论文的德文标题是 "Was macht eigentlich die Viktimodogmatik?",如果照字面含义翻译,很容易译成

---

[11] 参见[德]希伦坎普:《被害人教义学今何在?——对于作为立法、解释、归责和量刑原则之"被害人学准则"的一个小结》,陈璇译,载《比较法研究》,2018(5)。

"被害人教义学究竟在干什么？"或者"被害人教义学究何为？"。这么译，从语法、字词来看也没有错，但总给人以干涩无味、意犹未达的感觉。作者选择这样一个口语化的问句作标题，必定不是随意而为。如果译者不了解其背后的原委，翻译就完全无法表达出标题包含的神韵和意味。经过反复研读以及与该文作者进行邮件联系，我才知道德国有一份娱乐杂志叫作《星周刊》，它曾经策划过一个专栏，专门对那些曾经名噪一时但随后又销声匿迹的明星进行报道和专访，标题使用的就是"Was macht eigentlich ... ?"。被害人教义学在20世纪80年代曾经是德国刑法学界万众瞩目的焦点，但按照该文作者的看法，这一理论此后热度消散、风光不再。该文作者写作这篇论文，就是试图重新对被害人教义学的一些核心问题进行反思和总结，唤起人们对被害人教义学的关注，一如当年《星周刊》报道那些"过气"明星一样。在弄清了这个背景之后，我就在考虑用什么样的中文表达才能反映出这层意味。其实，国内的媒体时不时也会制作一些怀旧或者致敬经典之类的节目，访问一下往昔的歌星、演员、剧组，以勾起一代人的童年或者青年时代的回忆，而相关报道往往会使用"某版某某电视剧主演今何在？"之类的标题。这样，我最后决定不受该文德语标题个别单词的束缚，将其意译为"被害人教义学今何在？"。

此次增订中，中国社会科学院法学研究所的樊文研究员对译文提出了重要的修改意见；刑法专业的研究生潘泽钧、储志豪、罗鸿燊、范洁、李妍彬、田扬、韩金泥协助校对了书稿。谨向以上各位老师和同学表示由衷的感谢。

陈璇

2022 年 7 月 17 日初稿

2023 年 12 月 10 日改定

Das neue Bild des Strafrechtssystems: Eine Einführung in die finale Handlungslehre
by Hans Welzel
Copyright © 1961 Hans Welzel
Hans Welzel. "Studien zum System des Strafrechts." Zeitschrift für die gesamte Strafrechtswissenschaft 58 (1939): 491-566. Berlin: Walter de Gruyter & Co.
Copyright © 1939 Hans Welzel

Published by permission.
Simplified Chinese translation copyright © 2023 by China Renmin University Press Co., Ltd.
All Rights Reserved.

图书在版编目（CIP）数据

目的行为论导论：刑法体系的新图景：增补第 4 版 /（德）汉斯·韦尔策尔（Hans Welzel）著；陈璇译. -- 增订版. -- 北京：中国人民大学出版社，2024.1
（当代世界学术名著）
ISBN 978-7-300-32505-7

Ⅰ.①目… Ⅱ.①汉… ②陈… Ⅲ.①刑法-法的理论-研究 Ⅳ.①D914.01

中国国家版本馆 CIP 数据核字（2023）第 256202 号

当代世界学术名著
目的行为论导论
——刑法体系的新图景（增补第 4 版·中文增订版）
［德］汉斯·韦尔策尔（Hans Welzel） 著
陈 璇 译
Mudi Xingweilun Daolun

出版发行	中国人民大学出版社				
社　　址	北京中关村大街 31 号		邮政编码	100080	
电　　话	010-62511242（总编室）		010-62511770（质管部）		
	010-82501766（邮购部）		010-62514148（门市部）		
	010-62515195（发行公司）		010-62515275（盗版举报）		
网　　址	http://www.crup.com.cn				
经　　销	新华书店				
印　　刷	天津中印联印务有限公司				
开　　本	720 mm×1000 mm　1/16		版　次	2015 年 7 月第 1 版	
				2024 年 1 月第 2 版	
印　　张	16 插页 2		印　次	2024 年 1 月第 1 次印刷	
字　　数	224 000		定　价	68.00 元	

版权所有　侵权必究　　印装差错　负责调换